"Nada acontece até
que uma
venda seja feita."
— *Red Motley, 1946*

"A maioria das pessoas não está disposta a fazer o trabalho duro necessário para facilitar uma venda."

— *Jeffrey Gitomer*

# Pequenas Frases com GRANDES Significados

**"As pessoas não gostam de serem vendidas, mas elas adoram comprar."**

*O Livro Vermelho de Vendas* por Jeffrey Gitomer

**"As respostas mais difíceis em vendas são aquelas que você precisa dar a você mesmo."**

*O Livro Azul de Respostas de Vendas* por Jeffrey Gitomer

**"Se todas as condições forem iguais, as pessoas vão querer fazer negócio com os amigos. E, se as condições NÃO forem tão iguais, elas AINDA vão querer fazer negócio com os amigos."**

*O Livro Negro do Networking* por Jeffrey Gitomer

**"Quanto mais você falar ou perguntar sobre ELES, mais eles gostarão de você."**

*O Livro Verde da Persuasão* por Jeffrey Gitomer

**"São os seus pensamentos por trás das palavras que você diz que criam sua atitude."**

*O Livro de Ouro da Atitude YES!* por Jeffrey Gitomer

**"Quando o cliente está pronto para comprar, sua carteira está aberta. Esvazie-a!"**

*O Livro Prata do Dinheiro em Caixa Din Din!* por Jeffrey Gitomer

*Jeffrey Gitomer's*

# A BÍBLIA de VENDAS

## O LIVRO DEFINITIVO DE VENDAS

Incluindo

## Os 10,5 MANDAMENTOS
## do Sucesso de Vendas

ALTA BOOKS
GRUPO EDITORIAL
Rio de Janeiro, 2023

Dados de Catalogação na Publicação

Gitomer, Jeffrey.
A Bíblia de Vendas – o livro definitivo de vendas/Jeffrey Gitomer
ISBN: 978-85-508-2337-9

2023 – Rio de Janeiro – Alta Books.
1. Vendas  2. Desenvolvimento Profissional  3. Administração

Do original: The Sales Bible, New Edition

© 2008 by Jeffrey Gitomer, HarperCollins Publishers.
© 2023 Starlin Alta Editora e Consultoria Eireli.
Todos os direitos reservados. Proibida a reprodução total ou parcial.
Os infratores serão punidos na forma da lei.
ISBN original: 978-0-06-137940-6

Editor: Milton Mira de Assumpção Filho
Tradução: Maria Lucia Rosa e R. Brian Taylor
Produção Editorial: Beatriz Simões Araújo
Editoração: Crontec
Design da Capa: Douglas Lucas

Editora
**afiliada à:**

Rua Viúva Cláudio, 291 – Bairro Industrial do Jacaré CEP:
20.970-031 – Rio de Janeiro (RJ)
Tels.: (21) 3278-8069 / 3278-8419
www.altabooks.com.br – altabooks@altabooks.com.br
**Ouvidoria:** ouvidoria@altabooks.com.br

"Quero dedicar este livro e dar um 'Obrigado' especial a todos os compradores e clientes potenciais que me disseram 'Não'".

— *Jeffrey Gitomer*

# Acabei de fazer uma venda!

Você é meu novo cliente.
Muito obrigado.
Aprecio seu apoio e preferência.

*Tenho três objetivos ao atender todos os meus clientes, seja em minhas palestras, minha coluna semanal, minha revista eletrônica Sales Caffeine, meu negócio de treinamento online e em meus escritos:*

1. **Ajudar as pessoas.**
2. **Estabelecer relações duradouras.**
3. **Me divertir.**

Meu propósito ao escrever este livro foi torná-lo tão útil a ponto de você recomendá-lo a dez colegas de trabalho e amigos. Tomara que eu tenha atingido meu objetivo com você.

Por sua causa, e de todos os meus valiosos clientes, tenho o privilégio de fazer o que mais gosto.

## Vender. Escrever.
## Falar. Ensinar.

Obrigado!

# Os 10,5 MANDAMENTOS
## do Sucesso em Vendas

*Jeffrey Gitomer*

## PENSE

1. A venda está na sua mente.

## ACREDITE

2. Desenvolva um sistema de crenças de quatro partes que não possa ser penetrado.

## ENVOLVA-SE

3. Desenvolva compatibilidade e envolvimento pessoal, ou não inicie a conversa de venda (compra).

## DESCUBRA

4. Pessoas compram pelos seus próprios motivos, não pelos seus. Descubra os motivos delas primeiro.

## PERGUNTE

5. Faça as perguntas erradas – obtenha as respostas erradas.

## OBSERVE

6. Sua habilidade em observar tem de ser tão poderosa quanto sua habilidade em vender e sua habilidade em escutar.

## ATREVA-SE

7. Tenha a ousadia de se arriscar.

## ASSUMA

8. Saiba de quem é a culpa quando uma venda não é feita.

## MEREÇA

9. Venda pelo relacionamento, não pela comissão.

## PROVE

10. Um testemunho vale cem apresentações de vendas.

## TORNE-SE

10,5. Você não se torna um excelente vendedor em um dia. Você se torna um excelente vendedor no dia a dia.

MAIS UM MANDAMENTO

© 2008 Todos os Direitos Reservados – Nem pense em reproduzir este documento sem a permissão por escrito de Jeffrey H. Gitomer, Inc.
www.gitomer.com 704/333-1112

# Os 10,5 MANDAMENTOS do Sucesso em Vendas

## *Jeffrey Gitomer*

## Os princípios encaminhadores do domínio em vendas

### 1. PENSE. A venda está na sua mente.

A mentalidade com a qual você aborda a venda determinará o resultado mais do que qualquer outro elemento do processo de vendas. Estado de espírito e mentalidade. Amigável, sorridente, entusiástico, positivo, confidente, autoconfiante, simpático e preparado, além de nervoso. Está em sua mente, muito antes de estar na sua carteira.

Você já chegou a uma visita de venda pensando consigo mesmo: "Este não é um encontro muito bom. A venda provavelmente *não* acontecerá. E embora eu esteja perdendo meu tempo – vamos lá, vou tentar."? Claro que sim. Isso acontece pelo menos umas 100 vezes com todos os vendedores.

O oposto também já aconteceu com você. Entrou pensando consigo mesmo: "Este é um excelente cliente potencial. Eles precisam do que tenho, eles adoram o que tenho e eles me adoram. A venda já está no papo".

Independente de como você adentra a visita, VOCÊ é quem estabelece o tom para o resultado provável. Você também estabelece o TOM para sua atitude, seu entusiasmo e coloca seu sistema de crenças para funcionar.

A realidade é: nenhum vendedor no planeta realiza todas as vendas. Mas isso não significa que você não deveria nunca, nunca, adentrar uma venda com nada menos do que um sentimento de certeza de que irá realizar a venda, porque o cliente precisa de você e precisa que você seja o melhor. Não o preço mais baixo, mas sim o melhor valor.

Todo mundo tem seu próprio jeito de criar sua mentalidade antes de uma venda. A minha sempre foi me preparar muito bem, o que inclui pensar em maneiras de envolver o cliente imediatamente e escutar rock and roll até chegar ao escritório. Quando comecei minha carreira de vendedor, eu escutava mensagens inspiracionais.

Nos anos 70, as minhas duas mensagens favoritas eram *The Strangest Secret*, de Earl Ninghtingale, e *The Psychology of Winning*, de Denis Waitley. As duas mensagens me colocavam num estado de espírito para pensar sobre mim mesmo e me animar – quando, na realidade, eu deveria estar pensando no meu cliente.

Com o passar do tempo, aprendi que estar totalmente preparado em termos do cliente me dava autoconfiança, e ouvir música fazia com que eu me sentisse bem e me dava ritmo. Música e preparação criavam a mentalidade. Eu estava pronto, feliz e certo de que iria fazer a venda. Ainda hoje é assim.

**AÇÃO:** Antes de suas próximas 100 visitas de vendas (sim, eu disse 100), escreva o que poderá acontecer de bom. O que você espera que seja o resultado positivo. E, no final da visita, escreva o que você poderia ter feito para torná-la melhor.

Pensar que você conseguirá depende da sua autoconfiança. Sua autoconfiança está baseada no seu preparo. Pensar que você conseguirá, e deixar que seus pensamentos guiem seu sucesso DIARIAMENTE, irá ajudá-lo a tornar-se **PROFICIENTE**. Este exercício diário eventualmente se enraizará. Isto aconteceu comigo e eu prometo que acontecerá com você – porém, este deve ser feito DIARIAMENTE.

**DOMÍNIO** de pensamentos: O segredo para dominar seu processo de pensamento, e acreditar que você pode conseguir e conseguirá, foi escrito por Jefferson Airplane, e a letra imortal cantada por Grace Slick: "Feed your head, feed your head, feed your head" (Alimente sua mente, alimente sua mente, alimente sua mente).

*Os próximos 9,5 mandamentos irão guiá-lo ao entendimento de o que é preciso para criar um relacionamento e ter sucesso – não apenas fazer uma venda. Eles são os princípios centrais – os mandamentos – que formarão a fundação de seu sucesso em vendas.*

*Cada mandamento está integralmente ligado ao outro: Todos os 10,5 mandamentos devem ser praticados e seguidos para que você alcance o domínio e os resultados (o sucesso e o dinheiro) que espera. Porém, posso lhe assegurar de que não é apenas possível: é provável que você o alcance – se, primeiro, pensar que conseguirá.*

## "Eu sei que consigo. Eu sei que consigo."
### do *The Little Engine That Could*
### por Watty Piper, 1930

## 2. ACREDITE. Desenvolva um sistema de crenças de quatro partes que não possa ser penetrado.

Acredite na sua empresa, no seu produto e em você mesmo – ou não conseguirá vender.

Acredite que será melhor para o cliente comprar o que você vende, e comprar de você. Saiba quem é a pessoa mais importante do mundo... Você!

Seu sistema de crenças determina seu destino. Não apenas no processo de vendas, mas também em sua carreira. Em todos os seminários que faço, eu falo sobre crença. Em cada livro que escrevo, falo sobre crença. E ainda assim há milhares, se não milhões, de vendedores que não acreditam em mais nada a não ser no dinheiro que conseguirão se realizarem uma venda. À medida que você busca ter sucesso em sua carreira, você tem de acreditar na empresa que representa, e tem de acreditar que esta é a melhor empresa no mercado que oferece ou cria o que você tenta vender. Você tem de acreditar na ética deles. Acreditar na facilidade em se fazer negócios. Acreditar nos seus colegas de trabalho. E acreditar que sua empresa entregará o que você vende de modo a criar a lealdade no cliente.

Você tem de acreditar que seus produtos e serviços não são apenas os melhores no mercado, mas são também o melhor valor para o cliente. Você tem de acreditar que conseguirá se diferenciar do concorrente, e que poderá provar (através de testemunhos) que seu produto é o que você diz que ele é.

Muitas vezes você já ouviu dizer que a primeira venda feita é o vendedor – que o cliente precisa comprar "você" antes de comprar sua empresa, produto ou serviço. Para que isso aconteça, você precisa acreditar em si mesmo. Para que essa venda seja feita, você precisa primeiro "se" vender.

Esta autocrença será evidente na paixão que você cria na sua apresentação quando tenta transferir sua mensagem, envolver os clientes e fazer com que eles comprem de você. Sua autocrença será evidente em seu entusiasmo e autoconfiança. E esta autocrença começa com a mentalidade da qual falei a respeito no primeiro mandamento. Sua crença está na sua mente, do mesmo modo que a venda está na sua mente.

Porém a cola que liga os três primeiros elementos de crença (empresa, produto e ego) é a crença de que será melhor para o cliente comprar de você. Que o valor do cliente, produtividade, facilidade de uso, lucratividade e ganho percebido são maiores com você e seus produtos e serviços do que qualquer outro concorrente poderia ofertar.

**AÇÃO:** Escreva as quatro perguntas "por que". POR QUE acredito na minha empresa? POR QUE acredito em meus produtos e serviços? POR QUE acredito em mim mesmo? E... POR QUE acredito que será melhor para meu cliente comprar de mim?

Para tornar-se PROFICIENTE em crença, todas as vezes em que visitar um cliente, pergunte-lhe por que ele acredita em você, na sua empresa e no seu produto. Em seguida, pergunte por que ele compra de você.

É preciso tempo para DOMINAR a crença. O desenvolvimento de seu sistema de crenças é uma combinação de como você se sente, como sua empresa executa e como seu produto desempenha. À medida que sua história de sucesso se propaga, todo seu sistema de crenças se aprofunda. Quanto mais o cliente amar você, seu produto e sua empresa – mais você amará vendê-lo, e mais vendas fará. Seus clientes, aqueles que o amam, irão ajudá-lo a aprofundar seu sistema de crenças a ponto deste tornar-se impenetrável.

### 3. ENVOLVA-SE. Desenvolva compatibilidade e envolvimento pessoal, ou não inicie a conversa de venda (compra).

Use o princípio de curvar-se para frente. Faça com que o cliente potencial tenha interesse no que você tem a dizer. Deixe que os clientes potenciais corram atrás de você. Envolva-os com perguntas e tente fazê-los sorrir, faça amizade, estabeleça certa conexão e, se possível, encontre o ELO DE LIGAÇÃO.

Desde o momento em que você entrar pela porta e começar o processo de venda, o cliente irá julgá-lo. Como diz um antigo ditado: "Se todas as condições forem iguais, as pessoas vão querer fazer negócio com os amigos. E, se as condições NÃO forem tão iguais, elas AINDA vão querer fazer negócio com os amigos". Compatibilidade e envolvimento começam com uma atmosfera descontraída entre pessoas amigáveis. Você não consegue controlar a amabilidade da outra pessoa. Mas você tem 100% de controle sobre si mesmo. Quando você adentra pela porta, ou quando a reunião começa, provavelmente você será o primeiro a dizer algo. Suas palavras estabelecem o tom e a atmosfera para o que virá a seguir. Se começar a falar sobre o tempo, sobre as notícias, sobre seu pneu furado ou seus problemas – perderá o respeito, perderá todas as oportunidades de compatibilidade e perderá a venda. Miseravelmente.

E é provável que você saia da sala jogando a culpa da perda da venda em todas as outras pessoas, exceto na pessoa que a perdeu. Neste caso, você.

Eu começo conversas, sejam pessoalmente ou por telefone, perguntando as pessoas onde elas moram ou onde cresceram. Pelo fato de já ter viajado muito, é provável que eu tenha algo a dizer, ou mesmo algo em comum, sobre onde elas moram ou onde elas cresceram.

Faço esta pergunta por que ela é envolvente (as pessoas gostam de falar de si mesmas), e faço-a porque ela não é ameaçadora e nem é um papo de vendas. Ela faz com que a conversa se desenrole de maneira fácil e relaxada. Quando sinto que tenho certa compatibilidade inicial, posso perguntar: "Como você acabou chegando aqui?" ou "O que te fez decidir seguir esta carreira?".

Agora, estou ficando um pouco mais pessoal, mas ainda não tão pessoal. Não estou perguntando sobre família, religião ou política. Se eles mencionam a família, tenho prazer em falar sobre ela. Se eles mencionam religião ou política, tento sair dessa conversa em uma única sentença. Minha regra pessoal de vendas é muito simples. Não começo nenhum tipo de conversa de vendas até que esteja certo de que eles estão prontos e dispostos. Prontos para ouvir e dispostos a receber minha mensagem.

**OBSERVAÇÃO:** A pior coisa que você pode fazer é começar suas reuniões falando sobre seu histórico, o histórico de sua empresa ou seu produto. Se for uma reunião grande, é provável que seu cliente prospectivo já saiba tudo sobre sua empresa, sobre seu produto – e provavelmente já pesquisou no Google sobre você (da mesma maneira que você pesquisou sobre eles no Google).

É impressionante ver que muitos vendedores acham que eles são os únicos que fazem pesquisas antes de uma venda. A maioria das empresas faz duas vezes mais pesquisas antes de comprar do que um vendedor faz antes de vender.

O princípio de curvar-se para frente é mais facilmente definido no boxe. Durante a luta, os boxeadores se perseguem pelo ringue. Esquivando-se e dando socos. Mas ocasionalmente um boxeador está curvado para frente quando o outro está dando socos. O termo usado é "entrar no soco". E o oponente imediatamente cai por terra. Desmaiado. Seu trabalho, quando estabelecer a compatibilidade, é fazer com que o cliente se curve para frente com uma caneta para que, quando você deslizar o contrato sob esta, ele ou ela esteja pronto para assinar.

**AÇÃO:** Pense sobre suas últimas vendas. Escreva como a venda começou. Foi amigável? Você se sentiu confortável quando entrou na parte de vendas da reunião? Comece cada visita ou telefonema de vendas com um diálogo informal, mas SIGNIFICATIVO.

**PROFICIÊNCIA:** Mantenha um registro de apenas uma sentença sobre como você começa cada visita de vendas. Aposto que as visitas que acabaram resultando em vendas são aquelas onde foi estabelecida uma excelente compatibilidade – até mesmo consenso.

**DOMÍNIO:** Você domina o envolvimento pessoal e compatibilidade quando alcança um consenso e ri junto TODAS AS VEZES em que faz um telefonema ou uma visita. A métrica disso não é apenas fazer uma venda, é criar relacionamentos e amizades que acabam tornando-se vendas múltiplas e referências.

## 4. DESCUBRA. Pessoas compram pelos próprios motivos, não pelos seus. Descubra os motivos delas primeiro.

Este mandamento também poderia ser lido como: **As pessoas não gostam de serem vendidas, mas elas ADORAM comprar®**. O matiz de vendas (que a maioria das pessoas ignora COMPLETAMENTE) é descobrir POR QUE as pessoas compram. "Por que elas compram" é mais valioso do que "como vender". A base para determinar suas verdadeiras necessidades é estabelecer o "por que". Os motivos dela para comprar (a razão de comprarem) são um bilhão de vezes mais importantes para a venda do que as suas habilidades de venda. Saiba "o que você vende" em termos da necessidade de comprar do cliente – não em termos da sua necessidade de vender. Eles querem saber como conseguem produzir, lucrar e ter sucesso – não um monte de baboseira sobre você.

As pessoas não se importam com o que você faz, a menos que elas percebam que sua ação irá ajudá-las. O modo como você explica seus negócios e produto determina o interesse de compra que você cria – diga isso em termos do cliente potencial, não em termos de você.

A melhor parte sobre descobrir as "razões para comprar" de seu cliente é que isto irá diferenciá-lo completamente de todos os seus concorrentes tentando VENDER.

*Temos abaixo alguns pontos a serem considerados enquanto se busca descobrir o insight que criará urgência e pedidos. Aqui está por que eles compram:*

Seus **MOTIVOS** para comprar irão levá-lo ao coração da venda e aos seus desejos de agir. Você determina o motivo ao fazer perguntas sobre seus históricos, experiências, sabedorias, propriedades e usos.

Suas **HISTÓRIAS** começarão a ser reveladas quando você faz perguntas baseadas no motivo. Quando pergunta sobre suas experiências, eles contam uma história. Suas histórias contêm dicas importantes sobre o que eles gostam ou não gostam e sobre como estabelecer um verdadeiro relacionamento.

Suas **EXPERIÊNCIAS PASSADAS** levarão a histórias boas e ruins. Seu trabalho é ouvir atentamente para entender, nunca interromper e, no final da história, *fazer mais perguntas*. Quanto mais perguntas você fizer, mais informações descobrirá sobre os próximos dois motivos.

Seus **CONHECIMENTOS** foram adquiridos de suas experiências passadas. Seu trabalho é descobrir quão experientes eles são para que você não pareça um idiota tentando ser experiente se o cliente é mais experiente do que você.

A **SABEDORIA** é a fronteira final do seu questionamento sobre seus motivos e suas experiências passadas. Perguntar-lhes o que aprenderam e como aplicaram seus conhecimentos, irá levá-lo a sua sabedoria. Quando você consegue chegar à sabedoria, significa que você estabeleceu uma compatibilidade sólida.

As **NECESSIDADES** também lhe dirão sobre sua urgência em comprar, se você conseguir descobrir como eles usarão e lucrarão com o que você está vendendo, contrário ao que eles estão atualmente fazendo ou usando.

**DESEJO** é a parte emocional do processo de vendas. Quanto mais eles desejam algo, mais eles encontrarão um meio de possuí-lo (assim como você).

O **DESEJO DE POSSUIR** é similar às necessidades, mas com mais orgulho. O orgulho da posse. Todo mundo quer possuir o melhor. Nem todos estão dispostos a pagar pelo melhor. O vendedor é quem cria a diferença.

O **DESEJO DE GANHAR** realça as emoções de querer e precisar se o cliente acreditar que ele terá uma vantagem competitiva por ter comprado seu produto ou serviço.

O **DESEJO DE RESOLVER** problemas ou situações presentes em suas empresas também é um fator primário na compra de urgência. Quanto mais acreditarem que você é alguma forma de salvação, mais rapidamente eles comprarão.

O **DESEJO DE RECUPERAR** é similar ao desejo de resolver, mas demora mais para ser decidido. Recuperar significa que alguns danos foram causados, sejam eles físicos, econômicos ou ambos. E embora eles queiram reconstruir, seus passos serão mais cautelosos.

As **PAIXÕES** são suas maiores formas de emoção. As vendas são feitas emocionalmente, em seguida justificadas logicamente. Quanto mais você revelar as paixões deles, mais eles estarão dispostos a compartilhá-las, e maior a probabilidade da venda ser realizada. Especialmente se virem que você também é uma pessoa apaixonada (que acredita).

Os seus **MEDOS** estão bem próximos de suas paixões. O medo da perda é maior do que o desejo de ganhar. Sim, eles querem derrotar a concorrência, mas maior do que isso é o medo de perder para a concorrência. Quando você entende este motivo, você pode prosseguir para a ganância...

A **GANÂNCIA** é frouxamente definida como os processos mentais sobre quanto eles ganharão por possuírem o que você está vendendo. Conforme você fala, os clientes potenciais muitas vezes fazem o que é conhecido como "matemática mental", ou melhor, tentam imaginar quanto lucro terão. Eu sempre tento deixar os clientes calcularem seus próprios números. Tem muito mais poder.

A **VAIDADE** é importante para eles, embora signifique quase nada para você. Quando você experimenta algo em uma loja, você se olha no espelho e pensa sobre a sua aparência. Mas quando o associado chega perto e diz: "Ficou ÓTIMO em você!", imediatamente sua vaidade vem à tona e você "tem de ter aquilo".

O **DESEJO DE IMPRESSIONAR** tem o mesmo peso que a vaidade. Imprecisamente conhecido como "*manter-se à altura dos Jones*", ele também é expresso em alguma forma de "*o meu é maior do que o seu*" ou "*o meu é melhor do que o seu*". Eu geralmente acho que os Estados Unidos deveriam ser descritos como "Terra dos Livres, Lar dos Bravos, e minha casa é maior do que a sua".

A **PAZ DE ESPÍRITO** normalmente vem por saber que eles têm o que eles querem, embora possam não usá-lo no momento. Seguros são provavelmente o melhor exemplo disto. Os investimentos vêm logo a seguir. O resultado final é que quanto mais paz de espírito você conseguir proporcionar, maior a probabilidade de converter sua venda em compra para eles.

O **RESULTADO DESEJADO** é um elemento crítico, talvez o elemento mais crítico em seus processos de tomada de decisões. O que eles acreditam que irá acontecer DEPOIS de eles assumirem a propriedade. Como eles produzirão? Como eles se beneficiarão? Como eles lucrarão? Eles estão certos de que atingirão seus objetivos? Eles estão confiantes de que você proporcionará o produto ou serviço que estão esperando? OBSERVE BEM: Se você chegar ao ponto onde precisa vender, não fale sobre as características e benefícios; fale sobre os resultados.

O **RISCO NÃO FALADO** é quando eles hesitam em seguir adiante. Sempre que alguém me pergunta como criar urgência para o comprador, digo a ele ou ela para retirar o risco que o comprador percebeu, mas não está lhe contando. Esses fatores precisam ser explorados com perguntas que normalmente começam com "por que".

Os **MOTIVOS DO "POR QUE"** precisam ser descobertos para que você possa superar o risco. Por que eles comprarão? Por que eles não comprarão? Por que eles estão hesitantes? Por que eles não estão me contando tudo? Quanto mais porquês forem revelados, mais riscos você conseguirá remover e mais cedo chegará ao verdadeiro motivo. Tente encontrar meios gentis de perguntar por quê. Por exemplo: "O que faz com que você..." em vez de "Por que você...?".

**AÇÃO:** Pegue a lista que você acabou de ler e veja quantos desses itens podem estar relacionados a você e à sua situação de venda. Em seguida, coloque os melhores em ação, começando na sua próxima chamada telefônica ou visita. Veja quais motivos você consegue descobrir.

**PROFICIÊNCIA:** No momento em que você descobrir o que acredita ser um motivo de compra, escreva-o em um arquivo chamado MOTIVOS. Depois de alguns meses, todos eles serão evidentes. Todos eles serão revelados. Aja sobre eles. Modifique suas apresentações de vendas para incluir as razões de compra dos clientes.

O **DOMÍNIO** das razões de compra leva tempo. E os motivos podem mudar com o mercado. Seu trabalho é conhecer todos eles e conhecer os RISCOS relacionados que os acompanham. O domínio dos motivos acontece quando você consegue identificar os riscos não falados e removê-los. A remoção de riscos não é apenas um domínio; é uma supremacia de vendas.

## 5. PERGUNTE. Faça as perguntas erradas – obtenha as respostas erradas.

**FATO:** Perguntas são o coração das vendas.

**FATO:** Perguntas convertem o processo de vendas em um processo de compras.

**FATO:** Perguntas revelam fatos e motivos para compras.

**FATO:** Grande parte do que é escrito sobre fazer perguntas está errado – e eu espero que seja isso que seu concorrente usa para aprender sobre questionamento.

Desenvolva e pergunte coisas que façam com que o cliente potencial pense em si mesmo, e as responda em termos de você. Faça com que eles avaliem novas informações. Faça com que eles lhe deem a resposta na forma de informações sobre eles em termos de como eles usam seu produto ou serviço, ou o que eles pensam sobre este.

Suas perguntas revelarão o que eles consideram ser o valor e benefício de propriedade. PORÉM, AS PERGUNTAS PRECISAM SER INTELIGENTES. E elas devem ser diferentes daquelas feitas pelos seus concorrentes, ou você será (desfavoravelmente) comparado a eles. E pior ainda, seu cliente potencial ficará entediado e desprendido.

Frequentemente, peça a opinião deles. Isto não apenas lhe proporciona o ponto de vista do cliente potencial (o único que interessa), mas é também um excelente teste de fechamento de uma venda.

E POR FAVOR, NUNCA PERGUNTE: "O que é importante para você?". Descubra o que é importante fazendo outras perguntas.

Faça perguntas a SI MESMO antes de fazê-las ao cliente potencial ou efetivo.

*Se você não souber a resposta, não faça a visita.*

- O que causa impacto em seus negócios?
- Como eles se saíram no ano passado? Ou como eles estão se saindo agora?

- Como eles teriam mais lucro ou produziriam mais como resultado da compra e utilização de o que você vende?

- Quais são seus possíveis motivos para comprar?

- Com quem você está falando? Com aquele que toma decisões ou com aquele que precisa chamar o pai?

- Qual a urgência presente deles?

- Qual é a experiência deles?

Eu já ouvi e li sobre "gurus de vendas" que lhe dizem o que NÃO fazer, como por exemplo, não trazer brochuras ou papo de vendas para as reuniões – BABOSEIRA TOTAL. Eles estão lhe dizendo para não estar preparado para todas as eventualidades. Se você traz perguntas e ideias, poderá trazer também a pia da cozinha e ninguém se importará.

Eu quero que seu cliente potencial fique IMPRESSIONADO e ENVOLVIDO pelas suas perguntas. O resto virá por conta própria.

**AÇÃO:** *Na sua próxima visita de vendas:*

- Leve dez perguntas EXCELENTES.

- Leve informações sobre o PASSADO deles.

- Leve ideias VALIOSAS com as quais você poderá lucrar.

Faça isso, faça perguntas, crie diálogos valiosos, envolva-os e o "ganho" final será seu: o pedido.

E tudo COMEÇA com perguntas.

**PROFICIÊNCIA:** O modo como você pergunta irá determinar o modo como você vende. Refine seus modos semanalmente até que seus poderes sejam evidenciados pelo aumento em suas vendas.

Eu sempre identifiquei o **DOMÍNIO** em fazer perguntas como sendo aquele em que o cliente potencial diz: "Excelente pergunta. Ninguém nunca me perguntou isso antes".

No decorrer do livro, falamos mais sobre fazer perguntas, mas eu queria que você soubesse como as perguntas são importantes para converter uma venda em compra.

## 6. OBSERVE. Sua habilidade em observar tem de ser tão poderosa quanto sua habilidade em vender e sua habilidade em escutar.

Metade das respostas está aí para serem vistas... se você estiver procurando. O Princípio 12 no meu *O Livro Vermelho de Vendas* é "Fique Antenado". Ele fala sobre estar alerta e aberto o tempo todo para que, quando a oportunidade, surgir você possa se aproveitar dela. "Fique Antenado" faz PARTE da sua habilidade de observar.

Todo mundo (inclusive eu) já lhe disse que, quando você entrar no escritório de alguém, procure por dicas, ideias ou partes para uma conversação. Troféus, quadros e diplomas estão lá para serem olhados. Também estão lá para que as pessoas pensem. O principal pensamento é: *você consegue relacioná-los?* Ou, melhor dizendo: *como você consegue relacioná-los?*

Se alguém tem um troféu que ganhou em um torneio de boliche e você não joga boliche, a melhor coisa a fazer é não comentar a respeito. Mas se alguém tem uma réplica de uma Harley Davidson em sua mesa e você tem uma Harley ou é fã de Harleys, então é hora de conversar. Essas são observações óbvias e ações apropriadas.

Algum tempo atrás li um livro chamado *Obvious Adam: The Story of a Successful Businessman* (Óbvio Adam: A História de Um Homem de Negócios Bem-Sucedido). Ele foi reimpresso e consta da "Lista de Leitura Sugerida pelo Jeffrey", na página do www.gitomer.com. É uma história sobre o poder de observação e reflexão posterior, e sua associação ao sucesso pessoal e comercial. Talvez o seu sucesso. Leia-o e veja por si mesmo (compre a versão original).

Observação leva ao entendimento SE você estiver prestando atenção. Pense na maneira como você observa as coisas agora. Você dá uma olhada rapidinha ou presta atenção? Você pensa sobre elas enquanto as olha? O que você observa cria pensamentos para você? O que você observa cria ideias para você? O que você observa te inspira? Se a resposta for sim para todos esses elementos, significa que você possui o poder de observação.

Simplesmente ser um observador não lhe assegura poder algum. O poder está em olhar, pensar, gerar ideias e tomar medidas como resultado de suas observações.

Observação também cria *insight*. Ela revela as coisas óbvias que talvez você deixe passar em algo ou em alguém.

As boas novas são que a maioria das pessoas encontra-se em algum ponto entre não-observador e distraído. Isso lhe dá uma vantagem imediata. Eu sempre me sinto bem quando consigo ver coisas que outras pessoas não veem, ou ver algo que desenvolve um novo pensamento.

**AÇÃO:** Carregue consigo um pequeno caderno para anotações e comece a escrever suas observações enquanto elas acontecem. Não apenas escreva o que você viu. Escreva os pensamentos que lhe vieram à mente como resultado de o que você viu. Sua reação a o que você viu. E talvez as ideias que surgiram com o que você viu.

Para tornar-se **PROFICIENTE** em observação, o hábito de escrever, pensar e gerar ideias deve ser consistente. Diário. Estar sempre alerta. Sempre prestando atenção.

Para ter o **DOMÍNIO** da observação é preciso prática diária e autodisciplina. Algumas vezes, num jantar, um amigo ou cliente me pergunta por que eu não estou bebendo. Eu respondo: "Porque sou um escritor e um pensador". É claro que de vez em quando tomo uma taça de vinho. Mas não duas. Meu poder de observação seria arruinado, assim como minha habilidade em discernir o que vejo. Você precisa escolher entre ser um bebedor ou um pensador.

*Aqui está um exercício diferente...* Compre os DVDs das *Aventuras de Sherlock Holmes* com todos os episódios e os personagens originais – Basil Rathbone e Nigel Bruce. Sherlock Holmes é a ESSÊNCIA da observação e pensamento – conhecido como "dedução". "Brilhante, Holmes!", "Elementar, meu caro Watson", e o diálogo segue em frente. Assista a todos eles – são divertidos, informativos e instrutivos.

## 7. ATREVA-SE. Tenha o nervo de se arriscar.

Nervo é geralmente traduzido como força, firmeza de atitude, vigor, energia, pulso. É uma palavra usada para admirar aquele que assume riscos, ou é corajoso. "Ele tem nervos", dizemos quando nos referimos à proeza ou conquista de uma pessoa – de maneira positiva.

Qual é seu fator de risco? Você está disposto a se arriscar em nome do sucesso?

A palavra risco precisa ser precedida por palavras como "tolerância ao", ou "disposto a assumir". A sua disposição para se arriscar e a sua tolerância pelo risco determinarão se você está disposto ou não a assumir o risco, ou aceitar o risco.

Seu risco pessoal talvez seja a compra de uma casa ou o investimento em ações. Seu risco em vendas poderá ser uma mensagem humorística no celular, um *follow-up* criativo, uma proposta fora do comum ou mesmo pedir uma venda quando você não tem certeza de qual será a resposta. Risco e vendas são sinônimos.

A frase que uso com mais frequência é parecida a: "Sem se arriscar, não há recompensas". Eu digo: "Sem se arriscar, não há nada". Digo isso porque ela oferece *insights* sobre o que todos os vendedores devem aceitar como base para sua carreira em vendas. É um risco, e você tem de estar disposto a assumir riscos para obter recompensas.

Muitas vezes escutamos pessoas dizendo que elas não poderiam ou não conseguiriam entrar em vendas. O motivo é que elas não conseguem tolerar o risco envolvido. A incerteza. O desconhecido. Ou, talvez mais importante, elas não conseguem lidar com o desafio.

Eu uso a palavra "nervo" porque ela define mais claramente o processo de risco para uma pessoa, e de maneira positiva. Em uma única palavra, ela diz *vá em frente*. Espere, aí temos três palavras. Mas você entendeu o que eu quis dizer. É como caminhar para a beirada de um trampolim, vendo a água dez metros abaixo de você e não simplesmente ter a coragem de mergulhar, mas também ter o nervo de gritar para todos à sua volta: "Gente, observem meu mergulho! É a primeira vez que pulo de um trampolim de 10 metros". VEJA BEM: Se você estiver preparado para um trampolim de 5 metros, as chances de se sair bem são grandes. Mas de qualquer modo, todos irão aplaudir sua coragem. Aplaudir seu "nervo".

**AÇÃO:** Em vendas, todo dia é "dia de nervos". Seja nas chamadas telefônicas, em visitas face-a-face, na quebra das barreiras de vendas, em negociação de preços, em um *follow-up* ou em pedir a venda – é preciso ter coragem e aplicação todos os dias. Coragem e ação. Risco e o "nervo" de assumi-lo.

**Comece Pequeno.** Para se acostumar, assuma alguns riscos de baixo nível. Algumas chamadas telefônicas. Não tente apenas passar pela secretária, mas tenha o "nervo" de chegar àquele que toma as decisões, e peça uma venda. Tente fazer isso.

**Ótimas Notícias.** Sucesso gera sucesso. E a confiança para fazer mais. Arrisque-se mais. Pedir a venda e fazê-la acontecer leva a mais pedidos de vendas.

**Mais Notícias Ótimas.** Este livro está CHEIO de ideias e é preciso ter coragem para prová-las. Quanto mais você prová-las, mais sucesso terá.

**REALIDADE DA PROFICIÊNCIA:** Quando você fracassa algumas vezes, ou é rejeitado algumas vezes, apela para seu caráter, suas reservas, sua resolução – seu *nervo* – para tentar novamente, com um pouco mais de inteligência, um pouco mais arduamente, e ter sucesso.

**O ÚNICO CAMINHO PARA O DOMÍNIO:** Tente uma ideia, uma estratégia, uma ideia de vendas. Tente algo novo todos os dias. Atreva-se a ter sucesso.

## 8. ASSUMA. Saiba de quem é a culpa quando a venda não é feita.

Se eles te rejeitam por causa do "preço", de quem é a culpa? Se eles não retornam seus telefonemas, de quem é a culpa? Se eles decidem comprar do concorrente, de quem é a culpa? *Sua* – você não conseguiu fazer com que o cliente potencial se curvasse para frente.

**OBSERVAÇÃO IMPORTANTE:** Não se *culpe* – Assuma a *responsabilidade* por isso. Aprenda com isso. E faça algo a respeito disso!

É muito fácil espalhar a culpa; difícil (às vezes impossível) é aceitá-la.

Sempre que algo dá errado, ou não sai do seu jeito no processo de vendas, a primeira coisa que você faz é dizer que a culpa é de outra pessoa. Eles não retornaram seu telefonema, eles não quiseram marcar uma hora com você, eles escolheram um preço mais baixo, eles escolheram um concorrente após terem lhe dito que o escolheriam, sua empresa presta um serviço horrível, alguém não fez o trabalho adequadamente, você irá até mesmo culpar seu carro, ou o tempo, caso se atrase para uma visita.

Esses pequenos incidentes para tentar encontrar um culpado criam um padrão no seu processo de comunicação que não é apenas negativo; é destrutivo. Autodestrutivo. Eu adoraria ter cinco centavos, até mesmo um centavo, para todos os vendedores que culpam algo ou alguém quando alguma coisa dá errado.

Em vez de culpar, por que você não tenta raciocinar? E depois de raciocinar, tente escrever.

Pense sobre o que você poderia ter feito sobre a situação ou pessoa que você culpa. Você poderia ter evitado? Na próxima vez você conseguirá evitar? O que você poderia ter dito para que pudesse criar um resultado diferente? Pense novamente sobre o que você pode dizer agora sobre a situação ou pessoa que você culpa. Como você poderia reconstruir a culpa em uma declaração de responsabilidade?

Por exemplo, em vez de dizer: "O cara não retornou meu telefonema". Talvez você possa dizer: "Se eu tivesse deixado uma mensagem mais criativa, talvez o cara tivesse me ligado de volta", ou "se minha mensagem tivesse valor e propósito, talvez o cara tivesse me ligado de volta". O inverso de jogar a culpa nos outros não é se culpar. É assumir responsabilidade pelo que aconteceu e tirar disso uma lição para que a culpa se torne responsabilidade, se torne uma ideia ou uma nova estratégia, e, basicamente, torne-se uma venda.

Culpa deve ocorrer apenas uma vez. Declarações como: "Quase ninguém retorna meus telefonemas", ou, "Eu não consigo marcar nenhuma visita", precisam ser reformuladas. Uma reformulação radical em vendas. As pessoas estão retornando as ligações. As pessoas estão agendando visitas. Elas não estão simplesmente retornando seus telefonemas ou agendando visitas com você. E isso não é apenas realidade; é oportunidade.

**AÇÃO.** Após converter a culpa em responsabilidade, pergunte a si mesmo, *O que posso fazer para evitar que a situação ocorra em uma próxima vez?* Isso exige uma sessão de ideias – uma sessão de criatividade, ou mesmo uma sessão de descobertas *com clientes* que RETORNAM seus telefonemas, ou AGENDAM visitas com você – para descobrir por que, e para criar novas metodologias.

**PROFICIÊNCIA:** Use as lições que você aprendeu com os clientes. E use seus motivos, seus "por ques", para desenvolver métodos e abordagens melhores.

**DOMÍNIO:** Desenvolva reuniões regulares com os clientes. Reúna-os um a um, ou entre si (especialmente se eles forem candidatos a fazer negócios entre si), e desenvolva "diálogos de valor" para garantir a lealdade deles, e seu entendimento contínuo de por que eles te adoram.

**NOTA PESSOAL:** Eu prefiro usar a palavra metodologia ou estratégia em vez de ideia. Ideia é para o momento. Metodologia e estratégia são para longo prazo. Ideia parece manipulativo. Metodologia e estratégia são mais voltadas para o relacionamento. Em vendas não há culpa. Há, sim, aceitação da responsabilidade e captação da oportunidade imediata e de longo prazo apresentada pela responsabilidade.

## 9. MEREÇA. Venda pelo relacionamento, não pela comissão.

Se você fizer uma venda, ganhará uma comissão. Se você fizer um amigo, ganhará uma fortuna. Em vendas você não faz dinheiro – você *ganha* dinheiro. Se você vende para ajudar o cliente, em vez de simplesmente cumprir a sua cota, você baterá todos os recordes de vendas em sua empresa. Ajude-os a construir, vencer, produzir e lucrar – e você ganhará a venda. Este ganho também o levará a clientes leais, que irão recomendá-lo a outras pessoas e que estão dispostos a dar testemunhos a respeito de seu valor.

A maioria dos vendedores usa as palavras "fazer" ou "obter". Eu não. Eu uso as palavras "trabalhar duro para" e "ganhar". Eu não acredito em fazer uma venda. Acredito em ganhar uma venda. Não acredito em obter uma comissão. Acredito em trabalhar duro para ganhar uma comissão. Eu não acredito em pedir referências. Acredito em ganhar referências. O mesmo vale para testemunhos.

Relacionamentos não acontecem em uma ou duas visitas de vendas. Mas o que você diz em uma ou duas visitas de vendas, ou o que você faz, estabelecem a base e o fundamento que tornam possível um relacionamento. Sua amabilidade inicial, seu entusiasmo inicial, seu preparo (especialmente com pontos de valor para o cliente) e seu caráter criam a oportunidade para que o relacionamento floresça, ou não.

As cotas de vendas são empecilhos para a construção de relacionamentos. E embora eu saiba que esta é uma declaração franca, e algumas pessoas podem até discordar dela, eu te desafio a pensar sobre isso: se o final do mês, ou o final de um trimestre, está se aproximando e você ainda não cumpriu sua meta ou cota, a primeira coisa a ser descartada é o relacionamento.

Isso é quase tão estúpido quanto certas empresas que reagem a uma queda em vendas cortando os orçamentos de marketing e de treinamento. Em ambas as situações, deve-se dobrar os esforços, e não reduzi-los.

Se você tem relacionamentos, clientes leais e um canal de informação completo, as vendas serão previsíveis. Mas se seu canal de informação é fraco ou vazio, e você tem apenas um ou dois clientes potenciais bons no final de um período de vendas e você "precisa fazer a venda", acaba havendo uma batalha entre a sua necessidade contra a necessidade do cliente. É também a sua necessidade contra a percepção que o cliente tem de você.

Se eles o veem como alguém que "precisa muito", eles se afastarão. O odor da insinceridade é aquele que exala do pânico e da manipulação.

**AÇÃO:** Veja seus "números" e veja o que é necessário para produzir. Agora volte e examine suas últimas dez vendas.

**PROFICIÊNCIA:** Ligue para seus dez melhores clientes e agende um café da manhã ou almoço. Durante o almoço, pergunte a eles como eles definem relacionamento. Pergunte a eles qual é a MELHOR coisa em fazer negócios com você.

**DOMÍNIO:** Uma vez armado com a definição dos clientes sobre o que faz um relacionamento, é hora de aplicar esses princípios dominantes a todos.

**AQUI ESTÁ A REALIDADE:** Quanto mais arduamente você trabalha para construir relacionamentos, mais você ganhará clientes leais e mais fáceis serão as vendas. A maioria dos vendedores não fará o trabalho árduo que é preciso para fazer com que a venda seja fácil.

## 10. PROVE. Um testemunho vale cem apresentações de vendas.

É a prova real de quem você é e do que você faz. Testemunhos superam objeções um milhão de vezes mais do que o melhor vendedor do mundo. Testemunhos em vídeo. Que prova melhor você tem? Qual resposta melhor você poderia dar? Quando você obtém os testemunhos corretos, pode entrar e dizer: "Assista este vídeo!". Testemunhos vendem onde os vendedores não conseguem vender.

Em todos os seminários, pergunto à plateia: "Quantos de vocês usam testemunhos em vídeo como parte integral de seu processo de vendas?". Quase ninguém levanta a mão. Eu pergunto: "Quantos de vocês têm testemunhos em vídeo na sua página da Internet?". Quase ninguém levanta a mão. Eu pergunto: "Quantos de vocês incluem testemunhos em vídeo juntamente com suas propostas para provar o que você está dizendo?". Quase ninguém levanta a mão. Aí eu pergunto: "Quantos de vocês acreditam que os testemunhos em vídeo ajudariam a fazer uma venda?". Quase todas as mãos se levantam. Eu não entendo. Eles te ajudam a fazer uma venda, e ainda assim você não os usa. Ah, eu sei por quê. Porque dá trabalho. Ou porque você está esperando que outra pessoa (o departamento de marketing) faça o trabalho. Você conhece o pessoal de marketing. Eles são pessoas que lhe dão um pacote de slides que não funcionam. Por que você está esperando?

Testemunhos em vídeo podem ser usados em uma campanha publicitária, na Internet, com propostas, em suas apresentações e para fechar uma venda.

Testemunhos são provas de que você é quem diz ser, e que seu produto ou serviço terá o desempenho que você diz ter. Os testemunhos em vídeo são um apoio para as vendas e, se usados adequadamente, uma arma de vendas para produção em massa.

**AÇÃO:** Pegue uma câmera de vídeo. (Você provavelmente já tem uma.) Ligue para seus cinco melhores clientes. Diga-lhes que você gostaria de dar uma passadinha no local deles. Traga o almoço. Filme-os por alguns minutos relatando por que eles te escolheram e por que eles escolheram seu produto ou serviço. Faça um por semana. Faça com que os testemunhos sejam específicos. Faça com que seus clientes falem sobre tópicos como preço contra valor, aumento da produtividade, porque eles mudaram do concorrente para você. Ou alguns prêmios que sua empresa ganha diariamente como velocidade de resposta, ou a habilidade do seu pessoal de serviço. Após coletar todos os cinco vídeos, use um software de edição de vídeo para torná-los populares. Mantenha o produto final abaixo de cinco minutos. Em seguida, saia e mostre-o algumas vezes. Inicialmente, ele parecerá meio sem jeito, mas quando você perceber seu poder, ele se tornará uma parte integral do seu processo de vendas.

A **PROFICIÊNCIA** em testemunhos vem do uso destes de várias maneiras. Não apenas leve-os consigo em suas visitas, mas use-os na Internet, ou para criar uma campanha publicitária. Encontrar novas maneiras de usar os testemunhos não apenas aumentará suas vendas, mas também aumentará sua crença na empresa e no seu produto ou serviço, e elevará o moral interno.

O **DOMÍNIO** de testemunhos vem por torná-los mais profissionais, torná-los mais específicos e usá-los de maneira a não apenas fazer vendas, mas também eliminar a concorrência. TENTE ISSO: Da próxima vez que alguém lhe pedir uma proposta, diga ao cliente potencial que você enviará testemunhos em vídeo para cada uma de suas solicitações juntamente com a proposta – prova de o que você diz e de que o que você propõe é verdadeiro – e peça, ou exija, que seu cliente potencial faça com que seu concorrente faça o mesmo. Isto não apenas criará a habilidade para que você tenha uma vantagem competitiva extrema, mas também tirará o foco da questão de preço, e o colocará onde ele pertence – no valor.

# 10,5.
# TORNE-SE

"Você não se torna um excelente vendedor em um dia.
Você se torna um excelente vendedor no dia a dia."

— *Jeffrey Gitomer*

O que você fez de excelente hoje?

A dose diária. A realização diária. O trabalho diário em direção a uma grande meta. O quadro geral em ações diárias. A pequena ação disciplinada.

Comecei minha carreira de vendedor aos sete anos de idade. Mas não aprendi minha primeira ideia de vendas até os 26. Eu nunca havia percebido que havia uma ciência em vendas. Ninguém nunca conversava sobre isso em minha casa, embora ela fosse uma casa de empresários. Eu achava que era uma combinação do dom de conversa e nervos. Eu estava errado.

Quando comecei a aprender sobre vendas e o processo de vendas, não conseguia ter o suficiente. Eu lia, escutava, praticava. Todos os dias. E ainda faço isso todos os dias. Em 1992, adicionei a escrita. Em 1993, adicionei a fala. Levou anos para ter sucesso na ciência de vendas. Levou anos para dominar a ciência de vendas. E eu ainda continuo diligentemente trabalhando nisso todos os dias. E você também deve trabalhar diligentemente todos os dias se quiser ter sucesso na carreira de vendas.

Vendas não é uma simples questão de direção, visitas e fechamentos. Não é nem mesmo uma questão de qualidade da resposta de seu produto ou serviço. Vendas é uma questão de quem você é, qual a sua atitude e quanto você se dedica à sua excelência pessoal. É uma questão de quão responsável você é pelas ações que toma e quão sincero você é sobre ajudar os outros a ganhar por conta própria para que você, no final, possa sair ganhando. Esta não é uma ideia ou uma estratégia. É uma filosofia.

Quando você lê e relê *A Bíblia de Vendas*, percebe que ela foi escrita na voz da realidade, na voz de um vendedor. Não há teoria neste livro. Ele foi escrito da mesma maneira que eu quero que você tenha sucesso: dia a dia.

Sim, existem segredos. E, sim, eles não parecem tão secretos uma vez que são revelados. Coisas do tipo: "vender para ajudar", "dê o melhor de si" e "dê valor primeiro".

Mas mesmo o maior vendedor sem segredos deixa de realizar ações diárias consistentes em direção a uma conquista.

Agora que você foi exposto aos 10,5 Mandamentos, seu trabalho é tornar-se um estudioso. Estude-os, coloque-os em prática e adapte-os à sua situação ou estilo.

# Os 12,5 Valores de Um Profissional em Vendas

## 1. O valor de criar uma diferença entre você e a concorrência.

A chave é o valor percebido.

A maior diferença é a diferença que eles percebem em VOCÊ!

## 2. O valor de saber a diferença entre satisfeito e leal.

Clientes satisfeitos compram em qualquer lugar. Clientes leais ficam, lutam por você e o recomendam a todos.

Eles farão novos pedidos? Eles o recomendarão a outras pessoas? Esta é a medida.

## 3. O valor da sua habilidade de falar e ter o controle.

Se sua mensagem de vendas é entediante, eles a passarão. Se ela for envolvente, eles vão querer comprar.

Envolva-os com perguntas e ideias excelentes.

## 4. O (valor) de saber de tudo ou estar muito ocupado para aprender.

Seja um aluno – todos os dias. Todas as informações que você precisa para ter sucesso já existem.

Talvez você não esteja se expondo a isso.

## 5. O valor de estabelecer um relacionamento amigável.

Se todas as condições forem iguais, as pessoas vão querer fazer negócio com os amigos.

E se as condições não forem tão iguais, elas ainda vão querer fazer negócio com os amigos.

## 6. O valor do seu humor.

Se você consegue fazê-los rir, você consegue fazê-los comprar. Estude sobre o humor.

### 7. O valor da sua criatividade.

A chave para que você seja visto como diferente está na sua criatividade.

Criatividade pode ser aprendida.

### 8. O valor de pedir a venda.

É tão simples, mas ninguém o faz.

### 9. O valor de acreditar em si.

Para fazer uma venda, você precisa acreditar que trabalha para a melhor empresa do mundo.

Você tem de acreditar que tem os melhores produtos e serviços do mundo.

Você tem de acreditar que você é a melhor pessoa do mundo. Quatro palavras chave, *você tem de acreditar.*

### 10. O valor de estar preparado.

A maioria dos vendedores está preparada pela metade.

Eles sabem tudo sobre si mesmos, mas não sabem nada sobre seus clientes potenciais.

### 11. O valor de não choramingar e nem culpar.

Você pode achar que é o melhor – mas se você choraminga e culpa os outros, ninguém irá gostar de você ou respeitá-lo.

### 12. O valor de "uma maçã por dia".

Uma hora de aprendizado por dia fará com que você, em cinco anos, seja um especialista de classe mundial em tudo.

### 12,5. O valor de uma Atitude YES (positiva).

Atitude é TUDO – para você e seu sucesso.

Você se torna aquilo que você pensa ser.

Sua atitude está no centro de todas as suas ações.

# Tabela de Conteúdo

*Informações práticas sobre vendas que você pode ler*
*diariamente e usar imediatamente.*

*Leia-o de capa a capa.*
*Abra-o em qualquer página e aprenda*
*o que você precisa no momento.*
*Use-o a partir do minuto em que lê.*

**PARTE 1** As Regras. Os Segredos. A Diversão

**PARTE 2** Preparando-se para Surpreender o Cliente Potencial

**PARTE 3** Permita que me Apresente

**PARTE 4** Fazendo uma Excelente Apresentação

**PARTE 5** Objeções, Fechamento e Follow-up... Chegando ao SIM!

**PARTE 6** Inimigos e Choramingos

**PARTE 7** Todos Reverenciam o Rei... Cliente

**PARTE 8** Pregando o Evangelho

**PARTE 9** Networking... Sucesso por Meio de Associações

**PARTE 10** Profetas e Lucros

**PARTE 11** Aumente sua Renda!

**PARTE 12** Posso Ganhar um Amém?!

# Tabela Expandida do Conteúdo

## PARTE 1  AS REGRAS. OS SEGREDOS. A DIVERSÃO

### 1.1 GÊNESE ....................................................................................... 39

O que há de tão novo sobre um livro de 15 anos de idade?
"Isso nunca vai acontecer."
O que meu plano dará a você?
8,5 maneiras de usar este livro.
A velha maneira de vender não funciona mais... desse jeito.
Use o Post-it para atingir suas metas.

### 1.2 O LIVRO DAS REGRAS ................................................................. 53

39,5 regras para o sucesso em vendas.
Fórmula do Sucesso em Vendas... Aha!

### 1.3 O LIVRO DOS SEGREDOS ............................................................ 61

Por que os representantes de vendas fracassam?
Você nasceu para vender? Não, você aprende a ganhar!
O que há de errado com esta venda? *Você, amigo!*
A ponte entre o positivo e o negativo.
Como o cliente quer ser tratado, honestamente.
Como um representante de vendas quer ser tratado, honestamente.
O enganoso ponto certo... Como você o determina?

### 1.4 O LIVRO DOS GRANDES SEGREDOS ............................................ 81

Você consegue mais vendas com amizade do que com habilidades.
Seus melhores clientes potenciais são seus atuais clientes.
Faça uma venda na segunda-feira.
A declaração de sua missão pessoal.

### 1.5 O LIVRO DO HUMOR – O MAIOR SEGREDO ................................. 93

Uma coisa engraçada aconteceu comigo a caminho de uma venda!

## PARTE 2 PREPARANDO-SE PARA SURPREENDER O CLIENTE POTENCIAL: UAU!

### 2.1 O LIVRO DO UAU!................................................................97

O fator UAU. Use-o para conseguir a grande venda.

Você está usando o fator UAU?

Lembra-se de mim? Sou um representante de vendas… Como todos os outros.

### 2.2 O LIVRO DAS PERGUNTAS.....................................................107

Vender ou não vender, eis a (Poderosa) Questão.

Você consegue fechar uma venda com cinco perguntas?

### 2.3 O LIVRO DA FORÇA.............................................................115

Agora você está em meu Poder (Declaração de Força).

## PARTE 3 PERMITA QUE ME APRESENTE

### 3.1 O LIVRO DAS APRESENTAÇÕES...............................................119

A propaganda pessoal de 30 segundos – como escrevê-la.

A propaganda pessoal de 30 segundos – como apresentá-la.

Tem uma referência? Aqui está a abordagem perfeita.

### 3.2 O LIVRO DAS VISITAS........................................................129

"Não Podemos Atendê-lo", a placa mais engraçada em vendas.

Chegue estrategicamente ao executivo que toma decisões.

A abertura é tão importante quanto o fechamento.

A visita é uma diversão… se você a considerar assim.

Elementos de um contato que podem torná-lo atrativo.

## PARTE 4 FAZENDO UMA EXCELENTE APRESENTAÇÃO

### 4.1 O LIVRO DAS INTRODUÇÕES.................................................141

Quer facilitar uma venda? Primeiro estabeleça um vínculo com o cliente potencial.

12,5 maneiras de tornar o cliente potencial confiante o suficiente para comprar.

Onde e quando se deve estabelecer a confiança.

Termos e frases de vendas que devem ser evitados a todo custo. Honestamente.

Envolver fisicamente o cliente potencial = mais vendas.

A estupidez do *slideshow*. Esse não é você? Ou é?

# PARTE 5  OBJEÇÕES, FECHAMENTO E FOLLOW-UP... CHEGANDO AO *SIM!*

## 5.1 O LIVRO DAS OBJEÇÕES ....................................................... 157

Se alguém tiver alguma objeção, queira se levantar!

Objeções naturais... Soluções práticas!

Prevenção da objeção.

A venda começa quando o cliente faz a objeção.

"Quero pensar a respeito."

"Gastei todo o orçamento!"

"Quero checar com mais dois fornecedores."

"Quero comprar, mas o preço é alto demais."

"Estou satisfeito com meu fornecedor atual."

"Preciso conversar com meu..." Xi!

"Ligue-me novamente daqui a 6 meses."

## 5.2 O LIVRO DO FECHAMENTO .................................................... 181

Quais são os 19,5 sinais de que o cliente potencial está pronto para comprar?

Quando responder a um cliente potencial, evite duas palavras – *Sim* e *Não*.

Como fazer uma pergunta de fechamento.

Duas alternativas para o "fechamento do filhote".

Deixe o cachorro ir atrás de você.

Coma a sobremesa primeiro!

O fechamento mais poderoso do mundo não é um fechamento.

## 5.3 O LIVRO DA PERSISTÊNCIA..............195

As ferramentas de vendas são parte vital do processo de follow-up.
Você vende desde que era criança!
Ah, *NÃO!*... Secretária eletrônica!
"Deixe uma mensagem e terei prazer em retornar sua ligação." ... Não!
Não conseguiu marcar uma visita?

# PARTE 6    INIMIGOS E CHORAMINGOS

## 6.1 O LIVRO DAS LAMENTAÇÕES..............207

Quando más vendas acontecem com boas pessoas.
18,5 características de fracassos na carreira de vendas.

## 6.2 O LIVRO DA CONCORRÊNCIA..............213

Dançando com a concorrência? Veja onde pisa.

# PARTE 7    TODOS REVERENCIAM O REI... CLIENTE

## 7.1 O LIVRO DO ATENDIMENTO AO CLIENTE..............217

O segredo do excelente atendimento ao cliente.
O excelente atendimento ao cliente é uma poderosa ferramenta de vendas.
As reclamações do cliente geram vendas... Se você lidar com elas
corretamente.

# PARTE 8    PREGANDO O EVANGELHO

## 8.1 O LIVRO DAS COMUNICAÇÕES..............225

A reunião semanal é um gerador de novas vendas.
A carta de vendas funcionará se você conseguir escrevê-la.
Quer fechar mais vendas? Ouça mais atentamente!
Aprenda a ouvir em duas palavras... Cale-se!
Há 100 bilhões de tipos de compradores. Vai entender!

## 8.2 O LIVRO DAS EXPOSIÇÕES ................................................. 241

35,5 regras de sucesso em feiras comerciais.

## PARTE 9   NETWORKING... SUCESSO POR MEIO DE ASSOCIAÇÕES

## 9.1 O LIVRO DO NETWORKING ................................................. 247

Networking... O desafio de fazer bons contatos.
Networking 101... Como trabalhar em um evento.
Networking 102... Como tirar o máximo proveito de um evento.
Estabeleça vínculos durante um evento.
O Jogo Oficial do Networking.

## PARTE 10   PROFETAS E LUCROS

## 10.1 O LIVRO DAS TENDÊNCIAS ................................................. 261

Um representante de vendas da nova geração. Um não-representante de vendas.
O que Bob Salvin tem a ver com isso? Muita coisa!

## PARTE 11   AUMENTE SUA RENDA!

## 11.1 O LIVRO DOS NÚMEROS ................................................. 271

O caminho do sucesso.

## PARTE 12   POSSO GANHAR UM AMÉM?!

## 12.1 O LIVRO DO ÊXODO ................................................. 277

Os pais ensinam a ter sucesso em vendas sem saber.
Comprometa-se!
Epílogo... Quando eu crescer.
Seu passado e presente são a chave para seu futuro.

> **"Todo o mundo quer ter sucesso em vendas. A maioria não consegue. É que as pessoas simplesmente não sabem como agir."**
>
> *— Jeffrey Gitomer*

# A BÍBLIA DE VENDAS

## Parte 1
### As Regras. Os Segredos.
### A Diversão

# Gênese

☆ O que há de tão novo sobre um livro de 15 anos de idade? ...................40

☆ "Isso nunca vai acontecer." .................41

☆ O que meu plano dará a você? ............43

☆ 8,5 maneiras de usar este livro. ..........45

☆ A velha maneira de vender não funciona mais... desse jeito.................48

☆ Use o Post-it para atingir suas metas. ...............................................50

## 1.1

---

## Comece Agora!

*A Bíblia de Vendas* é uma ferramenta de sucesso. Uma fonte para você obter ideias esclarecedoras sobre todas as facetas dessa arte.

Também há regras a seguir.

Para ser bem-sucedido em vendas, você deve:

- Conhecer as regras
- Aprender as regras
- Sentir-se responsável pelas regras
- Viver de acordo com as regras

O Livro da Gênese revela a história de uma nova forma de vendas, fala de algumas regras básicas e apresenta um meio infalível de você pôr em prática qualquer regra e alcançar sua meta de vendas ou de carreira...

Não apenas o leia... Ponha-o em prática. Vá em frente.

*"O que a mente conseguir conceber e acreditar conseguirá alcançar."*

Napoleon Hill

# O que há de tão novo sobre um livro de 15 anos de idade?

Todos os anos, meu entendimento sobre o processo de vendas e o processo de compras aumenta, ou devo dizer, *progride espetacularmente*.

Se você está lendo esta frase, já deve ter lido alguns de meus livros da série *Little Book* (Pequenos Livros). Agradeço-lhe por isto. Mas este é um desafio.

*A Bíblia de Vendas* começou como um recurso básico de vendas 15 anos atrás. Antes do e-mail. Antes dos sites na Internet. E quando os telefones celulares custavam 50 centavos por minuto.

Os tempos mudaram.
*A Bíblia de Vendas* também mudou.

Nesta NOVA EDIÇÃO, você será promovido para *Bíblia de Vendas 3.0.* Ela não está simplesmente mais nova e melhor. Tem mais recursos. Tem mais ações. E é mais dominante para você, o leitor. Não se preocupe. Eu não deixei a diversão de fora. Na realidade, acrescentei mais diversão a esta. Esta nova edição está repleta dos pontos de vista de Randy Glasbergen, para você rir alto, sobre a profissão de vendas e suas realidades.

Passei anos desenvolvendo essas estratégias e ideias que você consegue implementar em minutos, tornar-se proficiente nelas em questão de horas e dominá-las em alguns dias.

Esta **nova edição** de *A Bíblia de Vendas* é para que você leia, desfrute, coloque em prática e lucre com ela. Agora que você a possui, tire proveito dela.

# "Isso nunca vai acontecer."

## *De onde veio este livro?*

Como acontece com a maioria das vendas, este livro começou quando fui recusado. Um artigo a meu respeito e sobre minhas habilidades em vendas, publicado no Charlotte Observer, na primavera de 1992, fez meu telefone tocar sem parar. Fui correndo ao jornal oferecer meus serviços.

"Quero escrever um artigo semanal sobre vendas", anunciei. Além de recusarem minha proposta, disseram: "Isso nunca vai acontecer". Então eu disse: "Isso nunca vai acontecer aqui".

Naquela mesma manhã – uma hora depois –, fechei um contrato com o *Charlotte Business Journal* para publicar uma coluna semanal sobre habilidades em vendas. Eu a chamei de *Sales Moves.*

## Na próxima vez que alguém lhe disser "nunca", lembre-se de que tal afirmação significa "não, durante pelo menos uma hora".

Meu nome é Jeffrey Gitomer e sou vendedor. Não tenho Ph.D. Abandonei a faculdade. Não vivo em uma torre de marfim, moro em Charlotte, Carolina do Norte. Aprendi a vender em Nova Jersey e Nova York, onde cresci. Eu trabalhava em marketing multiníveis quando ele passou a ser chamado de "pirâmide". Já liguei para todos os escritórios do centro de Charlotte e para os presidentes das 500 melhores empresas indicadas pela *Fortune* e fechei negócios.

Já fiz vendas de 1 dólar e já ganhei 1 milhão de dólares em vendas. Sou um vendedor que esteve na rua durante quase 30 anos. Às vezes de cabeça erguida, às vezes não. Adoro vender.

*Sales Moves* apareceu pela primeira vez em *The Business Journal*, em Charlotte, em 23 de março de 1992. A coluna foi um sucesso imediato. Logo apareceu em Dallas, Atlanta, Denver, Princeton e várias outras cidades.

Mark Ethridge, editor de *The Business Journal*, jornalista vencedor do prêmio Pulitzer, e meu bom amigo e incentivador, disse que publicar *Sales Moves* foi sua decisão de marketing de maior impacto em 1992. Uau!

As pessoas começaram a ligar, e ainda ligam diariamente, de todo o país. São jornais que desejam publicar a coluna, leitores me agradecendo por ajudá-los a fazer vendas. Descobri que os vendedores fixavam meu artigo toda semana na parede de seus escritórios. Eles copiavam a coluna e passavam para os outros. Enviavam para amigos e colegas em outras cidades. Usavam a coluna para conduzir reuniões de vendas.

Minha filha Stacey comprou um carro em Charlotte. Todos da revendedora leem meus artigos. Quando ela entrou na sala para fechar o negócio (sozinha), eles disseram: "Estamos lhe oferecendo o melhor negócio do ano porque não queremos que seu pai escreva algo negativo sobre nós".

Desde o dia em que redigi meu primeiro artigo, eu sabia que escreveria um livro. Era uma evolução natural. Meu bom amigo e mentor Ty Boyd fez a mesma sugestão. O incentivo significa muito para um vendedor. Sou grato a ele pelo estímulo, assim como agradeço a você.

O material que uso é meu. Estou me baseando em 40 anos de experiência em vendas, 16 dos quais em consultoria. Além disso, ouvi milhares de horas de fitas e CDs, li tudo o que pude encontrar e fui a todos os seminários que o tempo permitiu. Minha missão é aprender enquanto ensino. Procuro aprender algo novo todo dia.

Continuarei a escrever minha coluna semanal para lhe dar informações que você pode usar em suas trincheiras e fazer mais vendas... Hoje. Sei o que você enfrenta. Sei como dá duro no trabalho. Sei como isso pode ser frustrante. Eu o ajudarei.

Comecei a escrever a primeira edição deste livro em agosto de 1993. Terminei depois de incontáveis horas até tarde no escritório, uma semana em Beech Mountain, NC. e uma semana em Hilton Head Island, SC, com meu Macintosh, meu crítico contumaz, editor e amigo Rod Smith, e minha gata Lito. Pensei que seria uma barbada. Gastei 700 horas de trabalho.

Aqui está *A Nova Bíblia de Vendas*, editada pela minha parceira e "alter ego", Jessica Mcdougall. Ela está repleta de novidades e mantém a tradição intacta.

Obrigado por ser meu cliente.

Espero que ela traga tanto dinheiro para você quanto trouxe para mim.

# O que meu plano dará a você?

**Sua recompensa** será realizar as metas mais ousadas que você já teve em sua carreira.

**Sua recompensa** será ser reconhecido como um excelente vendedor.

**Sua recompensa** será a satisfação de ser muito melhor do que acreditava. E você pode fazer isso sozinho.

**Sua recompensa** será realizar mais vendas.

Este livro foi escrito para ajudá-lo em todos os aspectos relacionados a vendas diárias. Oferece soluções práticas para situações e problemas reais, que ocorrem a todo momento.

Uma referência do mundo real.
Um recurso. Uma bíblia.

*Antes de começar a ler este livro, faça a si mesmo as seguintes perguntas:*

- **Eu acho que vendo bem?**
- **Como pratico minhas habilidades todos os dias?**
- **Quanto tempo passo aprendendo novas habilidades de vendas?**
- **Quantas técnicas novas coloco em prática diariamente?**
- **Quanto sou dedicado e comprometido com o sucesso?**

As vendas são decorrentes de uma disciplina. Não um tipo de disciplina como a militar ("faça isso ou vai ter de descascar batatas"), mas o empenho pessoal para a realização que só pode ocorrer quando há dedicação. É o controle que vem de dentro, e não a obediência a regras vindas de fora. Não se trata do tédio da disciplina, mas do prazer que ela traz.

Disciplina é o processo diário de focalizar o que você quer. E lutar incansavelmente por esse objetivo até alcançá-lo.

Não quero parecer religioso, mas é na religião que se tem a disciplina mais próxima daquela a que me refiro. Se você reza ou medita todo dia, essa é a disciplina, o ritual que você precisa praticar para ter sucesso em vendas.

*Em vendas, você consegue fazer seu próprio milagre.*

## Como representante de vendas, você é a pessoa mais importante no mundo dos negócios!

Nada acontece nos negócios até que alguém venda algo.

Você vende para que a fábrica possa emitir os pedidos, de modo que o produto possa ser entregue, os salários possam ser pagos e o novo sistema de informática possa ser comprado.

Você precisa vender até mesmo quando quer que o banco lhe empreste dinheiro ou estenda sua linha de crédito. Você deve convencer o gerente, ou um fornecedor, de que será capaz de ter um bom desempenho e de pagá-lo.

# 8,5 maneiras de usar este livro...

Os representantes de vendas buscam constantemente novas ideias.

Precisam de uma fonte contínua de motivação.

Precisam de respostas imediatas.

Estão procurando vender mais... Hoje.

Os representantes de vendas têm muitos problemas de uma só vez. Em um único dia, fazem ligações e follow-up de dez clientes potenciais, participam de um evento de trabalho de rede, executam três apresentações, enviam cinco cartas, recebem um não seis vezes e realizam uma venda. Esse é um dia normal! Eles necessitam de uma referência confiável que lhes dê respostas realistas para suas perguntas imediatas, dificuldades ou desafios. Precisam de *A Bíblia de Vendas*.

*A Bíblia de Vendas* não é um "método" de vendas. Ela apresenta uma série de observações práticas, técnicas e filosofias que você pode modificar de acordo com seu estilo. Você usa o que é útil para a venda de hoje. Você usa aquilo que vai prepará-lo para a venda de amanhã. Com ele você adquire o conhecimento necessário para atingir suas metas.

*A Bíblia de Vendas* é um recurso do mundo real. Contém lições, e não pesquisas acadêmicas de um Ph.D. É o resultado de 40 anos de sucesso e fracasso nos ambientes mais duros que o mundo dos negócios tem a oferecer.

## Elas baseiam-se em experiências próprias, que eu sei que funcionam porque as vivenciei. São soluções simples, pragmáticas e fazem sentido onde realmente interessa... Em seu ambiente de vendas.

Elas o ajudarão objetivamente. Experimente algumas e verá.

Use este livro:

**1. Como recurso**. Para expandir e reforçar seu conhecimento e experiência com o processo e os desafios diários de vendas.

**2. Para uma lição diária**. Como parte de sua dedicação para ser o melhor.

**3. Em um grupo de estudos**. Para crescer e se desenvolver como vendedor profissional.

**4. Para conduzir uma reunião**. A maioria dos capítulos tem o tamanho ideal para ser usado como guia em treinamento de vendas ou reunião de *brainstorm*.

**5. Para resolver um problema**. Quando você está sem ideias e precisa de uma resposta imediata.

**6. Para se preparar para uma venda**. E ganhar uma vantagem competitiva.

**7. Para fechar uma venda**. As soluções e respostas estão no índice para acesso rápido.

**8. No calor da batalha**. Leve-o para o trabalho e consulte-o quando as portas começarem a bater na sua cara, quando você precisar fazer contatos importantes, quando um cliente potencial não retornar a mensagem que você deixou na caixa postal dele pela terceira vez.

**8,5. Multiplique sua renda.** Muitos vendedores têm um talento ilimitado. Eu o desafio a dobrar sua renda. Já lhe dei as ferramentas. Agora, cabe a você provar para si mesmo sua competência. Você é capaz de desenvolver a disciplina necessária para tanto?

*"Ganhei um prêmio no seminário de vendas. É uma bússola que sempre aponta para dinheiro!"*

**UMA EXCELENTE MANEIRA DE ABUSAR DESTE LIVRO:** Enquanto você o lê, tenha à mão um marcador de texto amarelo e uma caneta vermelha. Assinale os trechos relativos aos conhecimentos que você busca. Anote nas margens suas reflexões, planos de ação e ideias.

**UMA EXCELENTE MANEIRA DE APRENDER COM ESTE LIVRO:** Para benefício máximo, use logo que puder as informações encontradas, sejam sobre um cliente efetivo ou potencial. Assim, passará a dominá-las. Uma nova técnica por dia serão 220 novas técnicas por ano. Em cinco anos, você terá mais de mil técnicas à sua disposição. Uau!

Leve este livro com você. Use-o como recurso e referência. Leia um capítulo no almoço. Discuta algum ponto interessante com seus colegas de trabalho. Mas acima de tudo, use-o para fazer uma venda. Muitas vendas.

**O ESPÍRITO DE VENDAS.** Cada capítulo apresenta uma citação de abertura que capta o espírito de seu conteúdo. Esse espírito desempenha um papel importante em *A Bíblia de Vendas*. É a forma na qual as informações são oferecidas e o modo como são recebidas – e usadas. Cada lição é independente. Cada uma evolui para a seguinte. Cada uma interage com as outras. Reflete o conjunto. Contribui com o todo.

Leia a parte intitulada "Use o Post-it para atingir suas metas", encontrada neste capítulo. Use o método indicado para registrar seu progresso. Será uma boa prática e garantirá o benefício máximo.

Estabeleça metas para os capítulos que você lerá a cada dia. Estabeleça metas específicas para pôr em prática o que aprendeu. Estabeleça metas para aprimorar sua atitude. Estabeleça metas para ter diversão em sua carreira. Então estabeleça metas para grandes vendas.

**INFORMAÇÕES 🕴 GRÁTIS...** **Quer reforço para as ideias e estratégias contidas neste livro?** Criei alguns cartões que você poderá levar nas visitas de vendas, nos eventos de networking ou feiras comerciais para referência rápida. Esses cartões reforçam os princípios de vendas e irão ajudá-lo a dominar o processo de vendas. Para obter uma cópia para impressão, visite www.gitomer. com, cadastre-se se esta for sua primeira vez e digite a palavra "FLASHCARDS" no campo GitBit.

# A velha maneira de vender não funciona mais... desse jeito.

Antes, usava-se ternos esporte e calças largas. Ainda dependemos das roupas, mas a moda mudou. O mesmo acontece com as vendas. Devemos mudar a maneira de vender, ou não venderemos o suficiente para equilibrar os custos, muito menos para cumprir nossas metas e realizar nossos sonhos.

A recessão da década de 90 forçou uma mudança no processo de vendas que beneficiará o mundo dos negócios para sempre. Para ter sucesso profissional, você deve ser capaz de vender duas vezes a alguém. Ou vender a alguém que fará de tudo para recomendá-lo a outro.

Essa nova maneira usa o método antigo; você ainda deve dominar todas as técnicas de vendas – simplesmente empregue-as de modo diferente. De maneira amigável. Adote uma forma receptiva, um modo que enfatize atender primeiro e vender em segundo lugar. Sempre fico irritado quando alguém diz que vender é uma arte. Bobagem. Vender é uma ciência. É um conjunto de palavras, frases e técnicas que podem ser repetidas, desencadeadas como resposta, e que convencem o cliente potencial a comprar. Como ciência, requer experimentação para determinar o que funciona melhor ou quais as teorias que têm aplicação prática.

As novas regras do jogo são simples e você pode aplicá-las hoje.

*Seu desafio é não só usá-las, mas dominá-las. Aqui estão 7,5 delas para você ponderar; mas há centenas nas páginas seguintes...*

**1. Diga (venda) algo relativo ao que o cliente quer, precisa e entende.** Não em relação a o que você tem a oferecer.

**2. Reúna informações pessoais**. E aprenda a usá-las.

**3. Faça amizades**. As pessoas querem comprar de amigos e não de vendedores.

**4. Forme uma rede de relacionamentos que nenhum concorrente possa penetrar**. Meus concorrentes ligam para meus clientes de vez em quando. Meus clientes dão o número de meu telefone e dizem ao concorrente para ligar para mim a fim de obter minha opinião sobre o serviço deles. Eles dizem: "Ligue para Jeffrey Gitomer e explique tudo a ele. Se ele achar que está bem, nos dirá". Seus clientes agiriam assim se o seu concorrente ligasse para eles? O que você está fazendo para garantir isso?

**5. Estabeleça um terreno comum**. Se ambos gostamos de golfe ou temos filhos, há questões e ideias afins que nos aproximarão.

**6. Ganhe confiança**. Quando você motiva alguém a agir, é melhor ter construído confiança suficiente para que faça negócios com você, ou ele comprará de outra pessoa.

**7. Divirta-se e seja engraçado**. Você não está tratando de um câncer no cérebro, mas de sua carreira. *Divirta-se*. Se você fizer os clientes potenciais rirem, conseguirá fazê-los comprar. A risada é uma aprovação tácita. A aprovação tácita leva à aprovação contratual.

**7,5. Nunca seja pego vendendo**. Eu fico louco quando um vendedor parece vendedor. Aprenda a ciência e converta-a em uma arte.

Estas e centenas de outras regras, diretrizes e técnicas contidas nestas páginas são dedicadas à ciência das vendas e por que as pessoas compram. Seu desafio é aprender a usar essas técnicas e princípios diariamente para ter sucesso no mundo lá fora... O seu mundo.

Se você se dispuser a ler uma lição a cada dia e praticá-la logo em seguida, terá mais de 100 lições e mais de 1.050 técnicas em menos de 6 meses.

Quer aprender a melhor maneira, e a mais segura, de vender a todos que encontrar? Experimente ler os "Contos dos Irmãos Grimm" – mesmo que não venda a todos, conseguirá vender mais do que agora, muito mais. Há um jeito fácil. E é divertido.

Ao ler *A Bíblia de Vendas*, você vai adquirir novos conhecimentos e implementá-los diariamente. O aprendizado com a experiência diária dessa implementação leva ao domínio das vendas. Se você não segue o processo, as vendas permanecerão um mistério. Você pode não falhar, mas não terá sucesso. Não da maneira que deseja.

Vender é divertido, lucrativo, mas somente se você estiver disposto a levar a sério seu compromisso de ser o melhor.

Para ter sucesso em vendas, você deve perceber que não há uma única maneira de vender, mas milhares. Você aprende um pouco de todas elas, combina com sua experiência e adapta à sua personalidade para desenvolver estilo próprio.

Há uma única coisa absolutamente verdadeira que descobri depois de vender e de estudar vendas durante 40 anos – os melhores vendedores são aqueles que têm a melhor atitude, que mais conhecem o produto e que oferecem o melhor atendimento.

Finalmente cheguei a um entendimento de vendas e de como elas são feitas. Aconteceu depois de anos de prática. Depois de ligar e ficar pendurado na linha esperando. Depois de visitar presidentes das 500 melhores empresas indicadas pela revista *Fortune,* e de fazer a venda. Meu objetivo é partilhar esse conhecimento com você, para que possa usá-lo e vender mais. Muito mais.

*Você olhará para aquelas metas anotadas em bilhetes retirados dos blocos Post-it até ficar enjoado... E então começará a alcançá-las.*

# Use o Post-it para atingir suas metas.

**META**: Quero ter sucesso.

**DESAFIO**: É mais fácil pensar do que fazer.

**PENSAMENTO**: Sucesso significa atingir metas.

**PENSAMENTO ERRADO**: Muitas pessoas têm medo do sucesso.

**REALIDADE**: As pessoas não têm medo do sucesso; apenas não sabem como alcançá-lo.

**IDEIA**: Compre um bloco de notas Post-it e estará no caminho para o sucesso!

Você tem várias metas que quer atingir, mas elas não estão escritas *em lugares bem visíveis*. Ficam anotadas em um pedaço de papel, perdidas em uma gaveta ou no verso da página de uma agenda, ou aparecem na sua cabeça de vez em quando, para serem enterradas em meio a adiamentos, desculpas e culpa.

**ENCORAJAMENTO:** Descobri uma forma de vencer o sistema. Você quer atingir suas metas?

*Aqui estão todas as ferramentas necessárias para você alcançar o sucesso que lhe escapou até aqui:*

## • Blocos de Post-it • Espelho do quarto
## • Espelho do banheiro • Caneta hidrocor

E este é o método testado comprovado:

**1. Anote em blocos grandes.** Em blocos Post-it 3 X 3 amarelos, anote suas principais metas em poucas palavras (obter recursos para a empresa; ganhar o prêmio de vendedor do ano; novo cliente: Wachovia Bank).

**2. Anote em blocos pequenos.** Use mais três folhas e anote suas metas secundárias em poucas palavras (ler sobre atitude 15 minutos por dia; ler livro – Dale Carnegie; organizar a mesa; fazer um novo closet).

**3. Coloque os lembretes na sua frente.** No espelho do banheiro, onde você é forçado a olhá-los – e olhar-se – todas as manhãs e noites.

**4. Leia as metas em voz alta cada vez que olhar para elas.** Olhar *e* falar dobra a afirmação.

**5. Continue olhando e falando até agir.** Você olhará para elas até se cansar e começará a agir – agir para realizá-las –, e vai alcançá-las.

**6. Ver a nota lá, diariamente, o faz pensar em agir todos os dias**. Depois que você começa a agir, a nota desencadeia um "O que eu tenho de fazer para manter o foco na realização?". A nota o força a agir, a atingir sua meta.

Ao afixar as metas no banheiro, você se lembra delas pelo menos duas vezes por dia. A partir daí, seu subconsciente começa a agir, abrindo caminho até você ser conduzido a tomar uma iniciativa positiva. Ações para a realização.

E quando você chega ao topo da montanha – quando atinge aquilo que queria – finalmente pode dizer as palavras mágicas. Diga-as gritando – EU CONSEGUI! (Fazer afirmações positivas sempre o faz sentir-se maravilhoso.)

**6,5. Reavalie o seu sucesso todos os dias.** Aqui vem a melhor parte – depois que sua meta for atingida, *retire a anotação do banheiro e afixe-a triunfalmente no espelho do quarto*. Agora, todos os dias, quando você examina "sua aparência naquela manhã", também consegue ver o seu sucesso.

Não é apenas genial. Você é capaz de dar o tom para mais um dia de sucesso, todo dia. O primeiro impulso, de manhã, ao olhar para o sucesso (meta), é lembrar-se de como a realização lhe fez bem, e você pensa em quanto lhe custou. Mais – isto o deixa motivado para continuar obtendo mais realizações.

- **O programa é simples.**
- **O programa funciona.**
- **Os resultados mudarão sua atitude.**
- **Os resultados mudarão sua vida.**
- **Os resultados mudarão o que você acha de sua capacidade de ter sucesso.**

Quando você estiver com o espelho do quarto cheio de metas atingidas, terá dinheiro suficiente para sair e comprar um espelho maior – e uma casa mais ampla para colocá-lo.

**Obtenha seu kit de Post-It para atingir suas metas.** Você quer um bloco pré-impresso de Mensagens de Post-It para começar? Adoraria enviar um para você em agradecimento ao seu apoio contínuo e leitura. **Envie US$1 para os custos postais** para Buy Gitomer, 310 Arlington Ave., Loft 329, Charlotte, NC 28203.

*"Eu imprimo minhas metas em Post-Its e as mantenho à mão para poder me referir a elas a qualquer hora durante o dia. Minha esposa escreveu esta aqui sobre o assento do vaso."*

# A BÍBLIA DE VENDAS

Parte I
As Regras. Os Segredos.
A Diversão

# O Livro das Regras

☆ 39,5 regras para o sucesso em vendas ............................................... 54

☆ Fórmula do Sucesso em Vendas... Aha! .................................... 59

**1.2**

> "As regras existem em todas as empresas para serem seguidas por todos. Eh, exceto pelos vendedores."
>
> *– Jeffrey Gitomer*

Regras...
E as diretrizes que as transformam em vendas.

Como você transforma um cliente potencial em efetivo?

Vamos contar as maneiras. Há 39,5 maneiras.

Leia-as e você dirá: "Aha!"

Siga-as e você dirá: "Obrigado pelo pedido".

As vendas é que mandam!

*Seguir as regras fundamentais de vendas o levará ao sucesso mais rápido que qualquer técnica de alta pressão.*

# 39,5 regras para o sucesso em vendas.

As pessoas não temem o fracasso; elas simplesmente não sabem como obter sucesso.

Em 1960, conheci um treinador de basquete e lhe perguntei qual era seu melhor arremessador, o mais ágil. Ele pegou a bola, foi até o garrafão e fez uma cesta. "Veja esse arremesso" – disse ele de modo grosseiro –, "99% dos jogos são ganhos assim, sem erro" – e foi embora. Naquele dia, eu me senti enganado, mas 20 anos depois percebi que era a melhor lição de vendas que já tive. Concentre-se no fundamental: 99% de todas as vendas são feitas dessa forma.

Cada um de nós é responsável pelo próprio sucesso (ou fracasso). Vencer em uma carreira de vendas não é exceção. Para garantir uma vitória, você precisa assumir uma conduta proativa. Prevenir o fracasso é uma parte importante do processo. Se você se pegar dizendo: *"Não sou talhado para vendas", "Não me esforço o suficiente", "Odeio fazer visitas a clientes", "Não aceito a rejeição", "Meu chefe é um asno",* ou *"Meu chefe é um verdadeiro imbecil",* você está seguindo o caminho errado.

A seguir, apresentamos 39,5 características e traços recorrentes de representantes de vendas bem-sucedidos. Quantas dessas diretrizes você pode dizer honestamente que segue? Se você quer mesmo ter sucesso em vendas, recomendo-lhe colocar esta lista em algum lugar onde possa vê-la diariamente. Leia-a e pratique estes princípios até que eles se tornem um modo de viver.

**1. Estabeleça e mantenha uma atitude positiva.** É a primeira regra de vida. Seu compromisso com uma atitude positiva o colocará em uma trilha de sucesso que nada o deterá jamais. Se você duvida, isso quer dizer que não adotou uma atitude positiva. Uma atitude positiva não é apenas um processo mental, é um compromisso diário. Assuma esse compromisso.

**2. Acredite em você.** Se você acha que não é capaz, quem será? Você controla a ferramenta mais importante em vendas: sua mente.

**3. Estabeleça metas e alcance-as. Trace um plano.** Defina e atinja metas específicas de longo (o que você quer) e de curto prazo (como conseguir o que deseja). As metas são o mapa que o guiará para o sucesso.

**4. Aprenda e execute os fundamentos de vendas.** Nunca pare de aprender a vender. Leia, ouça e participe de seminários, e pratique o que aprendeu. Aprenda algo novo todos os dias e combine com sua experiência prática. Saber os fundamentos lhe dá uma opção em um telefonema de vendas. Mesmo em um relacionamento ou parceria, às vezes é necessário ter uma técnica.

**5. Entenda o cliente e atenda às necessidades dele.** Pergunte e ouça o cliente potencial, e descubra suas verdadeiras necessidades. Não prejulgue os clientes potenciais.

**6. Venda para ajudar.** Não seja ganancioso, isso ficará evidente. Venda para ajudar os clientes; não venda para ganhar comissões.

**7. Estabeleça relações duradouras.** Seja sincero e trate os outros da maneira como você quer ser tratado. Se você conhece seu cliente e se concentra no melhor interesse dele, ganhará muito mais que uma comissão.

**8. Acredite em sua empresa e produto.** Acredite que o seu produto ou serviço é o melhor e isso se revelará. Sua convicção fica evidente a um comprador e se manifesta no número de vendas feitas. Se você não acredita em seu produto, seu cliente potencial também não vai acreditar.

**9. Prepare-se.** Sua motivação e preparo são vitais para a sua excelência. Você precisa estar ansioso e pronto para vender, ou não venderá. Esteja preparado para fazer a venda, sempre munido com um kit de vendas, ferramentas de vendas, frases para iniciar sua apresentação, perguntas, afirmativas e respostas. Seu preparo criativo determinará o resultado.

**10. Seja sincero.** Se você quiser ajudar sinceramente, isso ficará evidente, e vice-versa.

**11. Selecione o comprador.** Não perca tempo com alguém que não é capaz de decidir.

**12. Chegue pontualmente para a visita.** O atraso significa "Não respeito o seu tempo". Não há desculpa para o atraso. Se você não puder evitá-lo, ligue antes do horário marcado, explique-se e continue com a venda.

**13. Tenha uma aparência profissional.** Se você se apresenta bem, mostra um reflexo positivo de você, de sua empresa e de seu produto.

**14. Estabeleça um vínculo e ganhe a confiança do comprador.** Conheça o cliente potencial e a empresa dele; conquiste a confiança logo no início. Não comece sua apresentação antes de conseguir isso.

**15. Use o humor.** É a melhor ferramenta que já encontrei para fazer relacionamentos. Divirta-se com o que você faz. Rir é uma aprovação tácita. Faça o cliente potencial rir.

**16. Saiba tudo sobre o seu produto.** Conheça o seu produto. Saiba como pode ser usado para beneficiar seus clientes. O conhecimento total do produto lhe dá liberdade mental para se concentrar na venda. Nem sempre você pode usar o conhecimento na apresentação de uma venda, mas ele lhe dá confiança para realizá-la.

**17. Venda benefícios, não especificações de produto.** O cliente não quer saber muito sobre o funcionamento; está mais interessado em saber como o produto o ajudará.

**18. Diga a verdade.** Assim, você não precisará se lembrar do que disse.

**19. Se você faz uma promessa, mantenha-a.** A melhor maneira de transformar uma venda em relacionamento é cumprir o prometido. Deixar de fazê-lo é, para sua empresa ou para seu cliente, um desastre do qual talvez você nunca mais se recupere. Se agir assim frequentemente, não acreditarão mais em você.

**20. Não diminua a concorrência.** Se você não tem nada de bom a dizer, fique quieto. É uma tentação quebrar tal regra. Resista à tentação com preparo e criatividade – não critique os concorrentes.

**21. Use testemunhos.** O vendedor mais forte de sua equipe é referência de um cliente satisfeito. Os testemunhos são a prova.

**22. Ouça os sinais de compra.** O cliente potencial frequentemente lhe dirá quando está disposto a comprar – você precisa prestar atenção. Ouvir é tão importante quanto falar.

**23. Faça uma previsão das objeções.** Ensaie respostas para enfrentá-las.

**24. Vá direto à verdadeira objeção.** Os clientes nem sempre são sinceros; eles raramente lhe dirão a(s) verdadeira(s) objeção(ões) logo de início.

**25. Supere as objeções.** Esta é uma questão complexa — não se trata apenas de uma resposta, mas de entender a situação. Ouça o cliente potencial e pense em termos de solução. Você deve criar uma atmosfera de confiança e segurança suficientemente forte para provocar (efetuar) uma venda. A venda começa quando o cliente diz não.

**26. Peça para fazer a venda.** Parece simples demais, mas funciona.

**27. Quando você faz uma pergunta para concluir, CALE-SE.** É a primeira regra de vendas.

**28. Se você não concluir a venda, marque uma nova visita.** Se você não marcar a próxima visita quando estiver cara a cara com o cliente, pode demorar muito até consegui-la. Faça alguma forma de venda cada vez que telefonar.

**29. Follow-up, follow-up, follow-up.** Se forem necessárias de 5 a 10 exposições a um cliente potencial para efetuar uma venda, prepare-se e faça tudo o que for preciso para conseguir o 10º encontro.

**30. Redefina rejeição.** Eles não o estão rejeitando; simplesmente rejeitam a oferta que você fez.

**31. Preveja mudanças e saiba lidar com elas.** Grande parte das vendas consiste em mudanças. Mudanças em relação a produtos, táticas e mercados. Seja flexível para ter êxito. Se resistir a elas, fracassará.

**32. Siga as regras.** Os representantes de vendas muitas vezes pensam que as regras são feitas para os outros. Você acha que elas não são para você? Então pense de novo. Viole as regras e será despedido.

**33. Saiba conviver com os outros (colegas de trabalho e clientes).** As vendas nunca são um esforço isolado. Forme equipe com os colegas e faça parcerias com os clientes.

**34. Entenda que trabalhar com dedicação é o que traz sorte.** Dê uma boa olhada nas pessoas que você acha que têm sorte. Elas, ou alguém em sua família, dedicaram anos de trabalho duro para consegui-la. Você também pode ter a mesma sorte.

**35. Não culpe os outros quando a falha (ou responsabilidade) é sua.** Assumir responsabilidade é o ponto central para ter sucesso em qualquer área. Fazer algo é o critério. A execução é a recompensa (e não o dinheiro – dinheiro é apenas um subproduto da execução perfeita).

**36. Desenvolva o poder da persistência.** Você está disposto a receber um *não* como resposta e simplesmente aceitá-lo sem resistir? Você é capaz de receber um *não* como um desafio, em vez de encará-lo como rejeição? Está disposto a persistir durante 5 a 10 exposições necessárias para fazer a venda? Se você for capaz, então começou a entender o poder da persistência.

**37. Encontre nos números sua fórmula de sucesso.** Determine quantos follow-ups, indicações de vendas, ligações, visitas e apresentações são necessários para se chegar a uma venda. E, então, aplique a fórmula.

**38. Faça isso com paixão.** Faça melhor que nunca.

**39. Seja lembrado.** De uma forma criativa. De maneira positiva. De maneira profissional. O que eles dirão de você, assim que sair? Você sempre será lembrado por algo. Às vezes será uma lembrança apagada, às vezes vívida. Às vezes positiva, às vezes não. Como você quer ser lembrado? Você escolhe. Você é responsável pela lembrança que deixa.

**39,5. Divirta-se!** É a regra mais importante de todas. Você terá muito mais sucesso em algo que adora fazer. Realizar algo que você gosta também dará prazer aos outros. A alegria é contagiante.

Não seguir as regras leva a um fracasso lento, mas certo. Não acontece de uma só vez – há vários graus de fracasso.

*Aqui estão 4,5 deles. Qual é o seu?*
1. **Não conseguir dar o melhor de si.**
2. **Não conseguir aprender a ciência de vendas.**
3. **Não conseguir aceitar a responsabilidade.**
4. **Não conseguir cumprir cotas ou alcançar metas preestabelecidas.**
4,5. **Não conseguir ter uma atitude positiva.**

O sucesso é um nível de desempenho e de autoconfiança alcançado com experiências de vitória. O fracasso não tem a ver com insegurança. Tem a ver com falta de execução. O fracasso total não existe.

Zig Ziglar tem uma resposta: "O fracasso é um evento e não uma pessoa". Vince Lombardi disse melhor a respeito: "A vontade de vencer não é nada sem a vontade de se preparar para vencer".

O atleta que venceu a corrida dos 100 metros na última Olimpíada o fez em menos de 10 segundos. É muito pouco para uma corrida. Mas quanto tempo ele levou se preparando? Você tem a mesma vontade de vencer? Espero que sim.

*"Este negócio é mais rentável do que vender limonada."*

# Fórmula do Sucesso em Vendas...
# Aha! Atitude – Humor – Ação

Descobri que esta é uma combinação de elementos efetiva para a realização em vendas. Aparentemente simples, ela é ainda mais simples na prática. Cada elemento contribui para o todo e está ligado aos outros dois. Eles são úteis isoladamente, mas juntos fazem a grande mágica em vendas.

*Esses elementos dividem-se da seguinte forma:*

**ATITUDE** – Sua atitude mental positiva é a força propulsora para o sucesso em todo empenho de sua vida. A atitude positiva não é apenas um processo mental; é uma disciplina e um compromisso. Todo dia você acorda disposto a ser positivo, a pensar positivo e a falar de modo positivo. Não é algo que vem e vai. Requer dedicação. Faz você se sentir bem o tempo todo, não importa a circunstância externa.

**HUMOR** – Humor não é apenas ser engraçado. É a maneira como você vê as coisas. O humor é uma perspectiva de viver efetivamente e ter uma carreira de sucesso em vendas. É seu senso de humor E sua capacidade de encontrar e criar humor. Ter humor é fazer os outros rirem e se sentirem bem em sua presença. Ouvir "Gosto de conversar com você. Você me faz rir", ou "Você me fez ganhar o dia". É isso que o humor cria. Os outros desejam conversar com você, em vez de evitar uma ligação sua. É como remédio, um remédio de vendas.

**AÇÃO** – É agir conforme o que você diz. Acordar de manhã com um conjunto de metas claramente definidas. Ter uma agenda diária para a qual você está totalmente preparado. Fazer a última ligação. Seguir o próprio plano de jogo para o sucesso. Fazer mais que qualquer um que você conheça. Fazer o suficiente para sentir orgulho de si mesmo.

*A combinação desses três fatores fornece um caminho para o sucesso.*

"Eu o desafio a dominar cada fator e então combiná-los ao seu modo, para adequá-los à sua personalidade.

Os resultados monetários o surpreenderão, mas a recompensa pessoal vai além do dinheiro."

Siga-os à risca e você dirá... AHA!

# A BÍBLIA DE VENDAS

## Parte 1
### As Regras. Os Segredos.
### A Diversão

# O Livro dos Segredos

☆ Por que os representantes de vendas fracassam? ........................................ 62

☆ Você nasceu para vender? Não, você aprende a ganhar! ............................... 65

☆ O que há de errado com esta venda? *Você, amigo!* ....................................... 67

☆ A ponte entre o positivo e o negativo ... 69

☆ Como o cliente quer ser tratado, honestamente ................................... 71

☆ Como um representante de vendas quer ser tratado, honestamente ........................... 74

☆ O enganoso ponto certo... Como você o determina? ......................................... 77

## 1.3

Segredos...

Ouça. (Tu-da-lu)
Você quer saber um segredo?

Para dominar uma ocupação, você deve conhecer seus segredos.

Conhecer os segredos de vendas pode lhe poupar anos de frustração e esforço em vão.

Aprenda esses segredos de vendas e... domine o mistério.

*50% do sucesso consiste em acreditar que você pode.*
*Em termos simples, você se torna o que quiser.*

# Por que os representantes de vendas fracassam?

Porque eles acreditam que vão fracassar.

Você tem uma atitude positiva? Todos dizem sim, mas menos de 1 em 1.000 realmente tem! Um décimo de 1%. Você verdadeiramente faz parte desse pequeno percentual? Tudo o que você precisa para saber é passar neste teste simples.

Sim   Não

☐   ☐   Assisto a noticiários cerca de uma hora por dia.

☐   ☐   Leio o jornal diariamente.

☐   ☐   Leio uma revista de notícias toda semana.

☐   ☐   Às vezes tenho um dia ruim, o dia todo.

☐   ☐   Meu emprego é maçante.

☐   ☐   Fico irritado durante uma hora ou mais.

☐   ☐   Converso com pessoas negativas e expresso minha solidariedade.

☐   ☐   Procuro culpar os outros quando algo dá errado.

☐   ☐   Quando acontece algo errado ou ruim, digo aos outros.

☐   ☐   Fico irritado com minha esposa e não converso durante mais de 4 horas.

☐   ☐   Levo problemas pessoais para o trabalho e os discuto.

☐   ☐   Espero pelo pior e planejo de acordo.

☐   ☐   Fico incomodado com o mau tempo (frio demais, calor demais, chuva) o suficiente para fazer comentários a respeito.

**0-2 *sim***: Você tem uma atitude positiva.

**3-6 *sim***: Você tem uma atitude negativa.

**7 ou mais respostas "*sim*":** Você tem problema de atitude. Problema sério.

**Mais de 4 respostas "*sim*"?** Saia e invista em livros, CDs e cursos de Dale Carnegie, Norman Vincent Peale, W. Clement Stone, Napoleon Hill, Earl Nightingale e Denis Waitley. Essas pessoas lhe dizem como você *pode*, e não por que *não pode*.

**O CALDO ENGROSSA**. Vários testes americanos têm revelado os seguintes dados estatísticos alarmantes sobre por que os representantes de vendas fracassam:

- **15% Treinamento inadequado** – tanto em relação ao produto quanto às habilidades em vendas.
- **20% Poucas habilidades de comunicação verbal e escrita.**
- **15% Chefia ou gerência problemática ou fraca.**
- **50% Atitude.**

Parece quase impossível, não é? Os representantes de vendas (ou qualquer um) poderiam ter mais de 50% de sucesso se mudassem a maneira de pensar. Earl Nightingale, em sua famosa fita The Strangest Secret (O Segredo Mais Estranho), revela o segredo de uma atitude positiva: "Nós nos tornamos o que pensamos ser". Mas é uma disciplina que exige dedicação e deve ser praticada... Todos os dias.

*Quer começar a mudar sua atitude? Ela afetará miraculosamente o seu sucesso (e renda). Viva estes pensamentos e exercícios:*

- **Quando algo dá errado, lembre-se de que não é falha de alguém; a falha é sua.**
- **Você sempre tem (e teve) opção.**
- **Se você acha que está tudo bem, está... Se você acha que não está bem, não está.**
- **Ignore as notícias inúteis – trabalhe em um projeto que valha a pena, faça um plano ou algo para melhorar sua vida.**
- **Durante 1 ano, leia apenas livros e materiais com mensagens positivas.**
- **Quando você enfrenta um obstáculo, ou algo dá errado, procure uma oportunidade.**
- **Ouça CDs sobre atitude, participe de seminários e faça cursos.**
- **Ignore as pessoas que lhe dizem "Você não consegue", ou que tentam desencorajá-lo.**
- **Verifique sua linguagem. É meio cheia ou meio vazia? Nublada ou ensolarada? Evite *por quê?, não posso, não vai dar*.**
- **Diga por que você gosta das coisas, das pessoas, do emprego e da família. E não por que não gosta.**
- **Ajude os outros sem esperar nada deles e sem fazer comparações. Se você diz: "Não sou porque ele também não é", quem perde com isso? Se você diz: "Por que eu deveria, quando ele só...", quem sai perdendo?**
- **Quanto tempo você fica de mau humor? Se for mais de 5 minutos, algo está errado.**
- **Reflita sobre suas bênçãos todos os dias.**

Se você pegar aquela hora por dia que gasta atualmente assistindo a noticiários e convertê-la em ação positiva, ou aprender algo para si mesmo, para seu negócio ou sua família, no final de 1 ano terá acumulado mais de 15 dias inteiros de 24 horas. Isso o ajudará a ter mais sucesso – 15 dias por ano assistindo a noticiários ou 15 dias por ano construindo o seu futuro? A opção é sua.

> **"Quando Vince Lombardi disse:**
> **'Vencer não é tudo, é a única coisa',**
> **ele deveria ter substituído**
> **a palavra**
> ***vencer* por *atitude*,**
> **para chegar mais perto da verdade."**
>
> — *Jeffrey Gitomer*

# Você nasceu para vender?
# Não, você aprende a ganhar!

Você ouviu; provavelmente já disse: "Aquele cara é um vendedor nato". Bobagem!Essa é uma das grandes falácias em vendas. Vender é uma ciência. Uma habilidade adquirida. O representante de vendas que você pensava ter esse talento nato desenvolveu a custo os traços e as características necessários, e depois foi aprender e aplicar a ciência de vender.

Faça este teste de inventário pessoal. São 21 traços e características de excelentes representantes de vendas. Quantos deles você possui? (NOTA IMPORTANTE: Para representantes de vendas, há um meio-termo entre *sim* e *não*, chamado "estou trabalhando nisso". É melhor marcar *não*, até que alcance essa característica.)

Sim  Não

☐  ☐  Estabeleci minhas metas em redação.

☐  ☐  Tenho uma boa autodisciplina.

☐  ☐  Sou automotivado.

☐  ☐  Quero adquirir mais conhecimentos.

☐  ☐  Quero desenvolver relacionamentos.

☐  ☐  Sou autoconfiante.

☐  ☐  Gosto de mim.

☐  ☐  Adoro as pessoas.

☐  ☐  Adoro um desafio.

☐  ☐  Adoro vencer.

☐  ☐  Posso aceitar a rejeição com uma atitude positiva.

☐  ☐  Posso lidar com detalhes.

☐  ☐  Sou fiel.

☐  ☐  Sou entusiasta.

☐  ☐  Sou observador.

☐  ☐  Sou um bom ouvinte.

Sim  Não
- ☐ ☐ Sou perceptivo.
- ☐ ☐ Sou um comunicador hábil.
- ☐ ☐ Sou um trabalhador dedicado.
- ☐ ☐ Quero conseguir segurança financeira.
- ☐ ☐ Sou persistente.

Responda a mais de 15 com um sim HONESTO e você terá o que quer. Entre 10 e 14, pode ir para qualquer um dos lados (suas chances são melhores se respondeu sim a conhecimentos, entusiasta, autoconfiante, perceptivo, automotivado e persistente). Com menos de 10, não se aventure, mesmo que signifique a paz mundial, o fim de uma doença e a ajuda a um programa espacial.

**Note Bem:** Nenhuma das afirmações disse nada sobre fechar vendas ou superar objeções. A ciência da venda pode ser aprendida e aplicada facilmente se você incorporar os traços sugeridos. Tudo o que você tem a fazer é acreditar que pode, comprometer-se a fazê-lo e cumprir seus compromissos.

"Não somos mais representantes de vendas normais. De agora em diante somos Homem de Negócios, Menino do Dólar e a Incrível Madame Visita!"

# O que há de errado com esta venda? *Você, amigo!*

Em 25 anos (já se passou tanto tempo assim?) de treinamento em vendas, nunca um representante de vendas veio até mim e disse: "Jeffrey, eu não fiz a venda e a culpa é minha".

Eles cometem o erro fatal de culpar outras coisas, circunstâncias e pessoas pela sua própria inabilidade de criar uma atmosfera de compra. E este erro é uma faca de dois gumes. Um, você está culpando a parte errada, e dois, você joga a culpa em vez de assumir a responsabilidade. Com isso, deixa de ver a necessidade urgente de mais treinamento para melhorar.

Eu identifiquei 12,5 falhas fatais em vendas. As verdadeiras razões pelas quais os representantes de vendas deixam de realizar uma venda. Por mais que este seja um exercício doloroso, por que você não se avalia em vez de simplesmente lê-los? E para que você os desfrute ao máximo, e se beneficie deles, uma sentença remediadora, ou sugestão, "sem falhas" segue cada uma das falhas.

*Aqui estão as falhas fatais. Quantas delas são fatais para você? Pegue uma caneta vermelha e, conforme você as lê, coloque um "F" naquelas que quer melhorar.*

**1. Ser um cachorrinho, uma marionete ou um peão.** Os representantes de vendas estão muito felizes em obedecer sem obter um compromisso ou acrescentar uma ideia ou pensamento. *Sem falhas*: Ao mesmo tempo em que você envia uma brochura, agende uma visita. Quando recebe uma solicitação para uma proposta, tente alterar alguns dos termos para favorecer a sua seleção.

**2. Falar antes de perguntar.** O seu médico lhe disse qual escola de medicina ele frequentou? Não. Há quantos anos ele pratica medicina? Não. Ele pergunta: "Onde está doendo?". *Sem falhas*: Faça perguntas interessantes. Faça perguntas que revelem dor ou emoção. Faça as perguntas que seu concorrente não faz.

**3. Fazer um acordo verbal pelos serviços que serão fornecidos.** Nada é mais fatal do que o seu cliente potencial pensar que há mais na negociação além de você. Quando ele diz: "Pensei que você tivesse dito que...", o que vem a seguir é um problema. *Sem falhas*: Escreva e repita TODAS as promessas e termos.

**4. Referir-se negativamente à concorrência.** Ok, existem muitos sujeitos canalhas. E daí? Quando você fala mal deles, você está se rebaixando. *Sem falhas*: Sempre se refira à concorrência como o "padrão da indústria" e "minha concorrência valiosa".

**5. Fazer um follow-up para ver se você "recebeu meu panfleto" e ver se "tem alguma pergunta".** O representante de vendas acha que ele está sendo visto como útil e profissional, mas ele é um "mala" e parece um bobo. *Sem falhas*: Ligue com ideias e perguntas inteligentes.

**6. Perguntar: "O que será preciso para ter seu negócio?"** A pior pergunta em vendas. Ela SEMPRE levará a mentiras, tópicos de preços mais baixos e à perda de respeito do comprador para com o vendedor. *Sem falhas*: "Gostaria de ter a oportunidade de compartilhar com você por que alguns de meus clientes compraram de mim mesmo eu NÃO tendo o preço mais baixo".

**7. Presumir que o cliente potencial não ouviu essa bobagem antes.** É provável que o cliente potencial tenha uma noção preconcebida da sua empresa, seu produto, ou de ambos. Talvez você queira mudar isso antes de começar. *Sem falhas*: Faça com que eles peçam uma demonstração ou uma apresentação de vendas. *Sem falhas*: Pergunte: "Qual foi sua experiência com _____ até agora?", ou, "Como você descreveria meu produto para mim?".

**8. Presumir que o cliente potencial ainda não se decidiu.** Sua reputação pode tê-lo precedido, seu cliente potencial pode já ter decidido comprar de outros, ou talvez ele tenha decidido comprar de você, e está usando sua apresentação de vendas para "confirmar" e não "decidir". *Sem falhas*: Faça amizade o mais rápido possível antes de começar. Faça algumas perguntas sobre onde eles se encontram na escala de tomada de decisões.

**9. Não acrescentar algo de interesse ou valor para o cliente potencial quando faz a chamada de follow-up.** As chamadas de follow-up são imprecisamente definidas como "checando o seu dinheiro". "Vocês já se decidiram?" "Sim, amigo, e escolhemos você, mas não vamos te contar." Acorde! *Sem falhas*: A melhor hora de criar, brilhar e ser lembrado é depois da proposta ou apresentação. Pense em informações valiosas para o cliente potencial, não apenas em perguntas sobre como encher sua carteira.

**10. Tentar superar as objeções com suas próprias palavras em vez de usar testemunho de clientes.** Uma objeção é uma declaração que diz: "Você ainda não me vendeu, mas estou interessado". *Sem falhas*: Use testemunhos para superar as objeções. Este é um processo complexo, porém o meio mais poderoso (o único) em sanar as dúvidas de seus clientes prospectivos. NOTA: Caso seja forçado a usar suas palavras, faça perguntas interessantes (não perguntas afiadas, do tipo antigo de vendas) em vez de fazer declarações.

# INFORMAÇÕES 🏃 GRÁTIS... Quer saber quais são "as três maiores" falhas em vendas? Visite www.gitomer.com, cadastre-se se esta for sua primeira vez e digite as palavras BIG THREE no campo GitBit.

*Você está perdendo oportunidades porque vive focado demais em obstáculos?*

# A ponte entre o positivo e o negativo

Nos negócios, a maioria das pessoas foca no que não pode ser feito, em vez de focar no que pode ser feito. Elas se aniquilam mentalmente ao dizer a si mesmas: "Não vou conseguir falar com ele pelo telefone. Ninguém vai retornar minha ligação. Ninguém vai me empregar. Eu perdi a hora. Eu me esqueci. Eu não escrevi. Ninguém me disse". Ou pateticamente: "Estou fazendo o melhor que posso".

Pense como você se sentiria se alguém usasse com você as mesmas circunstâncias das quais você está choramingando. Você iria querer ouvir, ou iria querer evitar esta pessoa, custe o que custar? A resposta é óbvia. Mas há uma resposta melhor, e ela está na sua habilidade "de ser ou não ser" positivo. (Eis a questão.) Se você focar na antecipação positiva e no desfecho positivo – então resultados positivos acontecerão.

*Aqui estão 7,5 atitudes no trabalho que você pode fazer para manter o foco, a intensidade, o estímulo e o compromisso necessários para mudar sua direção de "Ai de mim" para "Uau, que vida boa!".*

**1. Pare de culpar as circunstâncias pela sua situação.** Não é a chuva, o carro, o telefone ou o produto – é VOCÊ. Você tem uma opção em tudo que faz. Escolha uma forma melhor. Não ponha a culpa no caminho, mude-o. Não ponha a culpa na situação, mude-a.

**2. Pare de culpar outras pessoas pela sua situação.** Assuma responsabilidade por si mesmo e por suas ações. Se você está constantemente culpando outras pessoas, *quer saber? Amigo, supere isso* – não são elas.

**3. Conheça melhor seu cliente efetivo ou potencial.** Conhecer seu cliente é uma arma tão poderosa para evitar problemas quanto para lidar com eles. Se você não consegue falar com o cliente potencial ao telefone, a falha é sua por não saber qual a melhor hora de encontrá-lo. Saiba a hora de ligar, saiba quando uma decisão deve ser tomada. Confirme duplamente cada compromisso.

**4. Persista até obter uma resposta.** Um cliente potencial respeitará um vendedor tenaz. Se são necessárias de 5 a 10 exposições para fazer uma venda, você tem o que é preciso para chegar lá? Mesmo que a resposta seja "Não", pelo menos você sabe qual a sua posição.

**5. Saiba qual a sua posição, ou qual deveria ser.** Gerencie seu tempo. Almoce com um cliente, e não com um amigo. Mantenha registros perfeitos. Saiba o suficiente sobre seu cliente efetivo ou potencial, para que o follow-up seja fácil e interessante. Você está suficientemente organizado para conseguir a décima exposição e ter controle suficiente da situação para fazer a venda?

**6. Trabalhe em suas habilidades todos os dias.** Livros, CDs, seminários. Pode ser que você não leia livros suficientes nem ouça CDs suficientes. Eu o desafio a fazê-lo uma hora por dia. Uma hora por dia, sete dias na semana, por um ano é igual a mais de nove semanas completas de trabalho. Pense no que você poderia fazer para melhorar seu foco e sua base de conhecimento na próxima vez em que ligar a televisão despreocupadamente.

**7. Oriente-se para soluções.** Em vez de se afundar em seus problemas, porque você não passa o mesmo tempo trabalhando em soluções? Descobri que ser orientado para soluções tem feito mais por mim e por meu caminho para o sucesso do que qualquer outra estratégia. Todo obstáculo apresenta uma oportunidade – se você procura por ela. Se estiver ocupado demais, concentrando-se no problema, a oportunidade passará.

**7,5. Pense antes de falar.** As pessoas falam sem pensar, apenas para se arrepender do que disseram. Todas as vezes em que você estiver para envolver outra pessoa, pense rapidamente sobre o que você está para dizer. Como as palavras serão recebidas? E o que mais você poderia estar dizendo que criaria uma expressão mais positiva? A meta é um resultado ou resposta positivo. A ação parece simples, mas ela requer muita autodisciplina. Tente-a algumas vezes – você ficará pasmo com os resultados.

**OPORTUNIDADE DE ATITUDE:** Você recebeu um saco de cimento e um balde de água. Você pode construir um degrau (uma ponte) para subir ou um bloco para tropeçar.

A escolha é (e sempre foi) sua. Você está deixando passar oportunidades porque está muito focado nos obstáculos?

*Não use uma porção de técnicas de vendas desgastadas para me pressionar a comprar o que não quero.*

# Como o cliente quer ser tratado, honestamente

Para ser o melhor representante de vendas do mundo (e espero que você se considere assim), você deve reconhecer que *ouvir* é o primeiro mandamento das vendas. Por isso, comecei a ligar para as pessoas que compram e perguntar o que elas gostariam que os representantes de vendas fizessem. Como elas gostariam que os representantes agissem. O que gostariam que eles dissessem (ou não dissessem). Eu ouvi, e escrevi.

**A não ser que você só anote os pedidos, a maneira como trata (lida com) um cliente potencial determinará a frequência com que você consegue o pedido.** E uma venda é sempre feita – ou você vende ao cliente potencial, que lhe diz "sim"; ou quem faz a venda é ele, lhe dizendo "não".

A seguir, há uma lista de o que os clientes esperam dos representantes de vendas – vinda direto da boca deles. Em resumo, estão dizendo: "É assim que eu quero que me convençam". Quantos itens desta lista você pode dizer que preenche, cada vez que apresenta seu produto ou serviço? Essas solicitações de clientes o ajudarão a ter o "sim" com mais frequência. Se você as utilizar em conjunto, terá mais poder para construir um relacionamento e fechar uma venda.

*Veja o que seus clientes têm a dizer sobre como eles querem que você aja:*

- **MOSTRE-ME OS FATOS** – Não quero uma lengalenga longa, arrastada. Depois que me conhecer um pouco, seja direto.

- **DIGA-ME A VERDADE, E NÃO USE A PALAVRA** *HONESTAMENTE*. **ISSO ME IRRITA** – Se você afirma algo que eu duvido, ou sei que não é verdade, você está fora.

- **QUERO UM REPRESENTANTE DE VENDAS ÉTICO** – Alguém disse um advogado honesto? Os vendedores costumam projetar uma reputação negativa por causa de alguns que não têm ética. Suas ações provarão sua ética, e não suas palavras. (Os que falam de ética geralmente são antiéticos.)

- **DÊ-ME UMA RAZÃO PARA SEU PRODUTO/SERVIÇO SER PERFEITO PARA MIM** – Se eu preciso do que você está vendendo, devo entender qual o benefício que a compra me trará.

- **DÊ-ME UMA PROVA** – É mais provável que eu compre se você provar o que diz. Mostre-me uma matéria impressa para reforçar minha confiança, ou para confirmar minha decisão. (O comprador está dizendo: "Não acredito na maioria dos vendedores. Eles mentem, como nós.")

- **MOSTRE-ME QUE NÃO ESTOU SOZINHO. CONTE-ME UMA SITUAÇÃO PARECIDA, ONDE ALGUÉM COMO EU TEVE SUCESSO** - Não quero ser o primeiro nem o único. Preciso saber como seu produto (ou você) funcionou em outro lugar. Ficarei confiante se souber de alguém como eu, ou na mesma situação, que comprou, gostou ou se deu bem.

- **MOSTRE-ME UMA CARTA DE UM CLIENTE SATISFEITO** – Um testemunho tem mais força que 100 apresentações de vendas.

- **EXPLIQUE E MOSTRE QUE VOCÊ ME OFERECERÁ SERVIÇOS PÓS-VENDA** – Já comprei muitas promessas vazias antes.

- **ARGUMENTE E MOSTRE QUE O PREÇO É JUSTO** – Quero garantia de que o preço é justo. Faça com que eu me sinta realizando um bom negócio.

- **MOSTRE-ME A MELHOR MANEIRA DE PAGAR** – Se quero o que você tem, mas não posso pagar, dê-me alternativas.

- **DÊ-ME OPÇÃO E DEIXE-ME DECIDIR, MAS FAÇA UMA RECOMENDAÇÃO** – Diga-me *honestamente* (Ei, se eu não posso dizer isso, você também não pode) o que você faria se fosse o *seu* dinheiro.

- **REFORCE MINHA OPÇÃO** – Posso estar inseguro, pois não sei se farei a opção certa. Ajude-me a reforçar minha escolha com dados que me beneficiarão e me tornarão mais confiante para comprar.

- **NÃO DISCUTA COMIGO** – Mesmo que eu esteja errado, não quero um representante esperto me dizendo (ou tentando provar) que estou errado. Você pode vencer a discussão, mas perderá a venda.

- **NÃO ME CONFUNDA** – Quanto mais complicado você for, menor a probabilidade de eu comprar.

- **NÃO ME DIGA NADA NEGATIVO** – Quero que tudo seja o máximo. Não faça comentários desagradáveis sobre os outros (principalmente a concorrência), sobre você, sua empresa ou a meu respeito.

- **NÃO ME SUBESTIME** – Os representantes de vendas imaginam que sabem tudo e pensam que sou um tolo. Não me diga o que você *acha* que eu quero ouvir. Sou tão tapado que acho que vou comprar de outra pessoa.

- **NÃO CRITIQUE O QUE COMPREI, NEM AFIRME QUE FIZ ALGO ERRADO** – Quero me sentir inteligente e bem com a minha decisão. Seja sensível se eu errei; mostre-me como os outros também erraram.

- **OUÇA QUANDO ESTOU FALANDO** – Quero lhe dizer o que pretendo comprar, e você fica ocupado demais tentando me vender o que já tenho. Cale-se e ouça.

- **FAÇA COM QUE EU ME SINTA ESPECIAL** – Se vou gastar meu dinheiro, preciso sentir satisfação. Tudo depende de suas palavras e ações.

- **FAÇA-ME RIR** – Deixe-me de bom humor e é mais provável que eu compre. Meu riso significa que concordo com você, e você precisa de meu consentimento para fazer a venda.

- **DEMONSTRE INTERESSE PELO QUE FAÇO** – Pode não ser importante para você, mas é tudo para mim.

- **SEJA SEMPRE SINCERO** – Posso perceber se você está sendo falso só para conseguir meu dinheiro.

- **NÃO USE UM ARSENAL DE TÉCNICAS DE VENDAS DESGASTADAS PARA ME PRESSIONAR A COMPRAR O QUE NÃO QUERO** – Não pareça um vendedor. Pareça um amigo. Alguém que tenta me ajudar.

- **ENTREGUE O QUE VOCÊ ME VENDE NA DATA PROMETIDA** – Se faço negócio com você e fico desapontado, é improvável que eu negocie com você novamente.

- **AJUDE-ME A COMPRAR – NÃO VENDA PARA MIM** – Odeio que me vendam. Adoro comprar.

Eu lhe passei 25 afirmações de compradores indicando como gostam de ser convencidos a comprar. Gaste pelo menos 10 minutos para escolher quantas dessas declarações você consegue incorporar à sua apresentação e filosofia de vendas.

O comprador tem a melhor arma contra sua técnica de vendas – pode simplesmente lhe *dizer não*. Ele tem também a melhor arma para fazer uma compra – *a caneta*.

# Imagine o nervosismo de seus clientes efetivos e potenciais em querer todas essas coisas. Eles não sabem que você está ocupado? E por que eles não retornam sua ligação?

*Retorne minha ligação.*

# Como um representante de vendas quer ser tratado, honestamente.

Eles também têm sentimentos. Se você é comprador, dono de empresa ou diretor presidente, eu lhe pergunto: como você trata os representantes de vendas? Você gostaria de saber como eles querem ser tratados?

Eu tenho conversado com milhares de representantes que falam sobre o que eles desejam que os compradores e clientes em potencial façam (ou não). Se você toma as decisões para sua empresa, quantos dos itens abaixo você pode dizer *honestamente* (lá vai esta palavra outra vez) que faz em seu relacionamento com um representante de vendas?

**NOTA IMPORTANTE:** Esta seção não trata de um bando de representantes de vendas chorosos, lamentando-se de como estão sendo maltratados. Em vez disso, é uma série de afirmações sobre o que eles precisam para construir relacionamentos com você – os clientes deles.

*Se você já se fez a pergunta: "O que os representantes de vendas querem?", aqui estão as respostas*:

- **RETORNE MINHA LIGAÇÃO.** Esta é a reclamação número um dos vendedores, principalmente se você tem aquela terrível *secretária eletrônica*. Por que você não pode tomar 2 minutos de seu tempo e retornar a ligação de alguém? Você não quer que retornem quando você liga?

- **ATENDA, SE VOCÊ ESTIVER NA SALA. SE VOCÊ SELECIONA AS LIGAÇÕES, NÃO ME DESCARTE.** Outro dia liguei para Dick Kittle, presidente da Associated Mailing, a maior agência de *mailing* na área de Charlotte. Eu disse: "Dick, por favor". E ouvi uma voz dizer: "Dick Kittle". Eu disse: "Dick, você não seleciona suas ligações?" E ele respondeu: "Não quero perder nenhuma oportunidade". E aposto que ele perde algumas.

- **NÃO DEIXE O PORTEIRO DIZER: "O SR. JOHNSON NÃO RECEBE NINGUÉM SEM HORA MARCADA".** Pelo menos tenha a cortesia de dizer ao Sr. Johnson que estou aqui e de lhe dar a opção. Idiota.

- **DIGA-ME A VERDADE**. Eu prefiro saber a verdade a ser enganado ou a ouvir uma mentira sobre a situação. Tenha coragem para ser sincero. Você quer isso de mim, não quer?

- **SE NÃO É VOCÊ QUEM DECIDE (OU NÃO É O ÚNICO A TOMAR DECISÕES), DIGA-ME, E DIGA-ME QUEM (OU QUEM MAIS) FAZ ISSO**. Não gaste meu tempo nem o seu. Eu gosto de você, mas quero falar com (todos) aqueles que tomam decisões – pessoalmente.

- **DIGA-ME COMO VOCÊ SE SENTE ENQUANTO EU ESTOU ME APRESENTANDO**. Se eu estou fazendo algo certo ou errado. Eu quero saber para que possa atendê-lo melhor.

- **DÊ-ME SUA ATENÇÃO TOTAL DURANTE MINHA APRESENTAÇÃO**. Nada de telefonemas nem de pessoas entrando, saindo ou lendo sua correspondência. Obrigado.

- **DIGA-ME SUA VERDADEIRA OBJEÇÃO**. Se você fizer isso, ajudará a ambos. Sua verdadeira objeção encurtará o ciclo de vendas e nos tornará mais produtivos. Você não vai magoar meus sentimentos – eu realmente quero saber a verdade.

- **FAÇA O QUE DIZ QUE FARÁ**. *Exemplo*: Se você me diz que uma decisão será tomada até quarta-feira, atenda o meu telefonema no dia marcado e diga-me a resposta. *Exemplo*: Você me diz para ligar na sexta-feira para marcar um encontro. Eu ligo. Sua secretária diz: "Ah, ele está fora da cidade e não voltará antes de terça". Isso é pura gentileza. Cumpra com o que você diz. Não é muito pedir isso. É?

- **NÃO ME DIGA QUE VOCÊ QUER PENSAR NO ASSUNTO**. Odiamos isso. Diga-me a verdadeira objeção ou qual é, realmente, sua opinião. Admita isso – você já decidiu.

- **NÃO ME DIGA QUE NÃO ESTÁ NO ORÇAMENTO OU QUE VOCÊ GASTOU SEU ORÇAMENTO PARA O ANO**. Diga-me o que você acha de meu produto ou serviço e se você quer comprá-lo agora, no próximo ano ou nunca.

- **SE VOCÊ NÃO TEM DINHEIRO E QUER COMPRAR, DIGA-ME, PARA QUE EU POSSA AJUDÁ-LO A ENCONTRAR UMA MANEIRA DE COMPRAR**. Não deixe o orgulho ou o ego atrapalhar o processo de vendas. Os vendedores abordam pessoas sem dinheiro o tempo todo (a maioria das vezes, na realidade), mas ainda assim queremos ajudar.

- **NÃO JOGUE**. Não diga: "Posso adquirir isto por menos de 500 reais. Você fará o mesmo preço?" ou "Vou fazer uma pesquisa para ver se este é o melhor negócio, e depois talvez eu volte a procurá-lo". Seja direto comigo. Coloque suas cartas na mesa se você quer um relacionamento duradouro (como eu).

- **RESPEITE-ME**. Muitas vezes a cortesia comum promoverá mais nosso relacionamento do que qualquer outra coisa (além de um grande pedido).

- **SE VOCÊ PRECISA SE REUNIR COM OUTROS PARA TER UMA DECISÃO FINAL, QUERO ESTAR LÁ TAMBÉM**. Assim, poderei responder às perguntas sobre meu produto ou serviço que certamente surgirão.

- **SEJA PONTUAL**. Não quero esperar. Não é justo marcar comigo às 10 horas, chegar às 10h30 e dizer: "Sinto muito. Fiquei preso". Eu direi: "Tudo bem", mas não é o que estou pensando. Seja tão pontual quanto você gostaria que eu fosse.

- **COMPAREÇA AO COMPROMISSO**. Às vezes você diz: "Ah, é apenas um representante de vendas. Qual é a diferença?". A diferença é a gentileza. Mostre-me que você é tão confiável quanto você gostaria que eu fosse.

- **DECIDA AGORA**. Você já sabe a resposta. Por que não me diz?

- **DÊ-ME A VENDA QUANDO EU A PEÇO**. Mesmo que isto seja uma fantasia, eu não consegui resistir em colocar na lista de coisas que um representante de vendas deseja.

E, Sr. CEO – que não tem tempo para nada, é grosseiro com os representantes de vendas e vendedores e não retornará as ligações deles –, eu lhe pergunto o seguinte: *O senhor tem representantes de vendas? Está tratando-os da mesma forma que deseja que os vendedores sejam tratados em uma situação de venda?* Pense nisso da próxima vez que não retornar um telefonema de um representante.

# É surpreendente como o processo de vendas seria simples se os compradores seguissem uma regra – *A Regra de Ouro*.

Talvez se a revisássemos para vendas e a déssemos aos CEOs, ela teria um impacto. *Aqui está ela pela primeira vez...*

# A Regra de Ouro das Vendas para os CEOs... Aja com os representantes de vendas como você faria os compradores e executivos agirem com os *seus* representantes.

*O ponto certo é uma ponte que pode levá-lo de uma apresentação à venda.*

# O enganoso ponto certo... Como você o determina?

Todo o treinamento de vendas inclui esta sentença: *Se você quer fazer a venda, não deixe de chegar no ponto certo*. Genial. Onde está ele? Está bem à vista; a uma distância em que se pode pedir; a uma distância em que se pode ouvir.

Você só precisa estar alerta.

*O ponto certo só funciona se você puder encontrá-lo. Aqui estão algumas maneiras de descobrir o ponto certo pessoal ou empresarial em uma conversa (NOTE BEM: o ponto certo de uma pessoa é mais importante que o de negócios):*

- **FAÇA PERGUNTAS SOBRE STATUS E SITUAÇÃO** – Aonde ele foi nas férias, qual faculdade o filho dele frequenta. Qual a posição da empresa no momento, como surgiu (história).

- **FAÇA PERGUNTAS SOBRE ASSUNTOS QUE GERAM ORGULHO** – O maior sucesso nos negócios. A maior meta este ano.

- **FAÇA PERGUNTAS SOBRE INTERESSES PESSOAIS** – O que ele faz a maior parte do tempo livre? Que esporte pratica ou que hobbies ele tem?

- **PERGUNTE O QUE ELE FARIA SE NÃO TIVESSE DE TRABALHAR** – Quais são seus verdadeiros sonhos e ambições?

- **FAÇA PERGUNTAS RELACIONADAS À META** – Qual é o principal objetivo da empresa dele este ano? Como ele vai alcançar esse objetivo? Na opinião dele, qual é a maior barreira à meta?

- **OLHE TUDO NO ESCRITÓRIO** – Procure algo que chame a atenção. Alguma coisa que se destaque das outras, ou que pareça maior, mais proeminente. Procure fotos e prêmios. Pergunte como ele os conseguiu.

Perguntar e olhar são as partes fáceis. O difícil é ouvir. Ouvir é a parte importante. *O ponto certo está na resposta!*

**1. Ouça à primeira coisa dita ou aludida** – O que é dito em primeiro lugar, em resposta a uma pergunta, é o que está mais claro na mente do respondente. O que está mais evidente em sua mente geralmente é o que você fala primeiro. Pode não ser o verdadeiro ponto certo, mas fornecerá *insights* a ele.

**2. Ouça o tom das primeiras respostas** – O tom retratará a urgência ou importância. Os gestos e a altura da voz indicarão paixão.

**3. Ouça as respostas imediatas, enfáticas** – Reações automáticas não são as melhores. Acordo absoluto.

**4. Ouça uma longa história ou explicação arrastada** – Às vezes dita em detalhes, geralmente é atraente (e interessante).

**5. Ouça sentenças repetidas** – Aquilo que é dito duas vezes é o que está na cabeça do locutor.

**5,5. Procure respostas emocionais** – Aquilo que é dito com paixão ou em tom diferente.

Tudo bem, você acha que o encontrou. Agora, vamos atingi-lo.

*Aqui estão 4,5 técnicas para atingir o ponto certo:*

**1. Faça perguntas sobre a importância ou significado**. Perguntas como *Qual é a importância daquilo para você?* ou *Como isso irá influenciá-lo?* o ajudarão a entender melhor a situação.

**2. Faça perguntas sobre a área que você considera importante**. Se você fez anotações, há algumas áreas para verificar que geram mais interesse.

**3. Faça perguntas de uma maneira sutil**. Introduza-as na conversa e veja a reação. Se você acredita que é um ponto importante, ofereça soluções que satisfaçam essa circunstância.

**4. Não tenha medo de tentar fechar a venda durante toda a apresentação**. Reconfirme-o e ouça para detectar a ênfase da resposta do cliente potencial.

**4,5. Use "E se (ofereça uma solução)..., você se comprometeria (ou compraria)...?" e variações. Tente "Existe uma maneira..."** Esse tipo de pergunta ou sentença recebe uma resposta verdadeira porque consiste de uma solução possível que leva à compra.

*Palavras de advertência:*

- **CHEGAR NO *PONTO CERTO* ÀS VEZES É UMA QUESTÃO MUITO DELICADA.** Pode haver outras ramificações que o cliente potencial não deseja divulgar. Sua tarefa é descobrir esse ponto e usá-lo para fazer a venda. Use o seu melhor critério. Se você percebe que a questão é delicada, não pressione demais.
- **O *PONTO CERTO* É ENGANOSO.** Mas você pode encontrá-lo com uma pergunta ou observação. É um prêmio que você pode ganhar se ouvir o cliente potencial com atenção. É uma ponte que pode levá-lo da apresentação à venda.
- **O *PONTO CERTO* É COMO UM ELEVADOR.** Ele irá até o último andar (a venda). Mas só funciona se você apertar o botão certo.

O ponto certo é uma ponte que pode levá-lo da apresentação à venda. Tudo o que você precisa fazer é encontrá-lo. Como você o determina? "Elementar, meu caro Watson." Em 1888, Sherlock Holmes disse: "É um crime inferir antes de se ter dados". Você precisa ser detetive para encontrar o ponto certo.

*"Posso lhe oferecer um pouco de crítica construtiva? Quando estiver almoçando com um cliente, não desenhe símbolos de dólares no seu purê de batatas."*

> **"Ouvir é a parte difícil. Ouvir é a parte importante. O *ponto certo* está na resposta do cliente potencial."**
>
> — *Jeffrey Gitomer*

# A BÍBLIA DE VENDAS

## Parte I
## As Regras. Os Segredos.
## A Diversão

# O Livro dos Grandes Segredos

☆ Você consegue mais vendas com amizade do que com habilidades........ 82

☆ Seus melhores clientes potenciais são seus atuais clientes ........................... 85

☆ Faça uma venda na segunda-feira ...... 88

☆ A declaração de sua missão pessoal ... 90

1.3

## Ei, Confidencialmente, Doc

Grandes Segredos...

Tudo bem. Já está claro que não consigo guardar um segredo.

Eu sabia disso! Mas você também não consegue, mexeriqueiro.

Aqui estão alguns dos maiores segredos. Um mapa do tesouro que o levará ao Eldorado.

Bom, não é bem assim, mas, se você utilizar esses segredos, poderá comprar um Eldorado.

*Seu melhor concorrente jamais conseguirá afastá-lo de um cliente que também é amigo.*

# Você consegue mais vendas com amizade do que com habilidades.

Sua mãe já lhe disse isso. Quando você era criança e brigava ou discutia com um irmão ou amigo, sua mãe dizia: "Filho, você sabe se portar melhor! Faça as pazes com ele".

Sua mãe nunca lhe disse que você tinha outra opção, nem o aconselhou a enfrentar o desafeto. Ela também nunca tentou ensinar ao seu rival um modo de proceder. Simplesmente recomendou a você ser amigo dele.

Essa pode ter sido a melhor lição sobre vendas e serviços que você já teve.

Há um velho ditado que diz: "Se todas as condições forem iguais, as pessoas vão querer fazer negócio com os amigos. E se as condições NÃO forem tão iguais, elas AINDA vão querer fazer negócio com os amigos". Estima-se que mais de 50% das vendas são feitas, e as relações de negócio mantidas, por causa da amizade. Eu digo que esses números são bem mais altos.

No Sul dos Estados Unidos, isso é chamado "a rede dos velhos bons amigos"; no Norte, dizem que as vendas dependem de "quem você conhece", mas na verdade trata-se de vendas entre amigos.

Se você acha que vai fazer a venda porque tem o melhor produto, o melhor serviço ou o melhor preço, vá sonhando, amigo. Você não está certo nem pela metade. Se 50% das vendas são realizadas com base na amizade, e você não fez amizade com seu cliente potencial (ou efetivo), está perdendo 50% de seu mercado.

*E a melhor parte da história é que amigos não precisam vender para amigos usando técnicas de vendas.* Pense nisso. Você não precisa de técnicas de vendas quando convida um amigo para sair ou lhe pede um favor – basta pedir. Está procurando fazer mais vendas? **VOCÊ NÃO PRECISA DE MAIS TÉCNICAS DE VENDAS; PRECISA DE MAIS AMIGOS.**

Pense em seus melhores clientes. Como eles chegaram a ser os melhores? Você não tem grandes relacionamentos com eles? Se você é amigo de seu melhor cliente, isso geralmente elimina a necessidade de verificação de preço, negociação de valores e exigências de prazo de entrega. *Ocasionalmente*, você pode até dar um mau atendimento e ainda assim manter o cliente.

Há outro enorme bônus em ser amigo – a concorrência é eliminada. Seu melhor concorrente não conseguirá afastá-lo de um cliente que também é amigo.

A maioria dos representantes de vendas pensa que não vender nada a um cliente foi um telefonema perdido. Nada pode estar mais longe da verdade. ***As pessoas não gostam que lhe vendam, mas adoram comprar.***

Como você começa? Devagar. Leva tempo para desenvolver um relacionamento; leva tempo para construir uma amizade. Se você está lendo e pensando: "Não tenho tempo para esse negócio de relacionamento. Estou ocupado demais tentando vender" – encontre uma nova profissão. A atual não vai durar muito.

*Lugares diferentes, que não sejam o escritório, são ideais para você fazer amizade e cultivar relacionamentos. Aqui estão alguns lugares aonde você deve levar seu cliente ou se encontrar com ele:*

- **Um jogo de bola.**
- **Uma peça de teatro.**
- **Um concerto.**
- **Visita a uma galeria de arte.**
- **Um evento na Câmara, após o expediente.**
- **Um projeto de ajuda comunitária.**
- **Um café da manhã, um almoço, um jantar.**
- **Um seminário promovido por sua empresa.**
- **Se o seu cliente tem filhos, consiga ingressos para um filme ou teatro, e os convide. Aproveite seu fim de semana. Comece a solidificar um relacionamento. Cinema é uma excelente diversão, e existem alguns filmes que não são só para crianças.**

**O MAIOR ERRO:** Se você tem ingressos para um evento, não simplesmente dê-os ao seu cliente. VÁ COM ele. Você pode aprender muito (e dar valor a um relacionamento) passando algumas horas com as pessoas que rendem dinheiro à sua empresa.

Filie-se a uma associação comercial e envolva-se com ela. Pertenço ao Metrolina Business Council. O MBC é um grupo de empresários e gerentes, existente há 27 anos, cujo principal objetivo é promover negócios e ajudar os membros a conseguir negócios. Porém o MBC não trata apenas de relações comerciais, mas de relacionamento e amizade – pergunte a qualquer associado.

**ADVERTÊNCIA**: Esse procedimento não elimina a necessidade de ser um bom vendedor. Você deve conhecer as técnicas de vendas para captar a outra parte do mercado. Então, continue lendo livros e ouvindo aqueles CDs em seu carro.

Ter-me mudado do Norte (Cherry Hill, Nova Jersey) para o Sul (Charlotte, Carolina do Norte) ajudou-me a entender o valor dos amigos na realização dos negócios. Os sulistas facilitam muito a vida de quem quer se estabelecer na região. E são mais fiéis.

Frequentemente, alguém se lamenta de não conseguir entrar na rede dos "velhos companheiros" nem se aproximar dela. É a maior bobagem e a desculpa mais esfarrapada que já ouvi em vendas. O que o vendedor está dizendo, na verdade, é que não conseguiu levar nada de valor para a mesa e não estabeleceu um relacionamento nem fez amizade – *e outra pessoa conseguiu.*

## Utilizando uma técnica de vendas você pode ganhar apenas uma comissão, mas pode ganhar uma fortuna construindo amizades e relacionamentos.

*Se você faz uma venda, ganha uma comissão.*
*Se você faz uma amizade, pode ganhar uma fortuna.*

**INFORMAÇÕES ✗ GRÁTIS:** Você quer algumas palavras de advertência sobre o enganoso ponto certo? Visite www.gitomer.com, cadastre-se, se esta for sua primeira visita, e digite as palavras HOT BUTTON no campo GitBit.

*Seu cliente atual tem uma história de compras, tem condições de crédito, gosta de seu produto e gosta de você... O que você está esperando?"*

# Seus melhores clientes potenciais são seus atuais clientes.

Você está procurando clientes potenciais? Quem não está? Talvez você se interesse em saber que tem centenas de clientes potenciais QUENTES aos quais não presta atenção – seus clientes atuais.

*Considere estes 10,5 ativos que já estão a seu favor:*

1. **Eles o conhecem.**
2. **Eles gostam de você.**
3. **Você estabeleceu um vínculo.**
4. **Desenvolveu-se a confiança e a credibilidade.**
5. **Você tem uma história de entrega.**
6. **Eles o respeitam.**
7. **Eles usam (e gostam) de seu produto ou serviço.**
8. **Eles retornam sua ligação.**
9. **Eles serão mais receptivos à sua apresentação e à oferta de produtos.**
10. **Eles têm crédito e lhe pagaram anteriormente.**

10,5. **Eles não precisam ser convencidos – eles comprarão.**

**PENSE NISTO:** Você é fazendeiro e precisa de leite. Acorda e decide ordenhar as vacas do vizinho. Atravessa seu curral, onde as vacas estão cheias de leite – tão cheias que imploram por suas mãos frias –, mas você passa por elas e vai buscar leite no vizinho desconhecido.

**AQUI ESTÁ UMA DICA:** Com as vendas acontece o mesmo. Por que visitar clientes potenciais e lhes fazer ligações quando sua base atual está pronta para ser ordenhada? Seus clientes esperam por você, respingando negócios. Acho que você não poderia pedir muito mais que isso. São necessárias mil ligações para ganhar um cliente novo.

*Conheça algumas ideias para que seus atuais clientes comprem mais – agora:*

**Venda algo novo a eles.** As pessoas adoram comprar novidades. Seu entusiasmo estabelecerá o tom. Crie expectativas sobre como será exatamente seu novo produto (melhor), que os atenderá com maior eficiência ou rendimento. Venda o chiado do bife; venda horas marcadas – e então deixe-os comprar.

**Venda-lhes um *upgrade* ou melhoria.** Maior, melhor, mais rápido. As melhorias e *upgrades* mantiveram a indústria de software cada vez mais lucrativa, desde seu aparecimento. O *up-selling* já fez fortunas – observe qualquer negócio de fast-food. (A pergunta: "Você quer fritas com seu pedido?" vende bilhões de fritas por ano.)

**Venda mais, a mesma mercadoria, em lugares diferentes.** Procure outros usos, outros departamentos, olhe com atenção o crescimento ou expansão da empresa do cliente, ou proponha substituição devido ao uso, ao desgaste. Você pode ter de cavar um pouco, mas o solo é mais macio no local onde seu atual cliente está. É melhor do que revolver um monte de pedras na empresa de um novo cliente potencial.

**Venda-lhes produtos e serviços adicionais.** Sua empresa pode vender vários produtos ou oferecer serviços variados, e poucos clientes levam a linha completa. Às vezes um deles poderá dizer: "Ah, eu não sabia que você vendia isso". Quando ouvir tal afirmação, NÃO CULPE O REPRESENTANTE DE VENDAS, mas o treinador dele.

**Reúna seus clientes para um almoço.** Se conseguir tirar o cliente do escritório, você terá mais chances de descobrir novas oportunidades para vender (peça a ele para levar uma indicação). Forme relacionamentos e você ampliará as vendas.

**Consiga de cada um deles uma indicação nova por mês.** É a verdadeira avaliação sobre o que seu produto ou serviço fez em benefício de seus clientes, e informa sua capacidade de ganhar a confiança suficiente do comprador para que ele o recomende a um amigo ou sócio.

**Consiga para eles uma indicação por mês.** Conquistar negócios para seus clientes fará com que o percebam de outra maneira. Se você obtém negócios para eles, eles encontrarão novas maneiras e pessoas para fazer o mesmo por você.

**NOTA:** Não importa se você faz ou não uma venda, continuar na frente de seu cliente constrói o relacionamento e a boa imagem.

*Se você não liga para seus clientes atuais, ou se dá uma desculpa esfarrapada como: "Vendi a eles tudo o que podia", isso significa, na realidade, que:*

1.   Você deixou de estabelecer um vínculo suficiente com seu cliente.

2.   Você provavelmente não fez um bom follow-up (ou efetivamente não o fez) após a venda.

3.   Seu cliente tinha problemas e você estava relutante em ligar e mexer em um vespeiro.

4.   Você precisa de mais treinamento em vendas e criatividade.

4,5. Você não desenvolveu um relacionamento adequado com o cliente.

A maioria dos representantes de vendas acha que ligar para um cliente, e não lhe vender algo, é perda de tempo. Nada pode estar mais longe da verdade.

Fico surpreso com os representantes de vendas que fazem uma venda e passam para o próximo cliente potencial.

Eu os desafio a olhar cuidadosa e honestamente sua lista de clientes. Aposto que há ali centenas de oportunidades para vender algo.

Prefiro ter 100 clientes satisfeitos a fazer negócio com 1.000 clientes potenciais.

*O segredo para uma excelente semana é usar a segunda-feira como um trampolim. Programe seu melhor cliente potencial para a segunda de manhã.*

# Faça uma venda na segunda-feira.
## E tenha uma semana maravilhosa.

Frequentemente me perguntam se há um segredo para um desempenho consistente em vendas. A resposta é simples: *Tenha uma excelente segunda-feira. Tenha uma ótima sexta-feira.*

Seu desempenho no primeiro dia da semana estabelecerá o tom para o restante dela. E seu desempenho na segunda-feira é baseado inteiramente em quão inteligentemente você trabalhou na semana passada. Se você é suficientemente disciplinado para seguir esses métodos, não acreditará na diferença que estes farão na sua semana, e na sua produtividade.

*Se você está procurando consistência no desempenho em vendas, tente os 8,5 passos a seguir.*

### 1. A primeira coisa a fazer na segunda-feira é uma venda. Marque hora, na segunda-feira de manhã, com um cliente em quem você confia que comprará. Essa iniciativa o fará sentir-se ótimo para começar a semana. Você ficará ativo e terá estímulo mental para trabalhar mais (e fazer outra venda).

**NOTE BEM:** Como muitas empresas fazem reuniões com os vendedores na segunda-feira de manhã, seja o mais produtivo possível ao marcar a visita. Você pode começar a fazer ligações logo após a reunião. Se der tempo, pode também dar alguns telefonemas logo no início da manhã. Muitos executivos começam cedo.

### 2. Aprenda algo novo. Coloque um CD de motivação ou de treinamento no aparelho de som do carro ou de casa (ou ambos), e em vez de ouvir noticiário ou música, tente alimentar a cabeça com novos conhecimentos que o ajudarão a fazer a primeira venda. Quando você aprende uma nova técnica, enquanto está a caminho de uma visita, pode experimentá-la imediatamente.

### 3. Faça pelo menos cinco visitas no resto da semana. Por que não ter uma segunda-feira cheia de sucesso e boas expectativas? Depende de você. Pegue o telefone e trabalhe nesse sentido.

### 4. Trabalhe como louco a semana toda – especialmente na sexta-feira.

A maneira como você usa o último dia da semana dá o tom para a semana seguinte. A maioria das pessoas diminui o ritmo. Se você trabalhar duro na sexta, seu esforço assegurará sucesso na próxima semana e lhe dará boas razões para ter um excelente fim de semana.

### 5. Aprenda algo novo.
Continuar sua educação de vendas durante a semana, de modo programado, regular, é tão importante para o seu sucesso quanto qualquer outro aspecto de vendas. Não deixe de ouvir aquele CD na sexta-feira de manhã.

### 6. Faça uma venda na sexta à tarde.
Programe o fechamento de uma venda na sexta à tarde. Não há nada como terminar a semana de maneira positiva.

### 7. Confirme e reforce, na sexta-feira, a visita de segunda.
Se você trabalhou muito nos últimos 4 dias, já marcou uma visita para segunda de manhã, na qual fará uma venda, ligue para o cliente potencial na sexta e confirme.

### 8. Marque pelo menos cinco visitas para a próxima semana.
Por que não garantir uma programação completa para a próxima semana? Passe seu fim de semana relaxando, em vez de se preocupar com os compromissos. Assuma a seguinte obrigação consigo mesmo: Não vou parar de trabalhar na sexta até ter cinco visitas marcadas, e até confirmar minha visita/venda na segunda-feira.

### 8,5. O segredo para uma excelente semana é usar a segunda-feira como trampolim.
O maior segredo é começar fazendo um telefonema de vendas na segunda-feira. O maior segredo de todos é ter clientes potenciais qualificados, e em número suficiente, para tornar possível a venda na segunda-feira. O MAIOR SEGREDO: Manter sua agenda cheia.

Parece simples.

## Marque visitas, ouça CDs, faça vendas. É simples. Mas não é fácil. No entanto, se trabalhar intensamente, você será capaz de fazê-lo.

**MINHA PROMESSA A VOCÊ.** Siga essas diretrizes e você venderá constantemente (também vai ganhar dinheiro). Agora você sabe o segredo. Eu lhe contei. A questão é *o que você FARÁ com ele?*

### INFORMAÇÕES ⟨ GRÁTIS: Você quer saber o que o Museu Guggenheim, na cidade de Nova York, tem em comum com o sucesso em vendas?
Visite www.gitomer.com, cadastre-se, se esta for sua primeira visita, e digite as palavras TOP DOWN SELLING no campo GitBit.

*Eu insisto para que você redija a sua. Ela forma seu caráter, ao mesmo tempo em que o desnuda.*

# A declaração de sua missão pessoal.

A declaração de missão pessoal é a unificação de sua afirmação, filosofia e objetivo. É uma oportunidade de focalizar suas metas e transferir seus ideais para o mundo objetivo.

É uma chance de você escrever seu próprio legado. É seu desafio pessoal. Parece muito pesado, mas na realidade é divertido, se você a fizer corretamente.

*Siga algumas regras fundamentais*:

- **Defina-se.**
- **Defina a o que você se dedica.**
- **Defina seu serviço em relação aos outros.**
- **Defina como lutará para melhorar, para fazer coisas novas, crescer.**
- **Defina seu compromisso para consigo mesmo.**
- **Defina seu compromisso para com os outros.**
- **Defina como você alcançará sua missão.**

*Palavras que o ajudarão...* Boa vontade, dedicação, persistência, honestidade, ética, positividade, entusiasmo, diversão, saúde, aprender coisas novas, ouvir, ajudar, fornecer, encorajar, outros, continuamente, exemplo.

*Use suas metas e visões para definir sua missão*:

- **Os exemplos que você procura estabelecer.**
- **Os ideais segundo os quais você vive ou procura viver.**
- **As afirmações que você pode usar diariamente para se tornar uma pessoa melhor.**

**O PROCESSO LEVA TEMPO**. Escreva um primeiro rascunho. Esqueça-o por alguns dias. Releia-o devagar e faça as mudanças que você acha que expressam melhor seus verdadeiros sentimentos. Descreva aquilo que você acha que é e também o que busca realizar ou se tornar.

Não tenha medo nem fique constrangido em se gabar. Você está escrevendo para si mesmo e não para os outros. Afirme tudo o que você pensa que é ou que deseja ser. Realize essa tarefa com uma noção de orgulho e um espírito de aventura.

## Afixe o que escreveu em um lugar onde possa ler diariamente. Assine com uma caneta hidrográfica.
## Viva isso. Viva sua declaração todos os dias.

Estou anexando minha declaração para ser usada por você como orientação. Sinta-se à vontade para plagiar. Estou dividindo a minha, pois ela me ajudou a atingir algumas metas difíceis em tempos difíceis.

Eu insisto para que você escreva a sua. Ela forma seu caráter, ao mesmo tempo em que o desnuda. Serve como uma luz em meio à neblina da vida. É uma trajetória que você constrói todos os dias. É sua missão.

"Minha declaração de missão antiga era mais eloquente, e digna, mas não tão eficaz quanto esta."

# Jeffrey Gitomer

*Declaração de Missão Pessoal*

## Sou pai...

Serei uma pessoa positiva e um exemplo positivo. Vou encorajar meus filhos, dar-lhes autoconfiança e ajudá-los a entender o mundo.

## Serei uma boa pessoa...

Ajudarei os outros, quando for capaz, sem sacrificar minhas metas.
Direi sim quando puder, e não quando não puder.
Serei o tipo de amigo que os outros esperam que eu seja.
Não ficarei constrangido nem inibido para pedir ajuda quando precisar.

## Buscarei posições de liderança nos negócios...

Com meu exemplo, continuarei a ser líder em meus escritos sobre vendas, atendimento ao cliente e desenvolvimento pessoal.

## Minha experiência e tecnologia me posicionarão para atender...

empresas e indivíduos com planos, relatórios, treinamento, conselhos, experiência em negócios da melhor qualidade e apoio ao cliente.

## Lutarei para construir relacionamentos duradouros e de qualidade...

com meus clientes e fornecedores, e para me envolver justa e honestamente com todas as pessoas e empresas que encontrar. Eu me esforçarei continuamente para aumentar o nível de atendimento a meus clientes.

## Ajudarei meus clientes a descobrir as melhores soluções...

para suas necessidades de vendas, de atendimento ao cliente e de desenvolvimento pessoal. Ouvindo, dando informações e realizando serviços com os mais altos padrões de excelência.

## Eu servirei à minha comunidade...

de maneira que reflita meu compromisso com colegas, clientes e amigos, e mostrarei meu reconhecimento pela ajuda e apoio que eles e a comunidade têm me dado.

**Serei a melhor pessoa que puder para mim mesmo, de modo que possa ser o melhor ao ajudar os outros. Serei entusiasta em tudo o que fizer.
Farei o melhor de mim para manter minha saúde.
Tentarei aprender algo novo todos os dias.
Eu me divertirei todos os dias.
Eu me dedicarei a ter uma atitude positiva todos os dias.**

# A BÍBLIA DE VENDAS

## Parte I
## As Regras. Os Segredos.
## A Diversão

# O Livro do Humor

☆ Uma coisa engraçada aconteceu
comigo a caminho de uma venda! ..... 94

## 1.5

## Ria por Último!

Humor...

Se você leva a sério seu sucesso
em vendas, é hora de começar a
procurar o lado mais leve de sua
carreira.

Vá em frente, faça-me rir.

O humor quebra o gelo.
Aquece o mais frio dos corações.
Faz as vendas.

Eles ficarão rindo o tempo todo,
até irem ao banco...
o seu banco.

*Se eu posso conseguir que o cliente efetivo ou potencial ria, posso fazê-lo comprar... E você também.*

# Uma coisa engraçada aconteceu comigo a caminho de uma venda!

Quando você está fazendo chamadas de vendas e os clientes potenciais lhe dizem não, comece a agradecer a eles. Diga-lhes que, com o não, o estão ajudando a dar um passo mais perto do "sim". Diga-lhes quanto você aprecia esse procedimento. Diga-lhes que são necessários cinco "não" para receber um "sim", e você ainda precisa de mais três. *Pergunte se eles conhecem alguém mais que poderia não estar interessado, para que você receba logo os três "não", antes do "sim".* Diga-lhes que você precisa de pessoas que lhe digam "não", pois elas o ajudam a receber o "sim" mais rapidamente. Você vai desarmá-los. Humor. Quanto humor você emprega quando está vendendo? O suficiente para fechar a venda?

**O HUMOR É UMA DAS MAIORES FORÇAS DE COMUNICAÇÃO A SEREM DOMINADAS NO PROCESSO DE VENDAS.** Se você consegue fazer o cliente efetivo ou potencial rir, consegue fazê-lo comprar.

**NADA CONSTRÓI UM VÍNCULO MAIS RÁPIDO QUE O HUMOR.** É um mecanismo de ligação que transcende (e revela) todos os preconceitos e pré-julgamentos. Traz o processo de vendas para um nível real. Traz a verdade. Descobri que muitas verdades são reveladas através do humor. Se você ouve cuidadosamente as piadas de um cliente potencial, muitas vezes elas revelarão uma filosofia, um preconceito e uma inteligência (ou a falta dela).

*Aqui estão algumas diretrizes para você usar o humor para fazer mais vendas*:

- **No calor da apresentação, use o humor para criar um clima alegre na reunião.** Quanto mais cedo você faz um cliente potencial rir, melhor. A risada é uma forma de aprovação.

- **Não faça piadas às custas de outra pessoa**. Se o cliente potencial a conhece (você nunca sabe quem conhece quem), ou tem alguma relação com ela no final da piada, você está aniquilado. Se a piada for repetida, garanto que será alterada, contada de outra forma, e certamente voltará a assombrá-lo.

- **Use a si mesmo como exemplo ou vítima da piada.** Isso mostra que você é humano e aceita críticas. Também é uma forma segura de humor.

- **Algumas pessoas não vão entender a piada.** O silêncio, no final, é terrível. Confira se ela é engraçada, contando antes para alguém mais íntimo. Mas não importa quanto seja testada, o elevador de algumas pessoas para antes do último andar. Elas nunca vão entender.

- **Não conte piadas étnicas, nem faça brincadeiras, a não ser que você pertença ao grupo.** Não é uma orientação, é uma regra. Fui desafiado por um amigo. Ele acha que contar uma piada étnica revela aprovação e estimula os outros a contar também. Tenho um modo de pensar diferente. Acho que o humor traz a verdade, e prefiro deixar que o cliente potencial se revele. Mas respeito a opinião de meu amigo.

- **Ouça antes de contar uma piada.** Tente determinar o comportamento e os modos da pessoa ou pessoas a quem você se dirige. O humor errado o arrasará tão rapidamente quanto o humor certo permitirá que você viva (e venda) eternamente.

- **Tente usar a experiência pessoal no lugar de piadas que envolvam uma história.** Algo engraçado aconteceu em seu escritório, com seu filho, ou quando você era garoto, em vez de "dois garotos estavam descendo a rua...".

- **Se você conta uma piada que os clientes efetivos ou potenciais já ouviram, é um ponto negativo.** Aqui está outra excelente razão para você desenvolver o humor pessoal – eles garantem que a ouviram pela primeira vez.

- **Oportunidade. Oportunidade. Oportunidade.** O humor apropriado fará o cliente potencial ou a multidão ficar a seu favor. Mas cuidado – *não existe* hora certa para uma piada política ou religiosa dirigida a alguém que você não conhece. Não use humor inadequado.

- **Mantenha um arquivo de piadas.** Anote situações ou fatos engraçados para se lembrar deles em ocasiões de vendas ou nos momentos em que está falando.

- **Há muitos tipos de humor.** Os homens tendem a fazer piadas sobre as mulheres e vice-versa. Grupos religiosos costumam falar uns dos outros. Habitantes de estados vizinhos geralmente são motivos de piada. Na Carolina do Norte, as piadas parecem ser sobre os fazendeiros de

Virgínia Ocidental, mas quando morei em Indiana, eram sobre aqueles fazendeiros de Kentucky. E é claro que se você for de Nova York – todo o resto do mundo será fazendeiro.

- **Piadas relacionadas a sexo podem ser arriscadas.** Elas o deixarão em situação embaraçosa se forem contadas à pessoa errada. Saiba os limites de seu público antes de abrir a boca.

- **Use o humor para transformar perguntas em oportunidades.** Você dá um telefonema de 30 segundos e solicita um encontro. *O cliente potencial pergunta:* "Quanto custa?". *Você diz*: "Ah, não cobro nada para fazer uma visita de vendas".

- **Não tema visitar possíveis clientes; ria dessas circunstâncias.** Muitos representantes de vendas têm medo e não gostam de abordar clientes novos. Um vendedor me contou que tinha um grande medo de ser arremessado pela janela de alguma empresa que visitava pela primeira vez. Sugeri a ele que só procurasse empresas situadas em casas térreas.

- **Adapte o humor do mundo real para uma situação de vendas real.** Certa vez, eu fazia uma apresentação em uma sala cheia de fumantes. Odeio fumaça. Então, contei uma história. Eu estava viajando com minha amiga Becky Brown, e ela falava sobre como era difícil parar de fumar. Ela tentava, mas não conseguia. Eu perguntei: "Você já tentou a goma – sabe, aquela goma de nicotina?". Ela respondeu: "Tentei, mas não conseguia mantê-la acesa". Fiz a venda. Se você conseguir fazê-los rir, conseguirá fazê-los comprar.

*"O telhado tem goteiras, o aquecedor não funciona e a tubulação precisa ser consertada, mas está localizada no maior planeta do universo."*

# A BÍBLIA DE VENDAS

## Parte 2
### Preparando-se para Surpreender o Cliente Potencial: UAU!

# O Livro do UAU!

☆ O fator UAU. Use-o para conseguir a grande venda .................................. 98

☆ Você está usando o fator UAU? .......... 101

☆ Lembra-se de mim? Sou um representante de vendas... Como todos os outros ...................... 104

## 2.1

> "Eu sou o maior!"
> – *Muhammed Ali*

Você é apenas mais um que tem o cartão de representante de vendas?

Seu argumento de vendas é um "enlatado"?

Eles vão se esquecer de você assim que for embora?

Eles vão atender você outra vez? Vão retornar sua ligação?

Se você não marcar presença perante o cliente potencial, ficará na rua.

*O fator UAU o distingue totalmente dos outros.*
*Surpreender o cliente potencial transforma você em cliente.*

# O fator UAU! Use-o para conseguir a grande venda.

UAU! é sua capacidade de ser diferente. O fator UAU! e seu índice de fechamento têm muito em comum. Se você não surpreender, é provável que não venda. Fui a Nova York vender a um editor a ideia de um livro baseado em minha coluna sobre habilidades de vendas, que é um sucesso: *Sales Moves*. Usei o fator UAU!

**PLANEJAMENTO.** Fiz um planejamento totalmente surpreendente. Eu tinha uma arte da capa e o boneco; tinha uma proposta de 15 páginas incluindo várias cartas de referência; chamei o livro de *A Bíblia de Vendas*; registrei o nome; criei uma apresentação multimídia desenvolvida pelo Whitley Group; eu tinha um conceito ousado de marketing, que incorporava um disquete e um pacote de cartões do tamanho de uma carteira, para diferenciar o meu produto de todos os outros livros da prateleira; escrevi minha proposta e preparei respostas para todas as objeções que pude imaginar; selecionei a roupa que julguei adequada; eu estava pronto.

Selecionei dez editores e entrei em contato com quatro deles, antes de chegar a Nova York. Marquei uma entrevista com o editor de quem eu realmente gostava (uma importante editora com um cara que vou chamar de Sr. Livro).

**A ENTREVISTA FOI ASSIM.** Fiz sete ligações para conseguir o nome do Sr. Livro e o ramal dele. Na oitava ligação: BINGO! Ele me atendeu. (Mais tarde, confessou: "O telefone geralmente é mais importante para mim do que o que estou fazendo".) Em cerca de 1 minuto e meio, expliquei ao Sr. Livro tudo o que ele precisava saber – ele pareceu interessado. Disse a ele que enviaria uma proposta e lhe pedi uma entrevista de 5 minutos. Ele brincou: "A velha visita de 5 minutos. Você leu isso no livro de Harvey Mackay?".

Respondi: "Ouça, Harvey Mackay é de Minnesota, e eu sou de Jersey. Ele aprendeu comigo!". O Sr. Livro riu e concordou com a visita de 5 minutos. (Eu lhe enviei minha correspondência no dia seguinte.)

**DUAS PESSOAS ORIENTARAM MINHA APRESENTAÇÃO.** Ty Boyd, a voz de Charlotte durante duas décadas, uma das pessoas mais simpáticas que já conheci, e que me colocou na trilha certa; e Bill Lewis, que estava em Manhattan e já havia publicado 20 livros. (Todo dia eu aparecia para uma hora de treinamento e apoio. Ele foi essencial para o meu sucesso.)

**A PRIMEIRA VISITA.** Entro no escritório do Sr. Livro, no centro de Manhattan, e ele me recebe: "Ok, Gitomer, li sua proposta. Você tem 5 minutos". Começo imediatamente com os fundamentos, passo à parte principal de minha apresentação em menos de 2 minutos, coloco meu protótipo nas mãos dele, arrisco duas perguntas pessoais (para formar um vínculo) e termino meu discurso em menos de 5 minutos. Então começo a perguntar, ouvir e fazer anotações. (Quanto mais ele fala e mais perguntas faz, maiores minhas chances.) *Quarenta e cinco minutos depois, ainda estou lá.*

O Sr. Livro diz: "Estou interessado. Deixe seu material (minhas únicas cópias) que vou encaminhá-lo ao meu CEO". Ótimo.

Tenho entrevista com três outros editores nos próximos três dias e esse cara quer ficar com metade de minhas ferramentas.

"Quando vocês vão se reunir?", pergunto educadamente. "Antes do final da semana", esclarece ele, tentando ganhar uma posição de poder. (Aqui vai minha sentença arriscada.)

"Estou com um ligeiro dilema e preciso de sua ajuda. Tenho várias entrevistas nos próximos dias. O senhor acha que eu teria uma chance de discutir isso com seu CEO amanhã?"

"Acho", disse ele.

"Ótimo. Por que não marcamos um encontro para amanhã, no final do dia?", arrisco, encostando-o na parede. "Pode ser às 16h30?", pergunto. Ele concorda: "Para mim parece bom".

Fico tão entusiasmado que seria capaz de gritar. Volto ao hotel cantando e dançando. (Em Manhattan, você pode fazer o que quiser. Ninguém repara, olha ou liga.)

Chego ao quarto e lá está uma mensagem sob a porta, avisando que o Sr. Livro havia telefonado. Retorno a ligação. Ele propõe: "Você pode vir um pouco mais cedo? Quero algumas outras pessoas presentes".

Respondo em um milésimo de segundo: "Sim, claro". (Se você quer uma definição de dicionário para um sinal de compra, é essa.)

**A SEGUNDA VISITA.** Chego 10 minutos mais cedo no dia seguinte. O Sr. Livro me leva a uma sala de conferência, para que eu instale minha apresentação no computador. Entra o gerente de vendas nacional. Tenho de convencê-lo que meu livro é um bom produto. Começo minha apresentação multimídia, que o faz se debruçar tanto para frente que ele quase cai da cadeira. Agora é hora de usar todas as minhas ferramentas. Falo sobre minhas ideias de distribuição. Digo que ficaria feliz de acompanhá-lo em visitas de vendas selecionadas. Agora ele está totalmente convencido de que pode vender.

Então negociamos as condições: "E se aceitarmos você?". Adiantamentos, direitos autorais e publicidade. O Sr. Livro pergunta: "Se lhe ofereço este acordo (enumera alguns aspectos), você aceitará?". (A situação se inverte – agora é ele que está me apertando.) "Sim", concordo. Ele acrescenta: "Ligo para você até amanhã ao meio-dia, para dar a resposta". Saí da sala.

Mais 18 horas de agonia...

**A TERCEIRA VISITA.** Por volta das 13 horas, nenhum contato. Resolvo enfrentar o telefone. Ele atende de forma grosseira. Afirma que não se encontrou com o Sr. Grandão ainda e me ligará mais tarde. Taticamente comunico que irei lá no fim do dia pegar alguns materiais que preciso. Ele concorda. Estou nervoso demais. Às 15h30 ele deixa uma mensagem para mim. Decido não ligar de volta. Às 16h45 apareço no escritório. Ele me deixa esperando até às 17h20. Surge para me cumprimentar e diz as palavras mágicas: Vamos falar de negócios.

**UAU!** Fiz a maior venda de minha vida!

**NOTA:** É importante notar que no sucesso há sempre fracassos. Ao todo, entrei em contato com dez editores e dois agentes. Todos por minha iniciativa. Seis editores recusaram meu livro ou argumentaram que eu precisava de um agente antes de ser atendido. Um agente disse não; o outro ficou de me ligar.

Estou guardando as cartas de rejeição para emoldurar meu livro com elas.

Eu realmente não sei se teria feito esta venda se eu tivesse usado o elemento surpresa com outros editores. UAU! Não funciona o tempo todo. Mas funciona mais do que um não-UAU!.

É preciso ter coragem para usar o UAU! e talento para executá-lo. Eu estava preparado para usar o meu, e tive a sorte de ter sucesso. Recomendo que você se prepare para usar o UAU! para poder aumentar suas chances de ganhar.

*O fator UAU pode ser usado por qualquer um. O problema é que a maioria dos vendedores não se sacrificará o suficiente para criá-lo.*

# Você está usando o fator UAU?

*Um dos aspectos mais poderosos de vendas – ser diferente.*

O que é UAU? ... UAU! são as vendas!

UAU! distingue o forte do fraco.

UAU! distingue o sincero do falso.

UAU! distingue os prós dos contras em vendas.

UAU! distingue o SIM do NÃO.

UAU! é a medida de seu poder de vendas e a maneira como você o utiliza.

Você é UAU!? UAU! é um fator em seu processo de vendas? Como você encanta o cliente?

Você pode medir quanto o UAU! está em seu esforço de vendas ao examinar os 8,5 aspectos seguintes que compõem o UAU!:

**1. Seja persistente** – Para atingir o cliente potencial, para fazer sua informação chegar ao cliente potencial, para receber informações sobre o cliente potencial, para marcar uma visita ao cliente potencial.

**2. Saiba tudo sobre o cliente potencial** – O conhecimento que você tem do cliente potencial, e seu negócio, é essencial para completar a venda. Use o famoso questionário "Mackay 66" como diretriz para o quanto de informação você precisa. Visite www.gitomer.com, cadastre-se se esta for sua primeira visita e digite as palavras MACKAY66 no campo GitBit.

**3. Prepare-se totalmente** – Você tem uma apresentação perfeita, que já ensaiou. Faça uma proposta por escrito do que você quer realizar ou vender. Recorra a ferramentas de apoio e documentação para sustentação. Identifique todas as possíveis objeções, e prescreva, teste e ensaie respostas para cada uma delas.

**4. Chegue 10 minutos antes** – É melhor chegar um pouco mais cedo. É sempre um desastre chegar tarde. Leve só o essencial (o que você precisa para a apresentação).

**5. Seja profissional** – Roupa impecável, acessórios profissionais; maleta, cartão de visita. Tenha tudo em ordem.

**6. Vá direto ao assunto, então pergunte, ouça e pergunte** – Seja objetivo. Venda seu peixe em 5 minutos ou menos. Anote suas ideias enquanto o cliente potencial está falando. Não interrompa.

**7. Distinga-se totalmente de seu concorrente e de todos** – Tenha novas ideias, criativas; termine a venda preenchendo um formulário (projeto, layout preliminar, amostra); faça uma apresentação informatizada (multimídia) que impressione; faça um quadro das principais áreas onde você bate a concorrência. Faça coisas (profissionalmente) que ninguém mais faria.

**8. Seja totalmente confiante no que diz e no que faz** – Construa um vínculo primeiro, e continue construindo-o durante a apresentação. Use humor, humor, humor. Aja e fale como se o acordo estivesse feito. Use boas maneiras – lembre-se de sua mãe gritando com você sobre como agir de maneira civilizada e obedeça. Não confunda confiança com arrogância. Uma funciona; a outra não.

**8,5. Seja uma pessoa surpreendente** – Você deve ser positivo, entusiasmado, focado, educado e convincente. Deve se destacar o suficiente para ser memorável.

*Conheça as 15 características/palavras que sintetizam um representante de vendas excelente*:

## Fator UAU

**Minha pontuação: 1 = mais baixa, 5 = mais alta**

| | |
|---|---|
| 1. Persistente (incansável) | 1 2 3 4 5 |
| 2. Preparado | 1 2 3 4 5 |
| 3. Melhor | 1 2 3 4 5 |
| 4. Criativamente diferente | 1 2 3 4 5 |
| 5. Engraçado | 1 2 3 4 5 |
| 6. Sincero | 1 2 3 4 5 |
| 7. Verdadeiro (genuíno) | 1 2 3 4 5 |
| 8. Convincente | 1 2 3 4 5 |
| 9. Rápido, direto | 1 2 3 4 5 |
| 10. Hábil | 1 2 3 4 5 |
| 11. Conhecedor | 1 2 3 4 5 |
| 12. Corajoso | 1 2 3 4 5 |
| 13. Memorável | 1 2 3 4 5 |
| 14. Longo prazo | 1 2 3 4 5 |
| 15. Capaz de ter o *sim* | 1 2 3 4 5 |

Some seus pontos e veja sua classificação:

$$70 - 75 = UAU!$$
$$60 - 69 = MÉDIO$$
$$50 - 59 = ENTÃO?$$
$$15 - 49 = MAU$$

Chegar ao UAU! é identificar fraquezas nas 15 áreas precedentes, fazer planos para reforçá-las uma a uma, desenvolver a autodisciplina para executar o plano e tomar iniciativas para praticar e implementar as mudanças. Você pode fazer isso, se quiser de verdade.

*Você é UAU! (SURPREENDENTE)? Pergunte-se:*

- **Você compraria se fosse o comprador?**
- **Você tem o que é preciso para manter-se firme e persistir até fechar o negócio?**
- **O cliente potencial será levado a agir em consequência de sua apresentação?**
- **O cliente potencial voltará para casa ou para o escritório e falará de você de uma maneira positiva?**
- **Você sintetiza as 15 características da EXCELÊNCIA?**

Para alcançar a EXCELÊNCIA no processo de vendas, você precisa enfrentar desafios e fazer sacrifícios. Se você é forte o suficiente para reunir tudo no mesmo pacote, então deve colocar sua EXCELÊNCIA na frente do cliente potencial.

*Aqui estão as etapas finais para incorporar o UAU! (EXCELÊNCIA) em sua apresentação. Note que tudo é intangível:*

- **Foque em seu alvo.**
- **Tenha seus sonhos sempre presentes na mente.**
- **Coloque paixão em sua apresentação.**
- **Não os deixe ver que você está suando frio.**
- **Faça-os sentir que você acredita em si mesmo e no seu produto.**
- **Nunca desista.**

Em vendas, tudo se resume em uma palavra: SIM! Para chegar lá com mais frequência, use a EXCELÊNCIA.

*Quando você sair de um encontro ou de um evento em rede, alguém se lembrará que você esteve lá?*

# Lembra-se de mim? Sou um representante de vendas... Como todos os outros.

Minha gata, Lito, tem um cartão de visita. Ela é nossa *mascote corporativa* e desempenha um papel vital na produtividade do meu escritório. Sempre que preciso de um documento importante, Lito está deitada sobre ele. Entrego o cartão dela em seminários e programas de treinamento, para divertir e arrancar risadas. Todos que recebem o cartão fazem questão de guardá-lo, mostram-no a outras pessoas, falam de Lito e falam de mim.

Ser memorável é criar uma imagem vívida na mente do cliente potencial, uma imagem que o distingue dos outros. O que você faz, como você o faz. O que você diz, como você diz.

Você é memorável? Seus clientes potenciais falam de você depois que você vai embora? Ou eles estão falando (e fazendo pedidos) de seu concorrente?

*Aqui estão algumas recomendações e exemplos do que tem sido memorável – e aceito em negócios:*

**Gaste dinheiro com cartões de visita.** Eles são a imagem que você projeta da qualidade de seu negócio. Dê uma olhada em seu cartão. Ele fará seus clientes efetivos e potenciais se lembrarem de você? Se alguém o desse a você, que comentário faria sobre o cartão?

**O que faz com que seu cartão de visitas seja singular?** Você tem um título criativo? Se sua empresa não permite que você tenha um título não tradicional no cartão, faça seu próprio título.

**AQUI ESTÁ UMA DICA:** Cartões de visitas não são despesas. Eles são a sua imagem! Eles não são marcadores, são sua ferramenta de marketing. Faça com que eles pareçam atrativos para serem mostrados aos outros.

**Acompanhe os tempos.** Você quer que seus cartões sejam atuais, condizentes com o mundo dos negócios? É melhor tirar o seu da carteira e verificar se ele contém os dados básicos. *Seu cartão de visita (e os de seus funcionários) tem as informações seguintes?*

- Nome
- Título
- Nome da empresa
- Endereço da empresa
- E-mail da empresa
- Site da empresa
- Telefone (com código de área)
- Fax (com código de área)
- Telefone celular (com código de área)
- Logomarca da empresa

É melhor torná-lo memorável... E depressa.

**Uma nota sobre e-mail.** Se você é uma empresa de qualquer tamanho, o que significa que você é mais do que um Patrulheiro Solitário em sua mesa, em sua sala, tenha um e-mail real. Nada dessa droga de Hotmail ou de AOL. Essas contas devem ser para uso pessoal, e não para comunicação profissional. Se você quer que sua empresa pareça que vai funcionar por mais de 3 meses, obtenha um nome de domínio para seu site na Internet e para os endereços de seus funcionários. É um investimento mínimo e vale a pena em seu negócio.

**Responda com uma surpresa pessoal.** Depois que escrevi um artigo sobre o primeiro estágio para atingir uma meta, Sheila Neisler, de A Basket of Carolina, quis me dizer que uma cesta de presente era uma boa ferramenta. Então me entregou uma pessoalmente, com itens personalizados: um livro de citações sobre como vencer, e comida para gatos (para Lito), entre outras coisas. Falei dela no escritório durante semanas. Desenvolvemos um relacionamento de negócios que vai durar, porque ela ousou ser memorável.

# INFORMAÇÕES ✗ GRÁTIS: **Você quer saber quais elementos podem ser incorporados numa campanha publicitária memorável?** Visite www. gitomer.com, cadastre-se, se esta for sua primeira visita, e digite as palavras MEMORABLE MARKETING no campo GitBit.

> **"Faça algo que diga:
> 'Tirei um tempo
> para conhecê-lo
> E estou reconhecendo
> minha gratidão pelo
> seu negócio'."**
>
> *– Jeffrey Gitomer*

# A BÍBLIA DE VENDAS

## Parte 2
### Preparando-se para Surpreender o Cliente Potencial: UAU!

# O Livro das Perguntas

☆ Vender ou não vender, eis a (Poderosa) Questão...........................................108

☆ Você consegue fechar uma venda com cinco perguntas?..............................111

## 2.2

## Por que perguntar "Por quê?"

Perguntas:

- Como você forma um vínculo?
- Como você determina as necessidades de seu cliente potencial?
- Como você estabelece a confiança do comprador?

Resposta: Perguntando.

A técnica de perguntar e responder é a essência de uma apresentação de vendas.

Sem perguntas, você não terá respostas.

Sem respostas, você não terá vendas.

Sem vendas, você não terá dinheiro.

Alguma pergunta?

*Perguntar é a habilidade mais importante que um representante de vendas deve dominar... Perguntar adequadamente é o que faz a diferença entre vender e não vender.*

# Vender ou não vender, eis a (poderosa) questão.

Dois dos aspectos mais importantes da venda são: fazer perguntas e ouvir. As perguntas adequadas farão o cliente potencial lhe dizer tudo o que você precisa saber para vender.

Combine perguntas poderosas com efetivas habilidades de ouvir e você terá o poder e a autodisciplina para descobrir dados/necessidades, e aí formular uma frase que leva o comprador a uma decisão.

*Cara, isso parece simples demais. Então por que nem todos compram quando você tenta vender? Porque...*

1. **Você não está fazendo perguntas adequadas.**
2. **Você não está sabendo ouvir o cliente potencial.**
3. **Você tem uma noção preconcebida do cliente potencial – o que significa prejulgar o tipo de pessoa, antecipar respostas e interromper o diálogo.**
4. **Você acha que já sabe todas as respostas – por que se incomodar em fazer perguntas ou ouvir com atenção?**
4,5. **Você não descobriu as verdadeiras necessidades do cliente potencial. Como você poderá satisfazer as necessidades dele, se não sabe o que ele quer?**

As vendas realizadas envolvem 25% de perguntar/falar e 75% de ouvir. Como esses números se comparam ao que você faz? *"Tudo bem, mas isso não se aplica a mim"* – você alega. *"Meu produto é diferente. Preciso conversar mais"*. Besteira. Mera desculpa. Na verdade, o que você está dizendo é: *"Não sei como fazer uma pergunta efetiva"*.

Como você faz uma pergunta? Em uma palavra, ela deve ser: aberta. Evite perguntas fechadas, cujas respostas sejam *sim-não* – a não ser que você esteja certo de obter um sim.

Formular Perguntas Efetivas é o ponto crucial de sua capacidade de entender as necessidades do cliente potencial.

*A seguir, são apresentados 12,5 desafios aos tipos e estilos de perguntas que você faz:*

### 1. A PERGUNTA É CLARA E CONCISA? O cliente potencial entende a pergunta, seu significado, conteúdo e implicação?

### 2. A PERGUNTA EXIGE PENSAMENTO PRODUTIVO, ANTES QUE O CLIENTE POTENCIAL FORMULE UMA RESPOSTA? Você direciona o cliente potencial para seu produto ou serviço em consequência da pergunta?

### 3. A PERGUNTA FORÇA O CLIENTE POTENCIAL A AVALIAR NOVAS INFORMAÇÕES OU CONCEITOS? Você constrói a credibilidade do cliente com perguntas superiores, que não fazem as pessoas se sentirem inferiores, mas as desafia a seguir um novo caminho?

### 4. A PERGUNTA O FAZ PARECER MAIS ENTENDIDO QUE SEUS CONCORRENTES? Você se distingue da concorrência com perguntas ainda não pensadas?

### 5. A PERGUNTA LEVA O CLIENTE POTENCIAL (E VOCÊ) A SE BASEAR NA EXPERIÊNCIA ANTERIOR? Suas perguntas fazem com que ele partilhe realizações das quais se orgulha? *Essas não são simples perguntas de vendas; são perguntas que formam vínculos.*

### 6. A PERGUNTA GERA UMA RESPOSTA NA QUAL O CLIENTE POTENCIAL NUNCA HAVIA PENSADO? Ligeiras modificações o fazem parecer diferente, melhor, dono de seu jogo?

### 7. A PERGUNTA FORNECE UMA RESPOSTA AMARRADA, QUE MOVE O PROCESSO DE APRESENTAÇÃO PARA MAIS PERTO DO FINAL? Usar perguntas que induzem a uma resposta, como *você não?, não é mesmo?, você não deveria?, não acha?,* dá oportunidade ao cliente de dizer sim a uma determinada parte de sua apresentação, e de passar para a próxima área.

### 8. A PERGUNTA SE RELACIONA DIRETAMENTE COM A SITUAÇÃO (NEGÓCIO) DO CLIENTE POTENCIAL? Quanto mais direta ela for, maior a probabilidade de você obter uma resposta direta.

### 9. A PERGUNTA SE RELACIONA DIRETAMENTE AOS OBJETIVOS DO CLIENTE POTENCIAL? Você está investigando áreas com as quais o cliente potencial pode se relacionar? Áreas que o fazem comprometer-se com respostas reais?

## 10. A PERGUNTA TIRA DO CLIENTE POTENCIAL INFORMAÇÕES QUE FACILITAM A VENDA?
Perguntas sobre como seu produto ou serviço será usado, e quais são suas expectativas?

## 11. A PERGUNTA CRIA UMA ATMOSFERA POSITIVA E CONDUZ A UMA VENDA?
A pergunta é provocativa ou provocante? Não irrite os clientes potenciais – faça-os pensar.

## 12. VOCÊ RESPONDE COM UMA PERGUNTA QUANDO UM CLIENTE POTENCIAL FAZ A PERGUNTA DELE?
Cliente: *Vocês podem me entregar isso em duas semanas?* Vendedor: *É necessário que a entrega seja feita nesse prazo?*

## 12,5. A ÚLTIMA PERGUNTA – VOCÊ ESTÁ FAZENDO UMA PERGUNTA DE FECHAMENTO?
A pergunta cuja resposta confirma a venda?

Você tem 10 ou 12 diferentes perguntas de fechamento, já escritas, ensaiadas e prontas para serem usadas quando surgir a ocasião? Aposto que não.

Quer dominar a ciência de formular perguntas efetivas? Crie duas ou três perguntas que respondam a cada um dos 12,5 desafios anteriores e as incorpore ao seu processo de vendas.

Quando fizer isso, descobrirá que esta é uma tarefa desafiadora. Mas a recompensa fará de você um vendedor melhor, mais bem recompensado financeiramente – para sempre.

> As perguntas estão para as vendas como o ar está para a vida. Se você não pergunta, morre. Se o faz incorretamente, sua morte não será imediata, mas será inevitável. Se você faz perguntas corretamente, a resposta é... uma venda.

**INFORMAÇÕES GRÁTIS:** Você quer aprender uma estratégia de três níveis para formular e fazer perguntas que podem mudar o modo como você faz as vendas? Visite www.gitomer.com, cadastre-se, se esta for sua primeira visita, e digite as palavras THREE-LEVEL STRATEGY no campo GitBit.

*As soluções de vendas ficam fáceis quando você identifica os problemas, preocupações e necessidades do cliente potencial... com perguntas.*

# Você consegue fechar uma venda com cinco perguntas?

Perguntas geram vendas. Usar perguntas efetivas com o fim de obter dados é essencial para criar a atmosfera na qual uma venda pode ser feita. Ray Leone, autor de *Success Secrets of the Sales, Funnel*, lançou este desafio: *Você consegue fechar uma venda com cinco perguntas?*

Aqui está a mistura de sua técnica com a minha... As soluções de vendas ficam fáceis quando você identifica os problemas do cliente potencial. Isso só é possível com perguntas bem formuladas, que extraiam informações, necessidades e preocupações. A venda é feita mais facilmente quando você *identifica as necessidades reais do cliente potencial e as harmoniza com suas preocupações.*

Por exemplo, digamos que eu esteja vendendo impressoras.

(Faça anotações em um bloco, enquanto o cliente potencial responde.)

**PERGUNTA Nº 1:** "Como o senhor escolhe uma impressora?". (Variação: "O que o senhor leva em conta ao escolher uma impressora?")

O cliente potencial diz: *"Qualidade, entrega e preço".*

**PERGUNTA Nº 2:** "Como o senhor define qualidade?" ou "O que significa qualidade para o senhor?". (Use "Como o senhor define...?" para as três respostas à pergunta:

"Como o senhor escolhe...?")

*O cliente potencial lhe dará respostas bem ponderadas. Muitos deles nunca ouviram perguntas assim antes, e serão forçados a pensar com base em novos padrões. Você pode até fazer uma pergunta de follow-up ou criar uma pergunta vinculada, antes de passar para a Pergunta nº 3. Por exemplo, o cliente potencial diz que define qualidade como impressão limpa, nítida. Você acrescenta: "Ah, o senhor se refere a uma impressão que reflete a imagem de qualidade de sua empresa?" Como um cliente potencial pode dizer não a tal pergunta?*

**PERGUNTA Nº 3**: "O que torna isso importante para o senhor?" ou "Isso é o mais importante para o senhor?" ou "Por que isso é importante para o senhor?".

*A resposta a essa pergunta revela a verdadeira necessidade do cliente potencial. Descobrir o que é importante para ele na impressão, e por que a impressão é importante, são as chaves para fechar a venda. Podem ser feitas perguntas secundárias, ou de follow-up, para se ter uma definição clara do que é importante e por quê.*

**PERGUNTA Nº 4:** "Se eu pudesse oferecer a qualidade que o senhor exige, de modo que a imagem do material impresso reflita a imagem de sua empresa, e pudesse fazer esse trabalho no prazo que o senhor exige, a um preço razoável [não o mais barato], eu teria possibilidades de [variação: haveria qualquer razão para eu não ser] vender para sua empresa?".

*É claro que sim! Esta é uma pergunta de feedback que combina os dados encontrados nas três primeiras. É o clássico "Se eu... você...?", que garante o compromisso do cliente potencial. Na verdade, quase o encurrala. Se houver uma objeção real (Temos de receber ofertas... Não sou o único a decidir... Estou satisfeito com meu atual fornecedor), é provável que ela apareça aqui.*

**PERGUNTA Nº 5:** "Ótimo! Quando começamos?" ou "Ótimo! Quando será seu próximo projeto de impressão?".

*O objetivo da quinta pergunta é marcar com o cliente uma data para começar ou ganhar tempo para continuar negociando. Em muitos casos, você pode tentar uma pequena venda, só para o cliente experimentar. Quando o produto for muito caro (copiadora, computador), é melhor deixá-lo com o cliente, para ser usado durante alguns dias, ou levar o cliente para visitar um comprador satisfeito, e ver o produto em funcionamento e presenciar um testemunho ao vivo.*

Use o processo de questionamento no início, e com frequência. Se você fala muito e os clientes potenciais se calam, é sinal de que você os está chateando e perderá a venda. Eles não ligam para o que você oferece se não for o que precisam. A única maneira de identificar essas necessidades é com perguntas.

Para usar perguntas com sucesso, elas devem ser bem elaboradas. Desenvolva uma lista de 15 a 25 perguntas que revelem necessidades, problemas, preocupações e objeções. Elabore mais 15 a 25 perguntas que criem o compromisso do cliente potencial a partir das informações que você descobriu.

*Procurando algumas deixas para mais perguntas efetivas? Experimente estas...*

- O que você procura...?
- O que você achou...?
- Como você propõe...?
- Qual tem sido a sua experiência...?
- Como você usou com sucesso...?
- Como você determina...?
- Por que este é um fator decisivo...?
- O que o faz escolher...?
- O que lhe agrada em...?
- Diga algo que você aprimoraria em...
- O que você mudaria em...? (Não diga: "O que você não gosta em...?")
- Há outros fatores...?
- O que os seus concorrentes fazem com...?
- Como seus clientes reagem a...?

# Pratique.
# Depois de aproximadamente 30 dias, fazendo as perguntas certas, você começará a ver a verdadeira recompensa.

**ENCORAJAMENTO:** Esta não é uma venda agressiva; é uma venda essencial.

# "Boas perguntas vão à essência do problema/necessidade muito rapidamente, sem que o comprador se sinta pressionado."

—*Jeffrey Gitomer*

# A BÍBLIA DE VENDAS

## Parte 2
### Preparando-se para Surpreender o Cliente Potencial: UAU!

# O Livro da Força

☆ Agora você está em meu Poder
   (Declaração de Força) ...................... 116

2.3

## Declaração de Lucros e Perdas

Uma Declaração de Força transmite energia para a venda.

Você está transmitindo força aos clientes potenciais, com palavras cheias de energia... Ou suas baterias estão pifadas?

Você os faz dormir ou está nocauteando todos eles?

Você causa um impacto memorável em seus clientes potenciais?

Você pode melhorar.

Você pode ter certeza de que isso é possível quando usa Declarações de Força.

Seu cérebro é a ferramenta que propaga força e energia. Ligue-o na tomada.

Com sua força criativa, transforme sua corrente elétrica em moeda.

*Declarações de Força dão destaque, credibilidade, esclarecimentos sobre seu produto ou serviço, e vendem.*

# Agora você está em meu Poder (Declaração de Força).

**O QUE É UMA DECLARAÇÃO DE FORÇA?** É uma declaração que dá destaque, credibilidade e vende seu produto ou serviço. É uma declaração (não tradicional) que descreve o que você faz, e como você faz, em relação aos clientes. Ao mesmo tempo, mostra o que eles percebem do seu produto, aquilo de que precisam e que você está vendendo.

**DE ONDE A DECLARAÇÃO OBTÉM FORÇA?** De sua criatividade.

Você está tentando fazer uma venda ou gerar o impacto que leva a uma venda. Seu objetivo é convencer e motivar o cliente potencial ou efetivo a agir. *É para isso que serve a Declaração de Força.* Se você a utilizar corretamente, ela o afastará do jogo tradicional e o colocará acima da concorrência.

De que maneira você cria uma Declaração de Força para sua empresa? *É fácil –* pense no que você é capaz de fazer para beneficiar seu cliente. Não desenvolva uma descrição maçante, mas um retrato vívido, cheio de benefícios – com palavras que transmitam energia e façam o cliente potencial querer mais.

*Alguns aspectos da postura mental que você deve assumir para gerar Declarações de Força:*

- **Não venda brocas.** Venda os buracos perfeitos que elas fazem.
- **Não venda impressões.** Venda folhetos capazes de refletir a imagem do seu cliente e que causem impacto em suas vendas.
- **Não venda carros.** Venda o prestígio, o status e as viagens tranquilas que eles proporcionam.
- **Não venda seguros.** Venda famílias livres de reveses financeiros e protegidas de tragédias.
- **Não venda óculos.** Venda uma visão melhor e uma aparência moderna.

As Declarações de Força têm várias finalidades, e podem servir para completar e consolidar a venda.

*Uma Declaração de Poder é...*

- **Uma declaração que faz o cliente potencial perceber a capacidade que você tem de esclarecê-lo sobre a utilização do produto.**
- **Uma declaração que constrói sua credibilidade frente a um cliente potencial.**
- **Uma declaração não tradicional, que descreve o que você faz e como faz, para gerar benefícios ao cliente potencial.**
- **Uma declaração que traça uma linha clara que o distingue de seu concorrente.**
- **Uma declaração que faz o cliente potencial desejar ouvir mais.**
- **Uma declaração que dá ao cliente mais confiança para comprar.**
- **Uma declaração que rompe a resistência.**
- **Uma declaração que causa um impacto favorável no cliente.**
- **Uma declaração que mostra como o que você faz se relaciona ao cliente potencial.**
- **Uma declaração que seja memorável.**
- **Uma declaração que criativamente diz o que você faz em relação ao que o cliente precisa.**

Como você reage quando alguém lhe pergunta o que você faz? Aposto que começa uma descrição desinteressante, que leva o interlocutor a procurar outra pessoa para conversar.

*A seguir estão alguns exemplos de como usar Declarações de Força, em vez de fornecer a resposta anterior à pergunta:* O que você faz?

- **AJUDA TEMPORÁRIA:** Fornecemos funcionários de qualidade, temporários e de emergência, para empresas como a sua, de modo que, quando um de seus colaboradores adoece, falta ou está de férias, não haja perda de produtividade nem redução no atendimento a seus clientes.

- **ROUPAS MASCULINAS:** Nossa experiência tem nos mostrado que os representantes de vendas se vestem para seus clientes. Criamos o visual que você precisa para fazer aquela apresentação importante. *Variação*: Bruce Julian, da Milton's Clothing Cupboard, em Charlotte, usa uma excelente frase que transmite poder: "Quando nossos clientes têm uma reunião ou discurso importante a fazer, eles abrem o guarda-roupa e escolhem o traje que compraram na Milton's". UAU!

**DECLARAÇÕES DE FORÇA SÃO FRASES MEMORÁVEIS PARA INICIAR UMA FALA.** Fui a uma daquelas apresentações de oportunidades de negócios (franquias). As empresas tentavam vender negócios de 10 a 150 mil dólares. Havia mais de 100 organizações representadas. Metade delas era imediatamente reconhecida por seu porte nacional.

Levei o gravador, pois tinha certeza de que ouviria dezenas de preciosidades. *Engano meu*. O espírito de franquia era composto apenas por frases decepcionantes (patéticas). Depois de 20 fracassos, finalmente encontrei o que procurava. Ao passar por uma cabine abarrotada de produtos e roupas de Mickey Mouse, uma mulher cruzou comigo no corredor e disse: "Mickey Mouse ganha mais dinheiro por ano do que todas essas empresas... combinadas!". Nossa, que frase! Ela me fez ganhar o dia e lhe agradeci. Sem entender, ela respondeu: "Não por isso".

*Declarações de Força geram interesse e levam a visitas.*

- **Declaração de Força de Interesse Genérico**: A chave para os lucros é a produtividade. No ano passado, as vendas cresceram mais de 300%, fornecendo itens que chegaram pontualmente, e contribuíram para a produtividade de nosso cliente. Em 30 dias, podemos aprimorar o seu negócio.

- **Declaração Genérica de Força:** Não estou certo de poder ajudá-lo, Sr. Johnson. Vamos examinar alguns detalhes durante alguns minutos (ou no almoço). Se achar que posso ajudá-lo, lhe direi, e se achar que não posso, também o avisarei. Acha justo?

**VOCÊ JÁ CRIOU SUA DECLARAÇÃO DE FORÇA?** Crie sua Declaração de Força agora. Pegue uma folha de papel durante a reunião de vendas. Faça um *brainstorm* com sua equipe. Convide seu vendedor mais capacitado – seu presidente. Escreva Declarações de Força para todas as situações. Por que não assumir um olhar novo, poderoso, em suas expressões de vendas?

<br>

## Declarações de Força são uma excelente maneira de vender mais que os concorrentes... Supere-os!

# A BÍBLIA DE VENDAS

## Parte 3
## Permita que me Apresente

# O Livro das Apresentações

☆ A propaganda pessoal de 30 segundos – Como escrevê-la.............................. 120

☆ A propaganda pessoal de 30 segundos – Como apresentá-la........................... 124

☆ Tem uma referência? Aqui está a abordagem perfeita ......................... 126

## Cumprimentos!

Apresentações...

Eles ouvem seu discurso com receptividade ou o descartam?

Você é profissional de vendas ou visitante profissional?

Você tem alguns minutos preciosos para causar a primeira impressão poderosa, profissional.

Se você não pode abrir, não pode fechar.

Toc, toc...

3.1

*Sua propaganda é uma oportunidade de dar informações que criam interesse e fornecer respostas às pessoas com quem você forma rede.*

# A propaganda pessoal de 30 segundos – Como escrevê-la.

Quando você vai a uma reunião de negócios, ou está trabalhando em rede, fica atento a contatos e clientes potenciais.

A propaganda pessoal é sua oportunidade de dar informações, para criar interesse e produzir reações em seus clientes potenciais. É o prelúdio e o portal que leva a uma venda.

Sua propaganda pessoal funciona? Você tem uma propaganda pessoal?

**SEU OBJETIVO É TER TRINTA SEGUNDOS DE INFORMAÇÃO.** Trinta segundos que declarem quem você é e o que sua empresa representa, e criativamente digam o que você faz.

**DEPOIS DE FALAR UM POUCO – PERGUNTE BASTANTE.** Faça uma pergunta efetiva e envolvente (ou várias). Faça uma declaração de força que diga como você pode ajudar os outros. E conclua com por que o cliente potencial deve agir agora.

As informações que você obtém com as perguntas efetivas lhe permitirão formular respostas impactantes que mostram que você pode ajudar. As perguntas devem ser perguntas abertas, perguntas que façam o cliente potencial pensar e falar, não simplesmente responder sim ou não.

Não há motivos para dizer a um cliente potencial como você pode ajudá-lo até descobrir qual tipo de ajuda ele precisa.

As perguntas efetivas são a parte mais crítica do processo porque elas qualificam o cliente potencial, preparam sua resposta de impacto (força) e fazem com que o cliente potencial pense.

*Quando formular perguntas efetivas para sua propaganda pessoal, pergunte-se as 4,5 perguntas abaixo:*

1. **Quais informações quero obter com o resultado de minhas perguntas?**
2. **Posso qualificar meu cliente potencial como resultado da pergunta?**
3. **É preciso mais de uma pergunta para descobrir a informação que preciso?**
4. **As minhas perguntas fazem o cliente potencial pensar?**
4,5. **Posso fazer uma pergunta que me distingue de meus concorrentes?**

Você deve ter uma lista de 25 perguntas efetivas que farão o cliente potencial parar e pensar, e que lhe darão as informações necessárias. O encerramento da sua propaganda pessoal de 30 segundos deve ser um chamado para agir – uma sentença de encerramento, declaração ou pergunta que garante outro contato.

*Temos aqui um exemplo de uma propaganda pessoal:*

Digamos que você saia com uma cliente, para fazer um trabalho na associação comercial que ela frequenta, e é apresentado a um cliente potencial.
Ele pergunta: "O que você faz?". Se você está no ramo de contratação de empregados temporários e responde: "Sou do ramo de fornecimento de profissionais temporários", deveria ser banido.

Sua resposta deve ser: "Oferecemos funcionários de qualidade a empresas como a sua, para trabalhar como temporários ou em situações de emergência, de modo que, quando um de seus colaboradores adoece, falta ou está de férias, não haja perda de produtividade, nem redução no atendimento a seus clientes". *Você fala algo assim e seu cliente potencial não consegue deixar de ficar impressionado.*

Agora você tem a atenção do cliente. Você lhe faz perguntas efetivas para descobrir o grau de sua qualificação.

"Quantos funcionários você tem?" você pergunta. "Você lhes dá uma ou duas semanas de férias?" "O que você faz para que o atendimento a seus clientes não seja reduzido durante as férias?".

Continue fazendo perguntas de follow-up até obter as informações que precisa. Após suas perguntas efetivas, insira sua declaração de força (como você ajuda) e um motivo para que o cliente comece a agir agora.

"Eu me especializo em pessoas inteligentes e capazes. Não em ajuda temporária. Quando seus funcionários estão de férias ou doentes, eu sei que não se pode contar com moral baixo ou uma redução no serviço. A minha proposta é a seguinte: (Este é seu chamado para a declaração de ação e o motivo de porque o cliente deve agir agora.) Vamos nos encontrar para um café da manhã e discutir as últimas ausências de seus funcionários. Discutiremos como elas foram tratadas e discutiremos também as próximas ausências. Se eu achar que posso ajudá-lo, eu lhe direi, se não, também o avisarei. Acha justo?"

Use este exemplo simples para ajudá-lo a escrever sua propaganda pessoal. Depois de redigi-lo, você deve ensaiar. Então, experimente dizê-lo e ajuste-o para a sua necessidade.

Pratique realmente (mais de 25 minutos em situações reais) até dominá-lo.

*Planilha de sua Propaganda Pessoal*

**INSTRUÇÕES:** Preencha o formulário, leia-o de cima a baixo, acrescente alguns pronomes pessoais, conte o tempo, pratique-o e *voilà*!

**Meu nome** _____

**Nome da empresa** _____

**O que eu faço**_____

_____

_____

**Minhas perguntas efetivas** _____

_____

_____

_____

**Minha declaração de força** _____

_____

_____

**Como posso ajudar** _____
_____
_____
_____

**Por que o cliente potencial deveria agir agora** _____
_____
_____
_____

"Antes de começarmos nossa reunião, vamos trocar nossas lentes de contato. Talvez isso nos ajude a ver as coisas do ponto de vista do outro!"

*Não faça seu comercial cedo demais. Espere ter informações suficientes do cliente potencial para depois atacar.*

# A propaganda pessoal de 30 segundos – Como apresentá-la.

Você escreveu sua propaganda pessoal e agora é hora de apresentá-la. Pense nela como se você fosse um *pitcher* (arremessador) em um jogo de beisebol. Você quer fazer o arremesso certo, mas os batedores não são todos iguais. Eles exigem tipos diferentes de arremessos – bola rápida, curva, de efeito, e a popular jogada errada. (Não é surpreendente quantas bolas erradas nós arremessamos?)

Para fazer um bom lançamento ao batedor, você precisa saber que tipo de batedor ele é. Precisa conhecer os pontos fortes e fracos da batida dele. Toda equipe de beisebol tem um "livro" sobre todos os outros jogadores da liga. Eles sabem como fazer o lançamento para o batedor, e onde os *fielders* (jogadores que interceptam a bola) devem jogar, caso ele acerte a bola. Não é diferente em vendas. Você não pode arremessar se não souber quais são as necessidades do cliente potencial. Você deve saber como jogar com cada cliente. É fácil ter sucesso em vendas. Você só precisa fazer perguntas. O cliente terá prazer em lhe contar tudo.

*Fique preparado. Quando você conhece um cliente potencial ou ele o procura, você está preparado? Faça um teste:*

- **Qual é a primeira impressão que você quer passar? De que forma?**
- **Com que rapidez você pode qualificar o cliente?**
- **Que tipo de perguntas você pode fazer para qualificá-lo e gerar interesse pelo que você faz?**
- **Você tem uma lista de Perguntas Efetivas? Elas estão ensaiadas?**
- **Você tem uma lista de Declarações de Força? Elas estão ensaiadas?**

*Temos aqui 9,5 mandamentos para apresentar a propaganda pessoal...*

**1. SEJA BREVE.** Seus comentários (além das perguntas) não devem passar de 30 a 60 segundos.

**2. SEJA OBJETIVO.** Diga criativamente aos clientes potenciais exatamente o que você faz em relação às necessidades deles.

**3. SEJA LEMBRADO.** Diga, dê ou faça algo que será lembrado pelo cliente potencial (de uma maneira positiva, criativa).

**4. PREPARE-SE.** Tenha suas informações sob comando – ensaiadas, praticadas e refinadas.

**5. TENHA PRONTAS AS PERGUNTAS EFETIVAS E AS DECLARAÇÕES DE FORÇA.** Prepare com antecedência uma lista de perguntas e sentenças e ensaie-as.

**6. OBTENHA AS INFORMAÇÕES DE QUE PRECISA INVESTIGANDO PRIMEIRO.** Faça perguntas efetivas e de follow-up que gerem informações, estabeleçam interesse, mostrem necessidade e lhe permitam dar suas informações de maneira significativa. Faça sua melhor pergunta e tenha pronta para ser oferecida a mensagem mais concisa, quando chegar a hora certa. Antes de explicar suas capacidades de resolver problemas, saiba o suficiente sobre a outra pessoa, de modo que sua informação tenha impacto.

**7. MOSTRE COMO VOCÊ RESOLVE PROBLEMAS.** O cliente potencial ficará aborrecido ao ouvir o que você faz, a não ser que você expresse claramente como pode ajudar ou atender às necessidades dele. O cliente potencial só vai ligar para o que você faz se você causar um impacto nele.

**8. ENCAMINHE O CLIENTE POTENCIAL PARA A PRÓXIMA AÇÃO.** Não deixe que um bom cliente potencial vá embora sem firmar algum acordo sobre o que virá a seguir.

**9. DIVIRTA-SE.** Não pressione nem seja pressionado – isso ficará evidente.

**9,5. TEMPO ENCERRADO.** Depois que você apresentou sua mensagem, fez seu contato e garantiu a próxima reunião ou ação – vá em frente.

**IMPORTANTE:** Não diga NENHUMA palavra que não seja parte integrante de sua propaganda pessoal. Seja o mais conciso possível. Seja criativo. Se a fala se arrastar, ninguém o ouvirá nem será inclinado a agir. Transmita sua mensagem do ponto de vista do cliente (*você, seu*), e não do seu ponto de vista (*eu, meu*). Seja original. Mensagens desinteressantes são esquecidas imediatamente. Diga, faça ou ofereça algo que seja lembrado. Faça perguntas abertas, que provoquem o pensamento.

A apresentação de sua propaganda pessoal é um sucesso quando você consegue combinar seus serviços às necessidades especificamente identificadas do cliente potencial. Isso somente é possível com um excelente planejamento e preparo.

*Quando você tem uma referência, trate-a como ouro.*

# Tem uma referência? Aqui está a abordagem perfeita.

Você conseguiu. O prêmio mais cobiçado em vendas, além de uma venda. Uma referência. Como você aborda essa pessoa? Como você maximiza o poder de vendas dessa referência?

*Aqui estão oito regras para garantir seu sucesso:*

**Regra nº 1: VÁ DEVAGAR.** A oportunidade é tudo. Não demonstre ansiedade para conseguir a venda (dinheiro). A preparação adequada (dar algum valor primeiro) gerará um relacionamento de longo prazo (mais dinheiro), em vez de apenas uma venda.

**Regra nº 2: PROMOVA UMA REUNIÃO COM TRÊS PARTICIPANTES.** A preparação para a primeira reunião/comunicação é fundamental para garantir o sucesso ou o fracasso do encontro. As três pessoas (você, a pessoa referida e a pessoa que fez a referência), juntas, compõem um cenário perfeito. E esta é sua melhor chance de sucesso. Uma terceira parte elogiando-o na frente da referência é um incentivo ENORME para a venda. O endosso de terceiros vale muito mais do que 100 apresentações.

**Regra nº 3: VOCÊ NÃO TEM DE VENDER NO PRIMEIRO ENCONTRO SE O SEU CLIENTE ESTÁ COM VOCÊ.** De fato, quanto menos você vende, maior será sua credibilidade. Você só tem de estabelecer um vínculo para ganhar a confiança do cliente potencial.

**Regra nº 4: MARQUE UM SEGUNDO ENCONTRO, REUNIÃO PARTICULAR.** É aqui que você vai falar de negócios.

**Regra nº 5: NÃO MANDE INFORMAÇÕES DEMAIS.** A venda não é feita pelo correio, nem por telefone. Informações são apenas ferramentas de vendas. Envie material suficiente para informar e criar interesse.

**Regra nº 6: ESCREVA UMA NOTA PESSOAL, PARA A REFERÊNCIA, DENTRO DE 24 HORAS.** Seja breve, mas positivo. Não encha a nota com agradecimentos novamente. Diga apenas que foi bom conhecê-lo e que você está ansioso para fazer a próxima reunião.

### *Regra nº 7:* ESCREVA UMA NOTA DE AGRADECIMENTO A SEU CLIENTE. Inclua
um presente, se a venda for de alguma relevância (um brinde de *qualidade* – algo com sua logomarca impressa, ou dois ingressos para um jogo). Seus agradecimentos e o presente incentivarão o cliente a lhe dar outras referências.

### *Regra nº 8:* OFEREÇA MAIS DO QUE O ESPERADO! Esquecer o *follow-up*
ou não cumprir o prometido deixa você e seu cliente em má situação. Não conseguir fazer a entrega também elimina qualquer chance de outra referência. Esta regra é a mais importante de todas. É assim que você forma sua reputação. *Que tipo de reputação você tem quanto à entrega?*


**NOTA FINAL.** A maneira menos indicada ou produtiva de usar uma referência, mas que parece uma prática frequente, é fazer um contato (visita, ligação ou carta) inesperado com uma pessoa cujo nome, endereço e telefone lhe foram dados por um amigo. É aí que a referência se perde. POR FAVOR: Seja criativo. Faça sempre uma ligação pessoal e significativa. Consiga informações sobre a referência e sua empresa antes de fazer o primeiro contato. Não caia na armadilha de ligar ou escrever: "Quem me deu seu nome foi...". Isso é horrível.

De outra forma, diga: *"Oi, meu nome é Jeffrey, minha empresa é a BuyGitomer e você não me conhece. Tenho feito negócios com [nome do cliente] há algum tempo e ela achou que eu poderia ajudá-lo da mesma forma que a ajudei. Eu só queria me apresentar e ter seu endereço para lhe enviar informações que considero de seu interesse".*

Agora diga algo CRIATIVO para estabelecer um vínculo pessoal a partir das informações que você recebeu de sua cliente.

Tente fazer a referência rir. Então acrescente: *"Ligarei de novo daqui a alguns dias e talvez possamos conversar durante um almoço. Obrigado pelo tempo que me concedeu".*

Não fale demais. Você não vai fazer a venda por telefone. Diga apenas o suficiente para criar interesse e marcar um encontro.

A referência é o cliente potencial mais aceito do mundo. Pergunte a qualquer profissional que odeia vendas (contadores, arquitetos, advogados) – eles lhe dirão que 100% de seus novos negócios vêm de referências. Isso acontece porque eles não são capazes de conquistar clientes e contam com seu método de "vendas que caem do céu".

> **"O endosso de terceiros vale muito mais do que 100 apresentações, se você souber o que está fazendo."**
>
> *— Jeffrey Gitomer*

# A BÍBLIA DE VENDAS

## Parte 3
## Permita que me Apresente

# O Livro das Visitas

☆ "Não Podemos Atendê-lo", a placa mais engraçada em vendas .............. 130

☆ Chegue estrategicamente ao executivo que toma decisões ............. 131

☆ A abertura é tão importante quanto o fechamento ....................... 134

☆ A visita é uma diversão... Se você a considerar assim ........................... 136

☆ Elementos de um contato que podem torná-lo atrativo ................... 138

## 3.2

# Você não me conhece.

Visitas...

Quase todo mundo as detesta. A maior parte das pessoas precisa fazê-las.

Por que não fazer a maioria delas?

Divirta-se com elas. Faça delas um jogo. Jogue para ganhar.

Cada *não* o aproxima mais de um *sim*.

*O que os representantes de vendas acham
de placas "Não Podemos Atendê-lo"?*

# "Não Podemos Atendê-lo", a placa mais engraçada em vendas.

Tenho uma placa na porta de entrada da minha empresa que diz *Seja Bem-Vindo*.

Parece que todo edifício comercial em que entro ostenta uma placa na porta dizendo: "Não Podemos Atendê-lo". É a placa mais engraçada em vendas. Que frase mais inútil para se colocar diante de um representante de vendas. Eu gostaria de ter um dólar para cada "Não Podemos Atendê-lo" que ignorei. Qual é o objetivo desse aviso e quem ele consegue deter?

É interessante que muitas das empresas que exibem tal placa fazem os próprios representantes de vendas ligarem para as pessoas. É pura hipocrisia quando elas aparecem na porta de uma empresa especializada em copiadoras, em uma corretora de seguros ou agência de empregos temporários.

O que os representantes de vendas acham dessas placas? Entrevistei o Early Risers Lead Club, a maior associação de indicações de vendas na área de Charlotte, composta de empreendedores e representantes de vendas. Perguntei como eles se sentiam e o que faziam ao encontrar o temível comunicado. De 32 pessoas entrevistadas no Early Risers Lead Club, somente 2 disseram que respeitam a placa; 2 disseram que se assustam, mas entram mesmo assim; 28 (87,5%) disseram que a ignoram. Também é interessante notar que os mesmos representantes acham bom impedir a entrada daqueles que vão de porta em porta vender balas, perfumes e congêneres. Você sabe, são pedintes.

**SEGREDO:** Parece que os representantes de empresas acreditam que a placa não seja para eles. Concordo.

Eu estava conversando com o presidente de uma empresa e seu gerente de vendas. Eles adotaram uma nova política de NÃO selecionar visitas nem chamadas de vendas. Acham que se perde um número muito grande de oportunidades quando não se ouve o que um vendedor tem a oferecer ou a dizer. Que maneira genial de pensar. É claro, como guerreiros de vendas, sempre soubemos disso.

*Para descobrir quem decide, faça uma afirmação passiva, seguida de uma pergunta indireta... "Tenho informações importantes sobre novos computadores. A quem devo transmiti-las?"*

# Chegue estrategicamente ao executivo que toma decisões.

Passar por placas "Não Podemos Atendê-lo" é fácil. Mas chegar ao executivo que toma decisões requer habilidade e fineza. Se você diz: "Eu gostaria de falar com o chefe", nunca vai conseguir encontrar-se com ele sem um grande embaraço. Não peça para falar com alguém.

A chave para chegar a um executivo é fazer uma solicitação indireta e não assertiva à secretária ou ao funcionário administrativo: "Apenas uma informação". Ela ou ele ficará contente em lhe fornecer todos os dados de que você precisa para um follow-up perfeito.

**DIGAMOS QUE VOCÊ VENDA COMPUTADORES:** "Preciso de sua ajuda. Meu nome é Jeffrey e tenho informações importantes sobre computadores. Para quem eu deveria transmiti-las?" Se você conseguir o nome, DEVE fazer outras perguntas para confirmar: "Fulano é a pessoa que decide sobre esse assunto? Há alguém que toma decisões junto com ele?".

Se a pessoa da recepção disser: "Deixe a informação comigo", pergunte educadamente: "Você é a pessoa que decide sobre computadores?". Em geral, os atendentes cedem logo. Se isso não acontecer, seja simpático e pergunte o nome do executivo que toma as decisões.

Seja gentil, mas persista até conseguir. Talvez você tenha de fazer três ou quatro tentativas. Não desista, até conseguir o nome, e faça perguntas para confirmar as informações.

*Aqui temos como você lida com uma placa "Não Podemos Atendê-lo" e chega a um executivo...*

Visitei cada escritório de cada edifício comercial na cidade de Charlotte com a placa "Não Podemos Atendê-lo". Em todos eles, subi ao último andar e comecei a descer. Fui dispensado de dois escritórios. Em um deles, chamaram o segurança. *Mas ele só pode conduzi-lo até a recepção!* É claro que você promete não fazer mais isso, entra no elevador, desce no próximo andar e continua com as visitas. "Não Podemos Atendê-lo" na verdade é mais um jogo que uma regra.

A placa é colocada para vendedores ambulantes, que vão de porta em porta tentando vender bolsas, perfumes, calculadoras e artigos de pendurar na parede. Se você tem um negócio legítimo, estabelecido, uma visita não será ofensiva à maioria das empresas, *se você fizer a coisa certa.* O melhor método, na verdade, é uma *solicitação indireta.* Você só está deixando folhetos e fazendo algumas perguntas.

Se você sai para uma visita com hora marcada, é excelente aproveitar o tempo e passar depois pelas *empresas da vizinhança.* Sempre faço isso. Se há uma placa "Não Podemos Atendê-lo", não ligo a mínima. Todo o processo de visita leva menos de 5 minutos.

*Aqui estão algumas orientações para garantir o máximo de sucesso*:

**1. Ignore a placa.**

**2. Leve material de propaganda e cartões de visita.**

**3. Peça ajuda.**

**4. Descubra o nome e o título do executivo que toma decisões.**

**5. Escreva-lhe uma nota personalizada em seu cartão de visita, anexe-o ao material que você vai deixar e peça para entregarem o pacote assim que possível.**

**6. Peça (e receba) o cartão do executivo que toma decisões.**

**7. Descubra qual é o melhor horário para ligar para o executivo.**

**8. Consiga o nome da pessoa que o ajudou e anote-o no verso do cartão do executivo.**

**9. Agradeça sinceramente a quem o ajudou.**

**9,5. Saia.** *Tente dizer o seguinte da próxima vez...*

"Oi, meu nome é [apenas o primeiro nome] e eu gostaria de saber se você pode me ajudar. [Todos querem ajudar.] Eu quero deixar algumas informações sobre meu produto/serviço. Quem decide sobre esse tipo de coisa?"

"Ah, é o Sr. Johnson", ela diz espontaneamente.

Ótimo, agora conheço o executivo responsável, mas vou redobrar minha qualificação enquanto estou com sorte. "Qual seria a posição dele?" Pergunto inocentemente. Você também terá essa resposta. "Há mais alguém que trabalha com ele na hora de tomar esse tipo de decisão?" Estou perguntando para descobrir se cheguei à pessoa mais gabaritada. E se me questionam por que desejo essa informação, digo simplesmente: "Geralmente mando dois pacotes, quando há duas pessoas envolvidas na decisão". Em geral, esse argumento encerra o assunto.

Agora, tomo uma iniciativa corajosa. "Estou deixando algum material e um recado escrito. Quero saber se você pode me dar o cartão dele." Você conseguirá o cartão em 90% das vezes; em 5%, terá uma cópia do cartão; e em 5% das vezes o próprio chefe vai aparecer. Se você for mulher e o chefe for homem, ele surgirá com uma frequência duas vezes maior. Não se trata de uma afirmação machista; é um fato.

"Qual seria o melhor horário para eu ligar?", pergunto, tentando obter a última informação antes de esgotar as possibilidades de ser atendido.

"Muito obrigado pela atenção. Estou realmente agradecido", digo. "Qual é seu nome?" "Obrigado, Susan."

As pessoas adoram ouvir seu nome associado a elogios e agradecimentos. Se fizer ambos, ela se lembrará de você na próxima vez em que aparecer para falar com o Sr. Johnson.

Considere todas as informações que recebeu! Você pode não ter feito uma venda na primeira vez, mas foi aceito e será atendido na próxima visita. *Veja o que você ganhou por ser simpático e não pressionar...*

1. **O nome e o cartão do executivo responsável.**

2. **Se ele trabalha sozinho.**

3. **O executivo recebeu suas informações.**

4. **Ele tem seu cartão com um recado pessoal.**

5. **Você fez amizade com a secretária.**

5,5. **Você sabe a melhor hora de ligar para ele.**

Minha ligação será feita depois de 24 horas e Susan me ajudará no que puder. Agora, tudo de que preciso é uma visita, um contrato e um cheque.

*Boa ou má, a primeira frase que você diz estabelece imediatamente uma impressão. Dá o tom para a venda.*

# A abertura é tão importante quanto o fechamento.

Em uma visita de vendas, seu profissionalismo e sua amabilidade são as primeiras coisas que um cliente efetivo ou potencial vê. Então chega o impacto daquela primeira frase, importantíssima. *Sua sinceridade e criatividade dão o tom para o restante da conversa*. Elas também determinam como o cliente potencial ouve. Se você demonstra atenção e respeito, é provável que seja preservado. Se não, é provável que saia de mãos vazias.

Se você estiver ao telefone, a primeira frase é a mais importante. É tudo o que você tem. Você não pode dizer: "Veja meu belo terno". Você está à mercê de suas palavras (ou depende de como as domina).

*Aqui estão 7,5 regras a seguir para chamadas telefônicas:*

1. **Sorria enquanto fala.**
2. **Dê seu nome e o nome da empresa.**
3. **Vá direto ao ponto (diga seu objetivo nas duas primeiras frases).**
4. **Diga o que quer de modo sucinto e agradável.**
5. **Tente acrescentar um pouco de humor.**
6. **Ofereça ou peça ajuda.**
7. **Diga que você tem informações importantes.**
7,5. **Peça a venda. A "venda" pode ser apenas conseguir marcar um horário. Mas qualquer que seja o objetivo que o levou ao telefone... Persista até consegui-lo.**

Use as mesmas regras indicadas para dar um telefonema de vendas e selecione uma das seguintes frases:

1. **Estive pensando no que vocês fazem.**
2. **Tenho a solução para vocês.**
3. **Tenho algumas informações importantes que produzirão um impacto positivo em sua empresa.**

A maioria dos representantes de vendas comete um erro fatal ao perguntar: "Vocês receberam as informações que eu enviei?". Se o cliente potencial disser *não*, o que você diz agora, gênio? Pode alegar que enviou o material três dias atrás e não entende o que teria acontecido, mas é uma desculpa esfarrapada, parece defensiva, e você arruinou qualquer chance de conseguir algo positivo.

*Tente dizer:* "Estou ligando para complementar as informações que enviei. *O material não estava totalmente explicado,* gostaria de uma oportunidade para discuti-lo pessoalmente com você durante 5 ou 10 minutos".

Se você quer um benefício imediato desta leitura, relacione as frases que você pode usar para começar a falar sobre seu negócio. Revise-as, analise-as detalhadamente e as compare com as de seus colegas de trabalho. Experimente usar essas frases amanhã. Os resultados trarão surpresas (e benefícios).

*"Não tenho experiência em vendas, mas acredito que sou muito bom em fazer visitas!"*

*Se você diz algo engraçado e o olham com espanto, você está frito – mas uma visita é algo arriscado, de qualquer modo... Por que não se divertir?*

# A visita é uma diversão... Se você a considerar assim.

Ter de fazer visitas é a razão pela qual muitas pessoas se afastam da carreira de vendas. Os profissionais da área, que têm uma renda de seis dígitos, lhe dirão que o treinamento para fazer visitas lhes forneceu a base para seu sucesso profissional. Duvida? Pergunte a eles.

*Aqui está um plano de jogo de 8 pontos, para um resultado feliz nas visitas:*

**1. PREPARE-SE EXCEPCIONALMENTE BEM.** Conheça seus melhores alvos (préplano). Tenha um propósito (a visão geral). Conheça seu objetivo (marque uma visita, consiga um nome). Memorize um *script* (frases, frases marcantes, perguntas efetivas). Tenha boas ferramentas (brindes e material promocional funcionam em visitas).

**2. NÃO SE DESCULPE POR NADA, NEM DÊ DESCULPAS.** Quando você chegar lá, fale de seu negócio. Não diga: "Desculpe interrompê-lo". Simplesmente explique o que você quer.

**3. A MANEIRA COMO VOCÊ DIZ A PRIMEIRA FRASE DETERMINA O SEU SUCESSO.** O impacto da primeira fala determinará seu sucesso ou fracasso.

**4. NÃO PRESTE ATENÇÃO A RELUTÂNCIAS OU MEDO.** Oferecer resistência a uma visita é outra maneira de dizer: *"Não sei como"*, ou *"Não consigo planejar"*, ou *"Não gosto quando me rejeitam"*. Desenvolva um bom discurso, leia livros positivos, pare de ver noticiários e acredite que você vai conseguir.

**5. NEM TODO MUNDO QUE VOCÊ PROCURA LEVA A UMA VENDA.** Prepare-se para a rejeição. Na verdade, as pessoas não o estão rejeitando, apenas rejeitam a oferta que você faz. Assim parece melhor, não acha?

**6. APRENDA COM AQUELES QUE LHE DIZEM NÃO.** Descubra o que os levou a uma negativa ou a não se interessar.

**7. PRATIQUE, PRATIQUE, PRATIQUE.** Se você não souber o que falar, vai parecer artificial. Nada pior que um representante de vendas que parece um representante de vendas.

**8. DIVIRTA-SE!** Em vendas, você está sendo pago para ter um aprendizado que lhe servirá para a vida toda. Não é um câncer no cérebro; é um contato de vendas. Divirta-se. Faça alguém sorrir.

**8,5. SE VOCÊ DIZ: "*ODEIO VISITAS*!" PERCEBA QUE É UM ESTADO MENTAL AUTOINDUZIDO, QUE PODE SER FACILMENTE SUPERADO COM UMA SÉRIE DE CONTATOS BEM-SUCEDIDOS, VENDAS E COMISSÕES.**

*Veja esta fórmula personalizada para ajudá-lo a melhorar seu contato:*

- **Identifique suas fraquezas e temores para fazer visitas. Enumere-os detalhadamente.**
- **Crie um plano de ação para superar as fraquezas e eliminá-las uma a uma.**
- **Trabalhe uma delas a cada 30 dias.**
- **Assuma o desafio de ter sucesso todos os dias.**
- **Pare de reclamar... Ninguém compra de alguém que só reclama.**

Três das partes mais importantes do contato são as *frases iniciais*, as *perguntas efetivas* e as *declarações de força*. Elas lhe permitem reunir as informações necessárias para qualificar, determinar as reais necessidades do cliente potencial e vender.

Duas outras partes são *atitude* e *foco*. A atitude positiva exerce influência sobre o cliente potencial, e o foco adequado lhe permite usar suas habilidades para criar a ação.

## E a parte mais importante do contato é: peça a venda.

**INFORMAÇÕES ✗ GRÁTIS:** Você quer alguns exemplos de frases iniciais **boas e ruins?** Visite www.gitomer.com, cadastre-se, caso esta seja sua primeira visita, e digite as palavras OPENERS no campo GitBit.

*Os clientes potenciais são motivados para evitar perder o que já têm tanto quanto para comprar algo novo.*

# Elementos de um contato que podem torná-lo atrativo.

O contato é uma das partes mais difíceis da venda. Um velho clichê diz que a porta que um vendedor mais tem dificuldade em abrir é a porta do carro.

Para ter sucesso na ciência de estabelecer contatos, você deve primeiro definir os elementos, funções e fórmulas que abrangem o contato. Então, como em todas as outras ciências, experimente (pratique) até ter um método que funcione.

*Os elementos básicos que abrangem um contato são:*

1. Comece a falar.
2. Faça uma pergunta efetiva (que faça pensar) para criar um diálogo significativo.
3. Faça declarações de força (benefício) para estabelecer credibilidade.
4. Qualifique o cliente potencial quanto à necessidade, desejo, capacidade para tomar decisão e dinheiro (capacidade de pagar).
5. Reúna informações.
6. Diga a que veio – dê o próximo passo em seu ciclo de vendas.
6,5. Adote a atitude e o foco certos.

*Aqui estão vários elementos, orientações e técnicas para estabelecer contato, e que provaram ser efetivos:*

• **As frases para introduzir o assunto são importantes.** Diga algo sincero, agradável. Vamos supor que você seja solteira e um sujeito, em uma circunstância social, lhe diz: "Conheço você de algum lugar?", ou "Você é a coisa mais linda que eu já vi". Seu primeiro pensamento é: "Esse cara é um asno. Vou dar o fora daqui". O mesmo acontece em um contato. A primeira frase determina se você vai dançar.

• **As primeiras impressões são importantes.** A maneira de olhar e a impressão que você cria nos primeiros 30 segundos frequentemente (nem sempre) determinam o resultado.

• **Depois de iniciar a conversa, faça o cliente potencial pensar.** Suas perguntas (*Perguntas Efetivas*) e declarações (*Declarações de Força*) são fundamentais para você ganhar a confiança do cliente potencial. Faça perguntas que mostrem conhecimento, indiquem pontos fracos do cliente potencial e reúnam informações vitais. Faça declarações que sejam criativamente descritivas, impliquem benefícios e promovam sua credibilidade.

• **Vá ao ponto rapidamente.** O cliente potencial está ocupado e se sentirá ofendido se você ficar enrolando.

• **Se lhe perguntam o preço, diga imediatamente.** Tente dizer da maneira mais criativa que puder, mas diga.

• **Determine o que seus clientes potenciais precisam.** Entendendo seus problemas operacionais, apelando para a noção que eles têm de ganância, evocando os medos deles, apelando para a vaidade deles, determinando quais são as necessidades de seus clientes, encontrando (buscando) o ponto certo – e tocando-o.

• **Eles resistirão.** E daí? São necessárias sete exposições, sete tentativas, para que o cliente potencial se torne efetivo. Se você desistir depois de uma ou duas, a venda passará para o próximo que aparecer.

• **Eles comprarão para resolver um problema de negócios ou satisfazer uma necessidade.** Declarações e perguntas precisam ser voltadas para a direção certa. Enfatize os benefícios (o que você tem para eles), e não as características (como funciona). Enfatize o que eles ganharão – lucro, orgulho, reputação. Prove que eles evitarão dor de cabeça, perda, crítica. *O fracasso em expressar benefícios em relação às necessidades do cliente impedirá a venda*.

• **Foque a *prevenção negativa*.** Descubra o que os deixa insatisfeitos. Motive-os a mostrar descontentamento com sua situação atual. Diga-lhes como vai garantir seus lucros, eliminar preocupações, superar o medo e evitar o terror das *reclamações de clientes*. Os clientes potenciais são tão motivados a evitar perder o que já têm quanto a comprar algo novo.

• **Ganhe a confiança do comprador.** Use todas as armas de seu arsenal de vendas. Cite testemunhos, referências e situações similares sempre que possível.

• **Atitude, humor e ação (persistência) eliminarão os medos e a rejeição. O medo do fracasso não existe, se você acredita na inexistência dele.** Você será rejeitado – o cliente potencial rejeitará sua oferta – grande! Edison, Lincoln, Babe Ruth, Colonel Sanders – esses caras fracassaram milhares de vezes. Onde eles estariam sem uma atitude para ter sucesso? (E onde estaríamos sem o sucesso deles?) *Você só fracassa quando desiste!*

• **Estabeleça as próprias metas para a realização.** Quantas chamadas por dia, quantas visitas por dia. Vender é um jogo de números, mas só funcionará se você estiver preparado. Você deve trabalhar consistentemente seus números para que eles sejam compensadores. Esforce-se para vencer. Se você liga para um número suficiente de pessoas, marcará visitas (seu objetivo) e fará as vendas (sua meta).

"Agora você está munido de informações suficientes para enfrentar um batalhão. Não as prenda na sua garganta."

— *Jeffrey Gitomer*

# A BÍBLIA DE VENDAS

## Parte 4
### Fazendo uma Excelente Apresentação

# O Livro das Introduções

☆ Quer facilitar uma venda?
Primeiro estabeleça um vínculo com o
cliente potencial ............................... 142

☆ 12,5 maneiras de tornar o cliente potencial
confiante o suficiente para comprar ..... 145

☆ Onde e quando se deve estabelecer
a confiança do comprador ................ 148

☆ Termos e frases de vendas que
devem ser evitados a todo custo.
Honestamente ................................... 150

☆ Envolver fisicamente o cliente
potencial = mais vendas ................. 152

☆ Estupidez do slideshow. Este não
é você? Ou é?.................................... 154

### 4.1

## O show vai continuar, é isso aí!

Primeiro Ato...

Abrir cortinas, luzes.
Agora é sua chance.
Aproveite-a.

Você pode dizer ao cliente
potencial o que ele quer ouvir?
Ele está ouvindo?
Ele o leva a sério?

Você pode motivá-lo a agir?
Você pode lhe dar confiança
suficiente para comprar?
Ou você é uma peça de um único
ato?

Quer que seus clientes potenciais
gritem... Bravo, bis?

2 minutos para a cortina...

*Se você consegue chegar a um acordo com
seus clientes potenciais, eles gostarão de você,
confiarão em você e comprarão de você.*

# Quer facilitar uma venda? Primeiro estabeleça um vínculo com o cliente potencial.

O que você faz para estabelecer um vínculo? Você é perspicaz o suficiente para encontrar algo além dos negócios depois que iniciou a conversa? Veja algumas técnicas que você pode tentar ao telefone, na empresa do cliente potencial, em sua empresa ou em um evento em rede.

**AO TELEFONE:** *É provável que você esteja ligando para marcar uma visita. Então, concentre-se em 3,5 atitudes:*

1. **Vá ao ponto em 15 segundos.**
2. **Mostre-se alegre e bem-humorado.**
3. **Saiba algo pessoal sobre o cliente potencial.**
3,5. **Confirme a visita.**

Primeiro você começa a estabelecer um vínculo para conseguir o que quer! Diga o objetivo de sua visita imediatamente. Não é necessário (e muitas vezes é apenas uma desculpa) fazer a pergunta insincera: "Como vai?". Simplesmente diga seu nome, o nome de sua empresa e como você pode ajudar o cliente potencial. Feito isso, há uma sensação de alívio para ambas as partes. O cliente potencial está aliviado, pois já sabe por que você ligou. Você está aliviado porque o cliente potencial não o deixou esperando. Agora, você pode iniciar a tarefa de estabelecer um vínculo e marcar a visita.

**Tente usar humor pelo menos duas vezes durante a conversa (mas sem forçar). As pessoas adoram rir.** Uma piada rápida, de 10 segundos, pode formar com o comprador um vínculo maior que 10 minutos de conversa sobre vendas.

**Você pode ter ideias, enquanto ouve.** O humor, a cidade natal e a personalidade do cliente potencial serão revelados em alguns minutos ao telefone. Ouça atentamente o sotaque dele. Isso lhe dará uma pista. É um assunto excelente se você conhece o lugar ou se também nasceu lá.

**Ouça e perceba o humor do cliente potencial.** Se ele for claramente seco ou grosseiro, diga apenas: "Sei que está ocupado [ou, 'talvez hoje não seja o melhor dia']. Por que não marcamos um horário mais conveniente para eu ligar?".

**Se você conhece o cliente potencial, pode conseguir marcar a visita com um toque pessoal.** Por exemplo, se você está conversando com um fã de futebol, poderia dizer: "Sei que posso ajudá-lo a fazer treinamentos por computador. Com uma visita de 10 minutos, consigo lhe mostrar tudo na metade do tempo e vão sobrar 5 minutos para discutirmos quem o técnico da seleção deveria convocar".

Lembre-se de que as pessoas adoram falar de si mesmas. Deixar que isso aconteça lhe dará a chance de encontrar terreno comum, estabelecer um vínculo e aumentar sua oportunidade de fazer a venda.

**Estabeleça vínculo com o cliente potencial antes de começar seu discurso de vendas.** A melhor maneira de ganhar uma venda é ganhando primeiro o cliente. Se você encontra pontos ou interesses comuns com um cliente potencial, pode estabelecer uma amizade profissional. É mais provável que as pessoas comprem de um amigo do que de um vendedor.

O que você faz para estabelecer um vínculo? Você é observador o suficiente para encontrar algo além dos negócios, para iniciar uma conversa? Veja algumas técnicas a respeito:

## EM UMA VISITA AO ESCRITÓRIO DO CLIENTE POTENCIAL. Esse é o lugar mais

fácil para estabelecer um vínculo. Procure pistas assim que entrar na empresa do cliente. Quadros, placas ou prêmios na parede; assinaturas de revistas que não tratam de negócios. Observe todo o escritório. Procure fotos de filhos ou eventos, objetos na estante, livros, diplomas, prêmios, peças sobre a mesa, qualquer item que revele gosto pessoal e/ou hobbies. Pergunte sobre um prêmio ou troféu. Indague sobre um diploma ou foto. Seu cliente potencial ficará satisfeito em conversar sobre o que fez ou gosta de fazer.

Tente engajar os clientes potenciais em conversas inteligentes, fazendo perguntas abertas sobre seus interesses. Claro que é muito melhor se você for versado no assunto, mas o objetivo é conseguir que os clientes falem sobre o que os deixa felizes. Use humor. O humor constrói o vínculo, pois constitui um acordo (quando o cliente ri). Fazer o cliente potencial rir será a preparação para uma apresentação positiva.

**QUANDO O CLIENTE POTENCIAL VAI AO SEU LOCAL DE TRABALHO.** Quando o cliente potencial vai ao seu local de trabalho, é mais difícil estabelecer um terreno comum. Você não tem a vantagem dos elementos que estariam à volta dele. Logo, seja observador. Olhe a roupa, o carro, os anéis, o material impresso, o cartão de visita, enfim, tudo o que possa lhe dar uma pista quanto ao tipo de pessoa que ele é.

**Seja receptivo.** Faça perguntas abertas, não superficiais. Tente descobrir o que os clientes fizeram no fim de semana, ou o que farão no próximo feriado. Pergunte sobre um filme ou programa de televisão. Evite política, problemas pessoais, e não reclame da vida.

**As pessoas adoram falar de si mesmas.** Faça a pergunta certa e será difícil que se calem. Seu objetivo é encontrar uma ideia, situação ou assunto que AMBOS conheçam ou no qual estejam interessados.

**Seja franco.** É tão fácil perceber um vendedor insincero quanto um gambá em sua sala. Ambos cheiram mal.

**Uma advertência:** Cuidado com o tempo. O tempo que você dispõe para estabelecer um vínculo tem muito a ver com o lugar onde você mora. Nas grandes capitais, talvez sejam apenas 30 segundos. Nessas situações, procure ser direto imediatamente. Ganhe interesse primeiro. Então tente formar um vínculo. Dependendo da cidade, você pode passar de 5 a 10 minutos estabelecendo um vínculo. Não perca sua missão de vista, mas... Posso lhe assegurar que será muito mais fácil cumpri-la se você fizer amizade antes da apresentação. A chave é levar os clientes potenciais a falar de si mesmos. Isso lhe dará a oportunidade de encontrar interesses comuns e estabelecer um vínculo, o que aumentará sua chance de fazer uma venda.

# Sem vínculo,
# nada de venda!

**INFORMAÇÕES ⅄ GRÁTIS: Você quer as 14,5 perguntas reais sobre como estabelecer a confiança dos compradores?** Visite www.gitomer.com, cadastre-se, caso esta seja sua primeira visita, e digite as palavras BUYER CONFIDENCE no campo GitBit.

*A confiança do comprador deve ser estabelecida usando ferramentas de vendas, exemplos e histórias com as quais o cliente potencial possa se identificar.*

# 12,5 maneiras de tornar o cliente potencial confiante o suficiente para comprar.

Os clientes potenciais não vão comprar se não tiverem confiança em você ou em seu produto.

*Aqui estão as 12,5 técnicas mais eficazes para estabelecer a confiança do comprador:*

**1. Prepare-se bem.** Um vendedor hesitante, evasivo, que se desculpa, não constrói a confiança.

**2. Envolva os clientes potenciais desde o início da apresentação.** Faça com que o ajudem, consiga que segurem suas amostras, crie algo que os faça sentir integrantes de sua equipe.

**3. Tenha algum texto escrito.** Um artigo sobre sua empresa ou produto, de uma fonte nacional de notícias, dará evidências de credibilidade.

**4. Conte uma história de como você ajudou outro cliente.** Se for uma situação parecida, o cliente potencial poderá se identificar.

**5. Use uma fonte de referência, se possível.** "O senhor [Cliente Potencial] pode ligar para [nome da empresa e nome de contato] e descobrir como nós os ajudamos."

**6. Dê nomes de clientes maiores, ou de concorrentes do comprador.** Se você está fazendo negócio com uma grande empresa, cite o fato de modo a mostrar força e competência, jamais para se gabar.

**7. Imprima uma lista de clientes satisfeitos.** Inclua contas grandes e pequenas. Faça cópias perfeitas em papel de boa qualidade.

**8. Prepare uma coleção de cartas testemunhais.** Consiga depoimentos que cubram vários aspectos de seu negócio: qualidade, entrega, competência, serviço e esforço extra. Confira se as cartas respondem às objeções do comprador.

**9. Não bombardeie o cliente potencial.** Trabalhe seus exemplos como parte natural da apresentação. Deixe a confiança construir uma aproximação natural.

**10. Enfatize o atendimento pós-venda.** O comprador precisa estar certo de que você não desaparecerá depois de fazer a venda. Fale de entrega, treinamento e serviço.

**11. Defenda relações de longo prazo.** O cliente quer sentir que você estará lá para ajudar a resolver problemas relacionados a novas tecnologias, crescimento e serviço. Dê o número do telefone de sua casa.

**12. Venda para ajudar e não para ganhar comissões.** Os clientes potenciais podem sentir de longe o cheiro de um representante de vendas ganancioso. O mau cheiro é muito forte.

**12,5. O que é mais importante durante o processo. Faça as perguntas certas.**
Vá para *O Livro das Perguntas* e leia-o 10 vezes.

Tente usar suas ferramentas para construir a confiança, da mesma forma como usaria um curinga no jogo de cartas. Jogue toda vez que precisar. Se o cliente potencial lhe perguntar quem usa seu produto, esteja preparado com alguns testemunhos em vídeo.

Se o seu negócio for relativamente novo, a credibilidade será um fator líder na obtenção da venda. Você deve vender sua experiência pessoal e demonstrar disposição para fazer um serviço excelente.

**NOTA:** Nunca mencione o preço como fator de credibilidade... Porque não é. Ter o produto menos caro não o levará a lugar nenhum se o cliente potencial não tiver confiança para comprar.

*"Se você assinar o pedido de compra nos próximos 30 segundos, terá 30% de desconto. Se assinar em 25 segundos, terá 25% de desconto. Se assinar dentro de 20 segundos, terá um desconto de 20%. E se você assiná-lo amanhã, haverá um aumento de preço!"*

"Ter o produto menos caro não o levará a lugar nenhum se o cliente potencial não tiver confiança para comprar. Na verdade, muitas vezes o preço baixo assusta o comprador."

— *Jeffrey Gitomer*

*A confiança do comprador deve ser estabelecida e reconfirmada em todas as fases do processo de vendas.*

# Onde e quando se deve estabelecer a confiança do comprador.

Os clientes potenciais não comprarão se não tiverem confiança em você e no seu produto. A confiança do comprador deve ser estabelecida e reconfirmada em todas as fases do processo de vendas. Obviamente, quanto mais rápido você estabelecer a confiança durante o processo de vendas, mais fácil será passar para a fase seguinte.

*Aqui estão as principais oportunidades em vendas para se estabelecer a confiança do comprador. Cada situação exige diferentes técnicas para construir a confiança:*

**EM UM ENCONTRO DE REDE:** Se você só tem tempo para uma frase, diga aquela que destacará o uso de seu produto/serviço por uma boa empresa. "Tivemos muita sorte de ser contemplados com o contrato referente ao cartucho de toner da Duke Power. Fomos selecionados entre sete outras ofertas." Tal afirmação inicia o processo que leva um cliente potencial a sentir confiança em você.

**AO TELEFONE:** Use apenas um item para estabelecer a confiança. *Consiga marcar a visita.* Por exemplo: "Acho que podemos ajudá-lo a conseguir o treinamento de informática capaz de cortar os custos operacionais e atingir a produtividade que você precisa. Acabamos de implantar um projeto semelhante na Acme Manufacturing. Vamos lhe enviar um fax da carta que eles nos mandaram depois do treinamento. Eu gostaria de marcar uma visita rápida, para que possamos discutir os detalhes". *Seu objetivo é estabelecer confiança suficiente para conseguir marcar um horário – e não para fazer a venda.*

**EM UMA VISITA INESPERADA:** Seja breve. Você deve gerar interesse em menos de 30 segundos, ou esqueça. *Faça uma afirmação forte sobre quanto você pode ajudar o cliente potencial.* Não se concentre em quanto dinheiro pode economizar para ele. Essa abordagem parece estar se desgastando. Fale sobre o que você faz para empresas similares, ou como seu produto funcionou para elas. Se você não está no ramo em que as vendas são fechadas em um *único encontro* (mais de 90% não estão), você só precisa estabelecer confiança suficiente para fazer a próxima visita.

**DURANTE A APRESENTAÇÃO:** Reúna seu melhor material para fazer a apresentação. Sua apresentação – não importa onde seja, no seu escritório ou no do cliente – é sua grande chance. Você lança mão de sua mala cheia de truques e os usa um a um, como se estivesse construindo uma obra de alvenaria. Cada vez que o cliente potencial demonstra uma sombra de dúvida, você rebate com algo que o deixa perplexo. Testemunhos em vídeo, cartas de clientes satisfeitos, artigos, exemplos e quadros comparativos que deixam o cliente potencial seguro o suficiente para comprar. Faça anotações. Deixe o cliente potencial notar que você respeita o tempo dele e considera a reunião importante. Seja confiante. Confiança gera confiança.

**EM UM TELEFONEMA DE FOLLOW-UP:** Relaxe. Não pareça artificial. Se você agir sem espontaneidade, o cliente potencial começará a perder a confiança que você ganhou depois de tanto batalhar. Para convencê-lo a comprar imediatamente, trate de um objetivo específico; cite situações semelhantes (coisas boas que você fez para os outros) e relacione benefícios diretos que ele pode obter. *Tenha frases confortáveis para introduzir o assunto*:

- **Eu estava pensando em você.**
- **Eu estava pensando em seu negócio.**
- **Alguém o cumprimentou ontem.**
- **Ontem seu nome foi citado em uma conversa com...**
- **Apareceu algo importante que você precisa considerar.**

## Como você sabe que estabeleceu a confiança? Seus telefonemas são retornados. Você consegue o negócio ou a promessa dele.

Na verdade, é mais fácil determinar quando você *não* tem a confiança do cliente potencial. Ele começa a repetir uma série de respostas vagas como: "Vamos lhe dar um retorno em algumas semanas...", "Usamos todo o nosso orçamento...", "Ainda não estou preparado para comprar...", "O conselho precisa se reunir e decidir...", ou o sempre popular "Ligue-me daqui a 6 meses". *Quando você começa a ouvir desculpas para despistá-lo, é porque não estabeleceu confiança suficiente para o comprador prosseguir.*

*A chave para ser um representante de vendas profissional é não se parecer com um representante de vendas!*

# Termos e frases de vendas que devem ser evitados a todo custo. Honestamente.

## *Crie uma nova forma de pedir uma venda.*

Meu amigo Mitchell Kearney é o melhor fotógrafo da região. Ao clicar uma modelo, ele nunca diz: "Sorria". Aqui está um obstáculo importante se você é fotógrafo. Ele prefere ser criativo e consegue o sorriso sem pedir. Olhei centenas de fotos tiradas por ele... A maioria com modelos sorrindo. Então parece que a filosofia dele funciona. Mitchell evita a palavra gasta, sem imaginação, insincera, que distingue o profissional do amador.

Como você pede a seus clientes para que sorriam e comprem hoje? Você está usando palavras que ofendem o cliente potencial? Está usando palavras que criam confiança ou acabam com ela? Está projetando "Só vim aqui pelo pedido"?

Para conseguir a venda, você deve usar palavras melhores e evitar parecer um vendedor insincero. Se você der essa impressão, provavelmente será.

*Aqui estão alguns termos e frases a serem evitados – sempre:*

**FRANCAMENTE** – uma palavra que soa insincera. Todos os cursos de vendas recomendam excluir essa palavra de seu vocabulário.

**BEM FRANCAMENTE** – uma dose dupla da já temida *francamente*. Fico muito desconfiado com a pessoa que diz isso.

**HONESTAMENTE** – uma palavra que é quase sempre seguida por uma mentira.

**E ESTOU FALANDO SÉRIO** – Não, não está. A afirmação provavelmente seja tão insincera quanto soa ao ser proferida.

**VOCÊ ESTÁ PREPARADO PARA FAZER O PEDIDO HOJE?** – Me dê um tempo. Essa é uma frase ofensiva, tola, para confundir a pessoa. Há cem maneiras melhores de perguntar aos clientes potenciais quais são seus sentimentos, ou quando querem fazer o pedido.

**COMO VOCÊ ESTÁ?** – Quando você ouve isso ao telefone, pensa imediatamente: *"O que você está vendendo, seu asno?"*.

**EM QUE POSSO AJUDÁ-LO?** – O hino universal de todos os vendedores do varejo. Depois de 100 anos de varejo, bem que eles poderiam dizer algo mais criativo e orientado para o atendimento ao cliente.

*Aqui estão algumas filosofias a serem evitadas – sempre:*

**Menosprezar a concorrência** – Não faça isso nunca. Não é apenas uma questão de não vencer, mas de perder totalmente. Minha mãe sempre me disse que se você não tem nada de bom a dizer sobre alguém, não diga nada. Se você subestima o concorrente diante de um cliente potencial, pode estar falando de um parente ou mesmo da esposa dele, e isso vai pegar muito mal.

**Pregar a ética** – Nunca diga quanto você é ético. Demonstre sua ética. As prisões estão abarrotadas de religiosos e personagens do meio empresarial que pregaram a ética. Se você acha que precisa provar o que é, use um exemplo de como você desempenhou ou reagiu. Diga ao cliente potencial que você quer um relacionamento de longo prazo e não um único pedido; mas não use a palavra *ética*. Quando a ouço em uma situação de vendas, evito a todo custo a pessoa que a proferiu.

Seu desafio é dedicar-se a ajudar e a satisfazer as necessidades de seu cliente efetivo ou potencial. Suas palavras e ações criativas (a maneira como você diz e faz) são frequentemente a diferença entre obter um *sim* ou um *não*. É a diferença entre conseguir o pedido e deixá-lo para seu principal concorrente. Já basta ficar irritado quando seu rival consegue o negócio, não é? *Bem, faça alguma coisa.*

Como você se comporta? Você tem de trabalhar nisso. Reúna colegas de trabalho e outros representantes de vendas e lute para ser diferente. Pessoas talentosas agrupadas em uma sala criarão respostas e resultados positivos. Anote-os. Pratique-os. E tenha fé que os resultados certamente o farão sorrir.

Minha experiência tem me mostrado que se você precisa dizer o que é, provavelmente não é. Pense nisso por um momento. "Sou honesto", "Sou ético", e mesmo "Sou o chefe", ou "Sou o encarregado", geralmente indicam exatamente o oposto. Não é mesmo?

*O envolvimento físico do cliente potencial provoca um sentimento de propriedade que leva a uma compra.*

# Envolver fisicamente o cliente potencial = mais vendas.

Quando eu vendia franquias, em 1972, circulava com um grande Cadillac novo. Eu buscava os clientes potenciais em casa e, na hora de dar a partida, dizia: "Nossa, estou com uma dor de cabeça, você se importa de dirigir?". Quando o cliente chegava em meu escritório, ele queria um carro igual ao meu. Então comprava minha franquia, para adquirir um Cadillac, já pensando nos lucros que teria com o negócio que eu estava propondo. *Eu envolvia o cliente na venda nos primeiros 5 segundos.*

**QUANTO SEU CLIENTE POTENCIAL FICA ENVOLVIDO QUANDO VOCÊ FAZ UMA APRESENTAÇÃO?** *O envolvimento tátil (tocar, sentir) leva ao sentimento de propriedade. Se você quer descobrir quanto um cliente é receptivo ao seu produto ou serviço, envolva-o logo de início e, frequentemente, no processo de venda.*

Geralmente é mais fácil envolver um cliente potencial na venda de um produto do que em uma venda de serviços. Mas usando a criatividade, você ficará surpreso com sua capacidade de envolver alguém. Abaixo estão algumas ideias a considerar.

Envolva o cliente potencial ou efetivo na montagem da apresentação:

- **Peça ajuda com o cavalete, o projetor de *slides*, um vídeo.**
- **Peça algo – pode ser papel, caneta ou um flip chart.**
- **Peça ajuda para instalar alguma coisa ou mudar algo de lugar.**
- **Aceite o café ou refrigerante que lhe oferecem.**
- **Você pode ligar antes e solicitar que o equipamento necessário esteja na sala para sua apresentação (marcadores, projetores).**
- **Envolver o cliente potencial na montagem da apresentação lhe dá oportunidades adicionais de conversar um pouco e fazer brincadeiras.**

## Envolva o cliente potencial ou efetivo durante a demonstração de um produto:

Ter seus clientes potenciais envolvidos fisicamente é o aspecto mais importante do processo de vendas. Deixe-os tocar o produto, apertar o botão, fazer uma cópia, dirigir o carro, segurar algo, ajudá-lo a juntar objetos, fazer uma ligação, enviar um fax. Embora você saiba como fazer uma demonstração fantástica, não vai impressionar o cliente potencial com suas habilidades, só vai aborrecê-lo. Entendeu?

Se possível, deixe o cliente conduzir toda a demonstração. Quanto mais ele age sozinho (com sucesso), mais se sente dono do negócio, à medida que se aproxima de uma decisão.

Olhe e ouça sinais de compra: grandes sorrisos, palavras de elogio, perguntas, exclamações.

## Envolva o cliente potencial ou efetivo enquanto se faz uma explicação:

Consiga que o cliente potencial o acompanhe. Leia em voz alta. Represente um papel durante a demonstração. Faça um teste. Faça qualquer coisa interativa, que seja divertida e crie interesse. Um discurso de 20 minutos (monólogo) não é tão efetivo quanto uma interação de 10 minutos (diálogo).

**Envolva o cliente potencial ou efetivo com ideias e perguntas:** Faça perguntas abertas e investigativas para saber até que ponto o cliente potencial está interessado...

- **Como você se vê usando...?**
- **Se você pudesse usar isto em seu... quando você...?**
- **Como você vê isto funcionando em seu ambiente?**
- **Você vê como é fácil de operar?**
- **Quais são as características que mais lhe agradam?**
- **Deixe o cliente potencial "se vender" – Como você acha que isto beneficiará você ou sua empresa?**
- **Pergunte ao cliente potencial se ele pode qualificar ou pagar o produto.**

**NOTA**: Ao terminar a demonstração, afaste tudo da frente do cliente, desligue os aparelhos e recolha todo o material promocional. Assim você elimina as distrações e se mantém no controle do processo de venda. Se a cliente pede para ver, ou mexe em algo de novo – é um sinal de compra. Você está bem perto de realizá-la.

Tente criar um envolvimento que coloque uma caneta na mão do cliente potencial... Dessa forma, ele estará pronto quando você lhe der o pedido para assinar.

# Estupidez do slideshow. Este não é você? Ou é?

Na recepção de um hotel, passei por duas pessoas envolvidas em uma apresentação de vendas. Um vendedor e um comprador. O vendedor estava totalmente absorvido em "fazer a venda". Ele olhava intensamente para seu laptop, enquanto passava sua apresentação no PowerPoint.

O que mais me chamou a atenção foi que o comprador potencial não estava prestando o mínimo de atenção. Ele estava meio que divagando no espaço, completamente desprendido da apresentação.

Ao perceber isso, cheguei perto dos dois estranhos e disse ao vendedor: "O que você está fazendo? Este cara não está prestando em você". Em seguida, me virei para o comprador potencial e disse: "Você vai comprar ou não?". Um pouco assustado, ele me respondeu: "Sim, eu vou". Eu disse: "Ótimo! Conclua essa transação imediatamente", e me afastei com um sorriso.

**ISSO ME FEZ LEMBRAR DE UMA ANTIGA PIADA DE VENDAS:** "Não compre ainda. Eu não acabei a minha apresentação!". Pode parecer engraçado para você, mas eu te garanto que se você já fez uma apresentação em PowerPoint, já encontrou a mesma situação. Provavelmente mais vezes do que imagina.

A maioria das apresentações em PowerPoint encontra-se em algum lugar entre entediante e patética. Sim, elas relatam a mensagem, porém da maneira menos engajadora possível. "Nós fazemos isto. Nós fazemos aquilo. Nós, nós, nós." A maioria das apresentações de vendas é em termos do produto, da empresa e do vendedor. Elas não são em termos da única pessoa que importa – a pessoa que fará a compra.

A pior parte sobre uma apresentação de vendas em PowerPoint é que elas foram preparadas por outra pessoa, não o vendedor – alguém que se considera especialista. Talvez seja o departamento gráfico, talvez o departamento de marketing – mas nunca o departamento de vendas. O coitado do vendedor (nesse caso, você) é forçado a usar algo que é quase anti-vendas.

Chega de desabafo. Aqui está a solução.

*Temos aqui uma lista de 16,5 elementos para procurar, cuidar, incluir e excluir da sua apresentação em PowerPoint para torná-la envolvente e atrativa:*

1. Não coloque mais de um tópico em um slide. SLIDES SÃO GRÁTIS.

2. Adicione uma foto inesperada, pessoal e ENGRAÇADA (o oposto de humorística).

3. Relate uma situação verbalmente e reforce-a com um slide, não o contrário.

4. NUNCA diga: "Este aqui está meio difícil de ler". SLIDES SÃO GRÁTIS. Faça dois deles.

5. Não use carrossel de slides – perda total de tempo.

6. Nem pense em usar esses "clip arts" que qualquer criança de 12 anos conseguiria encontrar. Faz você parecer um amador. Use seu próprio "clip art" ou não use nenhum.

7. Conte as risadas. Pelo menos uma para cada cinco slides. (Se houver pelo menos uma risada a cada 5 slides, você pode contar com outra coisa: o dinheiro.)

8. Use um fundo branco. Os coloridos causam distração e não têm um propósito.

9. Eu coloco um pequeno logotipo, do tamanho de um inseto, no canto inferior direito de todos os slides. Não sei por que, nunca ninguém me disse algo, mas eu penso que se isso é o suficiente para a MTV, serve para mim também.

10. Use uma fonte que cause IMPACTO. Ajuste a tela para 44 pontos e dê um sombreado na letra.

11. Enfatize as palavras aumentando-as alguns pontos. Use cores diferentes. Eu uso vermelho.

12. Se você estiver tendo problemas com um slide, tentando "fazê-lo funcionar", cancele-o. Provavelmente era um ponto sem muita importância.

13. Use slides que contam uma história, em vez de relatar um fato. As histórias são a parte mais poderosa das vendas. Aqui está uma regra – fatos e fotos são esquecidos, as histórias são recontadas.

14. Seus slides são descritivos ou envolventes? Existem dois tipos de slides: envolventes e desprendidos. Reveja cada slide e pergunte a si mesmo: "Quão envolvente é este slide?". Se ele não é envolvente, por que você o está usando?

15. Seus slides fazem perguntas ou declarações? Perguntas promoverão conversa e envolvimento. Declarações (no geral) são tópicos não provados, sem substância.

16. Quantos dos tópicos na sua apresentação de vendas, seja ela em PowerPoint ou verbalmente, são comprovados? O que me leva ao meu tópico final.

16,5. Incorpore clips de testemunhos em vídeo durante toda a sua apresentação de slides para confirmar, substanciar e provar que eles são reais, transferíveis e aceitáveis para o cliente.

Você já deve estar totalmente desanimado com sua apresentação em PowerPoint. Eu a expus dessa maneira para mostrar como ela não tem poder algum. Mas anime-se. A apresentação de vendas em slides do seu concorrente é tão patética quanto a sua. Aqui está a solução secreta: converta o tempo atualmente gasto assistindo as reprises na televisão e desenvolva sua própria apresentação em PowerPoint que seja 100% em termos das necessidades e desejos do cliente, uma apresentação que envolva o cliente potencial ao fazer perguntas e promover o diálogo, uma que use um pouco de humor para mantê-la viva e que corrobora cada fato ou tópico com testemunhos.

Ah, por falar nisso, tem uma pergunta que é melhor você se certificar de que aparecerá perto do final da sua apresentação em PowerPoint. Uma pergunta que, de uma maneira ou de outra, peça a venda.

"Uma orquestra ao vivo, figurinos, cenário, fogos de artifício, malabaristas, elefantes, as Rockettes? Você não poderia simplesmente usar o PowerPoint como todos os outros?"

# A BÍBLIA DE VENDAS

## Parte 5
Objeções, Fechamentos e
Follow-up... Chegando ao *SIM!*

# O Livro das Objeções

☆ Se alguém tiver alguma objeção,
  queira se levantar! ........................... 158

☆ Objeções naturais... Soluções
  práticas! .......................................... 161

☆ Prevenção da objeção ....................... 165

☆ A venda começa quando o
  cliente faz a objeção ......................... 168

"Quero pensar a respeito" ........................... 169

"Gastei todo o orçamento!" ....................... 170

"Quero checar com mais dois fornecedores" .. 172

"Quero comprar, mas o preço é alto demais" .. 174

"Estou satisfeito com meu fornecedor atual" . 176

"Preciso conversar com meu..." Xi! ............. 177

"Ligue-me novamente daqui a 6 meses" ...... 179

## 5.1

---

# Tenho uma objeção!

A venda começa quando o cliente diz **não**.

Se você puder transformar um *não* em *sim*, faz a venda. Simples.

Uma venda sempre acontece. Ou você convence o cliente potencial a dizer sim, ou ele lhe diz *não*.

Você vai ouvir a palavra *não* mais de 116 mil vezes em sua vida.

Seu desafio como vendedor é mudar 500 desses *não* em *sim*. Isso mudará sua vida... E sua conta bancária.

Não aceite o *não* como resposta.

Supere as objeções.

Aqui está a forma...

*Objeções, Fechamentos e*
*Follow-up... Chegando ao SIM!*

# Se alguém tiver alguma objeção, queira se levantar!

O cliente diz: "Eu tenho!". Tem mesmo? Será uma objeção verdadeira, um impedimento ou uma mentira? Ele pode falar em objeção ou preocupação, apenas para usar um eufemismo que esconde a verdadeira razão de não comprar naquele momento. O que ele está dizendo, realmente, é: "Você não me convenceu ainda". Na verdade, o cliente está solicitando mais informações ou mais garantias.

**HÁ MUITO POUCAS OBJEÇÕES REAIS. NA MAIORIA, SÃO APENAS IMPEDIMENTOS.** E a complicação reside no fato de que os compradores frequentemente escondem a verdadeira objeção. Por quê? Eles não querem ferir seus sentimentos, estão constrangidos, ou têm medo de lhe dizer a verdade. Uma mentira inocente é muito mais fácil, mais conveniente e menos agressiva do que a verdade; eles dizem algo só para se livrar de você.

*Esses são os 10 principais impedimentos/mentiras inocentes ditas por um cliente potencial ou efetivo:*

1. **Quero pensar a respeito.**
2. **Gastamos todo o nosso orçamento.**
3. **Tenho de conversar com meu sócio (esposa, gato, amante, corretor, advogado, contador, psiquiatra).**
4. **Preciso refletir.**
5. **Nunca compro por impulso – sempre me dou tempo para refletir.**
6. **Ainda não estou preparado para comprar.**
7. **Volte daqui a 90 dias. Estaremos prontos até lá.**
8. **Qualidade não é importante para mim.**
9. **Os negócios estão fracos no momento.**
10. **Nossa agência de propaganda trata disso.**

*"Temos um fornecedor satisfatório", "Precisamos de duas outras ofertas", "A sede faz todas as compras" e "Seu preço é alto demais"* também são objeções clássicas, mas eu quis aproveitar a ideia das *10 mais*.

Portanto, o que é uma verdadeira objeção? As objeções mais verdadeiras nunca são ditas. Quando o cliente potencial diz: "Quero pensar a respeito", ou lhe apresenta um empecilho qualquer, em 90% das vezes está dizendo algo mais.

*Aqui estão as verdadeiras objeções...*

- **Não tem dinheiro.**
- **Tem dinheiro, mas só procura o mais barato.**
- **Não consegue obter o crédito necessário.**
- **Não consegue decidir sozinho.**
- **Não tem autoridade para gastar acima do orçamento, ou sem a aprovação financeira de terceiros.**
- **Acha (ou sabe) que pode fazer melhor negócio com outro fornecedor.**
- **Tem algo em mente, mas não lhe dirá.**
- **Tem um amigo, conexão ou relacionamento satisfatório no negócio.**
- **Não quer mudar de fornecedor.**
- **Quer pesquisar.**
- **Está ocupado com coisas mais importantes no momento.**
- **Não precisa (ou acha que não precisa) de seu produto agora.**
- **Acha (ou sabe) que seu preço é alto demais.**
- **Não gosta de seu produto nem confia em seu produto.**
- **Não gosta de sua empresa nem confia em sua empresa.**
- **Não gosta de você nem confia em você.**

Encontrar a *verdadeira* objeção é a primeira regra do negócio. Ela está ali, em algum lugar (da lista). Depois (só depois) você pode superá-la e tornar a venda possível.

Você consegue superar uma objeção perfeitamente, mas se ela não for *real*, você fica balançando a cabeça sem saber por que a venda não aconteceu. Quando alguém faz uma objeção, você precisa reconhecer se ela é *verdadeira* e *única*. Identificar a objeção e superá-la tem igual importância.

O problema é que os representantes de vendas, em sua maioria, não são capazes de distinguir a verdadeira objeção e *não* estão preparados para superá-la. Por quê?

- **Eles não têm conhecimento técnico (do produto).**
- **Eles não têm as ferramentas de vendas.**
- **Eles não têm conhecimentos de vendas.**
- **Eles não têm autoconfiança.**
- **Eles não se prepararam com antecedência (talvez para a mesma objeção que já ouviram 10 vezes).**
- **Sua apresentação é falha.**

*Ou qualquer combinação que possa ser feita.*

*"O preço é alto demais"* destaca-se como a objeção clássica de vendas. Para superá-la, você precisa descobrir o que o cliente potencial realmente quer dizer ou até que ponto o preço é mesmo alto. Metade das vezes em que ouve essa desculpa, você está frito.

*"Estou aqui para lhe conceder três desejos: qualidade, serviço e um ótimo preço! Uh, vamos dizer, dois desejos!"*

*Superando a verdadeira objeção.*

# Objeções naturais...
# Soluções práticas!

Objeções. Adoro objeções. Superá-las é o verdadeiro teste de um vendedor. O cliente não está exatamente dizendo "não"; ele só está dizendo "não agora". *Uma objeção, na verdade, pode indicar interesse do comprador.*

*Por que as objeções ocorrem?*

1. **Porque há dúvidas ou perguntas não respondidas na mente do cliente potencial (às vezes criadas pelo vendedor).**

2. **Porque quer comprar ou está interessado na compra, mas precisa de esclarecimentos, quer fazer um negócio melhor, ou necessita da aprovação de terceiros.**

3. **Porque não quer comprar.**

*Garanto que você encontrará objeções se:*

- **Ainda não tiver qualificado completamente o comprador (É ele quem resolve? Ele pode realmente decidir? Qual é seu nível de necessidade e de interesse?).**
- **Você não estabeleceu a necessidade.**
- **Você não estabeleceu um vínculo.**
- **Você não estabeleceu a credibilidade.**
- **Você não estabeleceu a confiança.**
- **Você não descobriu o ponto fraco do cliente potencial.**
- **Sua apresentação foi inexpressiva.**
- **Você não antecipou objeções em sua apresentação, nem as superou, antes que o cliente potencial pudesse suscitá-las.**

Qual a melhor maneira de superar uma objeção? Estar preparado!

*A seguir são apresentadas 6,5 etapas para identificar a verdadeira objeção e superá-la:*

## 1. OUÇA ATENTAMENTE A OBJEÇÃO QUE ESTÁ SENDO LEVANTADA: Determine
se é mesmo uma objeção ou apenas um impedimento. O cliente potencial repetirá com frequência a objeção, se ela for real. Deixe-o manifestá-la completamente. Concorde, no início, de qualquer maneira. Isso lhe permite discordar habilmente sem iniciar uma discussão. Se você percebe que se trata de um impedimento, deve fazê-lo confessar a verdadeira objeção; caso contrário, não poderá prosseguir. Se você acredita que seja um impedimento, ou quer mais esclarecimentos, tente as seguintes frases para chegar à verdade:

- **Você não quer realmente dizer...?**
- **Você está me dizendo_____, mas acho que está querendo dizer outra coisa.**
- **Geralmente, quando os clientes me dizem isso, a experiência tem me mostrado que na verdade eles têm objeção ao preço. É o que está acontecendo com você?**

## 2. QUALIFIQUE-A COMO A ÚNICA OBJEÇÃO VERDADEIRA: Questione-a.
Pergunte ao cliente potencial se é a única razão para ele não comprar de sua empresa. Pergunte se há qualquer outro motivo, além do que foi dado.

## 3. CONFIRME: Reformule sua pergunta. Questione a mesma coisa de duas
formas diferentes: "Em outras palavras, se não fosse por_____, o senhor compraria meu serviço? É isso mesmo, Sr. Jones?".

## 4. QUALIFIQUE A OBJEÇÃO PARA PREPARAR O FECHAMENTO: Faça uma
pergunta que incorpore a solução: "Então, se eu fosse capaz de provar a confiabilidade...", ou "Se eu fosse capaz de lhe dar prazos mais longos...", ou "Se eu fosse capaz de lhe mostrar o sistema em funcionamento, *seria suficiente para você tomar uma decisão?*".

## 5. RESPONDA À OBJEÇÃO DE UMA FORMA QUE RESOLVA COMPLETAMENTE
A QUESTÃO: e de maneira a vincular o cliente a uma resposta *positiva*. Nessa hora, use toda ferramenta disponível. Se você tiver curingas, ataque (uma carta de testemunho, um quadro comparativo, um cliente a quem você pode ligar imediatamente, um negócio bem-sucedido relacionado à objeção). Esqueça o preço – mostre o custo, demonstre o valor, enumere comparações e prove benefícios. Se você não pode responder ao cliente potencial de uma forma que seja diferente ou o distinga dos outros, nunca fechará esta (ou qualquer) venda. Conhecimento de produto, criatividade, ferramentas de vendas, sua crença em si mesmo, em seu produto e em sua empresa, e sua capacidade de se comunicar vêm juntos nesta etapa. Você deve combinar técnica com confiança, sinceridade e convicção, para fazer o cliente potencial concordar com você.

## 6. FAÇA UMA PERGUNTA DE FECHAMENTO, OU COMUNIQUE-SE DE MODO A OBTER UMA CONFIRMAÇÃO: Faça uma pergunta cuja resposta seja uma confirmação de venda.

- "Se eu pudesse... você faria" é o modelo clássico de fechamento.
- "Estou certo de que podemos fazer assim. Tenho de verificar um dado em meu escritório. Em caso positivo, assumo agora que o negócio está fechado", *ou* "Posso me reunir com todos os responsáveis pela decisão, para finalizar o acordo".
- Cite situações semelhantes durante o fechamento. As pessoas gostam de saber que outros estão na mesma situação.
- Pergunte: "Por que isto/aquilo é importante para você?". Então use: *"Se eu pudesse... você faria?"*.

## 6,5. CONFIRME A RESPOSTA E A VENDA (POR ESCRITO, SE POSSÍVEL): Faça o cliente potencial converter-se em cliente com uma pergunta de confirmação, como:

- Quando você quer que seja entregue?
- Qual é o melhor dia para começar?
- Há preferência quanto ao dia para a entrega?
- Onde você quer que seja feita a entrega?

Há montanhas de textos sobre fechamento e fórmulas para superar objeções. Minha filosofia é que você deve aprender tantas técnicas quanto puder, de todo livro, todo CD e todo seminário disponíveis. E a maioria tem técnicas úteis.

# Cabe a você aplicar essas técnicas de acordo com seu estilo e sua personalidade

Então feche a venda de modo que você nunca tenha de usar esses recursos – mas simplesmente fazendo relacionamentos e amigos. Às vezes você não tem como fazer relacionamentos ou amizade, e só lhe restam as técnicas. É por isso que você precisa conhecer todas elas.

## INFORMAÇÕES 🕴 GRÁTIS: Você quer a versão para levar na carteira do CliffNotes sobre como superar as objeções? Visite www.gitomer.com, cadastre-se, caso esta seja sua primeira visita, e digite as palavras CLIFFS OBJECTIONS no campo GitBit.

> **"Uma objeção pode indicar, na verdade, interesse do comprador."**
>
> – *Jeffrey Gitomer*

*Se você conseguir prever as objeções,
poderá evitar que elas ocorram.*

# Prevenção da objeção.

"Seu preço é alto demais." Droga. Você não detesta ouvir isso?

É a objeção número UM no mundo das vendas. Por que os representantes de vendas continuam a ouvi-la? Isso me arrasa.

Não há objeções novas. Você já ouviu todas elas antes. Você é capaz de imaginar o cliente potencial dizendo: "Seu preço é alto demais", e você respondendo: "Nunca ouvi isso antes". (Na verdade, essa resposta pode ser melhor do que aquela que você usa.) Qualquer que seja o seu negócio, há entre 5 e 20 razões para o cliente não comprar imediatamente.

Algumas objeções são impedimentos – táticas para atrasar o negócio ou hesitação do cliente potencial para dizer *não* ao vendedor. Tanto a objeção quanto o impedimento podem ser definidos pelo vendedor com uma única palavra: *frustração*.

Bem, aqui está a cura para o que afeta suas vendas: evitar as objeções, discutindo-as em sua apresentação, *antes* que o cliente potencial tenha chance de expressá-las. A prevenção é o melhor remédio para curar objeções.

*O processo funciona da seguinte maneira:*

**• Identifique todas as objeções possíveis.** Reúna-se com os representantes de vendas e com os clientes. Faça um *brainstorm* das objeções. Peça para que citem as 10 objeções principais. Elas fluirão como água.

**• Anote-as.** Faça uma lista detalhada de todas as objeções que você identificou. É comum a mesma objeção aparecer de diversas maneiras.

**• Faça um roteiro de respostas a essas objeções, com perguntas de fechamento para cada uma.** A fim de *prevenir*, você deve se *preparar*. Pode levar algum tempo para você completar a tarefa. Trabalhe com sua equipe e talvez com alguns clientes na sala. Crie vários cenários para cada objeção.

**• Desenvolva ferramentas de vendas que promovam e apoiem cada resposta.** Itens como cartas testemunhais, vídeos, quadros comparativos e documentação de apoio podem ajudar no processo, que vai desde a objeção até o fechamento da venda. É importante que as empresas facilitem ao máximo para que o representante de vendas se sinta confiante, amparado e capaz de fazer a venda com mais tranquilidade.

**• Ensaie os roteiros, dramatizando-os.** Depois de redigir as respostas, programe vários ensaios para se familiarizar com cada situação, e tente fazê-la parecer natural.

**• Ajuste os roteiros.** Depois de ensaiar, haverá necessidade de modificações. Faça-as imediatamente.

**• Teste com os clientes.** Procure um ou dois clientes problemáticos. Explique o que você está fazendo – eles ficarão lisonjeados e certamente lhe darão respostas verdadeiras.

**• Faça revisões finais com base em situações reais.** A realidade sempre altera um roteiro ou abordagem. Não deixe de anotar todas as modificações.

**• Mantenha os documentos em uma pasta.** Dê uma cópia a todos os representantes de vendas. Esse sistema apresenta um bônus adicional – quando você contrata um novo representante de vendas, ele passa a ter o manual de treinamento, que lhe fornecerá esclarecimentos e possibilidades de rendimentos imediatos.

**• Reúna-se regularmente com o grupo para discutir as alterações.** Há sempre alguém criando uma forma *nova* e melhor.

A chave é saber as objeções que provavelmente surgirão, e redigir as respostas em sua apresentação regular, de modo que, quando você chegar ao final de sua apresentação, não haja nada a objetar.

*Aqui estão 7,5 ferramentas e frases para prevenir objeções. Você pode acrescentá-las a seus roteiros e incorporá-las a sua apresentação, como parte do processo:*

**1. Situações semelhantes** – Histórias sobre clientes que apresentaram o mesmo problema ou objeção, ou algo similar, e mesmo assim compraram.

**2. Cartas ou vídeos testemunhais** – Algumas podem ser para fechar a venda. Por exemplo: *"Achei que o preço estava alto demais, mas, depois de um ano de custo de manutenção mais baixo, percebi que o custo geral na verdade foi 20% inferior ao do ano passado. Obrigado por ter me convencido".*

**3. Uma história ou artigo sobre seu produto ou empresa** – Para ganhar apoio, credibilidade e confiança.

**4. Um quadro comparativo** – Compare produtos, benefícios, produtividade, durabilidade e use esse gráfico quando o cliente potencial argumentar que quer fazer uma pesquisa.

**5. Diga: "Nossa experiência tem mostrado..."** – Uma das frases mais poderosas para evitar uma objeção.

**6. Diga: "Temos ouvido nossos clientes. Eles tinham uma preocupação quanto a... E então fizemos..."** – Para fazer o cliente potencial ver sua objeção potencial desaparecer, e para demonstrar que você ouve e responde.

**7. Diga: "Costumávamos acreditar... mas mudamos e agora..."** – Como um método para evitar a recorrência de um mito (reputação por serviço fraco, preço alto, etc.).

**7,5. Prepare-se!** – Você sabe que a objeção virá. Você já a ouviu antes. Esteja preparado com perguntas, respostas e ferramentas de vendas quando ela chegar.

## Se você puder superar uma objeção antes que o cliente potencial a revele, terá mais probabilidade de fazer a venda.

**A REALIDADE:** Se você puder prever objeções, conseguirá evitar que elas ocorram. Simples. Só requer preparação e prática. Leva tempo, exige criatividade e foco para fazer acontecer. Experimente. Como recompensa por esse esforço maior, você terá vendas superiores – que levam a uma carteira mais recheada.

# A venda começa quando o cliente faz a objeção.

Com muita frequência, eles não dizem a verdadeira objeção diretamente; só apresentam um impedimento. Um representante de vendas experiente pode passar pelo impedimento e chegar à verdadeira objeção.

*As próximas páginas são dedicadas a superar as objeções – aquelas que você ouve o tempo todo:*

- **Quero pensar a respeito.**
- **Quero verificar com mais dois fornecedores.**
- **Seu preço é alto demais.**
- **Tenho de conversar com meu sócio.**
- **Estou satisfeito com meu fornecedor atual.**
- **Gastamos todo o nosso orçamento do ano.**
- **Volte a me procurar daqui a 6 meses.**

Às vezes, há objeções reais. Geralmente são impedimentos ou, pior, inverdades.

*A chave para superar objeções está em...*

- **Seu conhecimento das habilidades de vendas.**
- **Seu conhecimento do produto.**
- **Seu conhecimento do cliente potencial.**
- **Suas relações com o cliente potencial.**
- **Sua criatividade.**
- **Sua atitude.**
- **Seu desejo sincero de ajudar o cliente potencial.**
- **Sua persistência.**

Nenhuma dessas observações tem algo a ver com preço. Algumas podem se relacionar a custo. *Todas se referem a valor.* Na série de objeções, cada capítulo focalizará uma única questão, de modo que você possa obter o máximo possível de informações práticas. O objetivo é lhe dar uma técnica para você usar na próxima visita de vendas.

**NOTA:** Antes de superar uma objeção e fazer uma venda, você tem de chegar à verdadeira objeção.

## Aqui está seu argumento quando o cliente potencial diz:

# *"Quero pensar a respeito."*

O cliente potencial diz: "Quero pensar a respeito"? Você não detesta ouvir isso?

Digamos que você esteja tentando vender uma nova copiadora para a Jones Construction. Embora interessado, Jones lhe diz aquela velha frase: vai pensar.

"Pensar" é um impedimento, não uma verdadeira objeção.

Você só pode fazer a venda se descobrir qual é a verdadeira objeção e superá-la criativamente.

*Este procedimento tirará o Sr. Jones de cima do muro e o levará ao bloco de pedidos...*

**Representante de vendas:** Genial! "Pensar" significa que o senhor está interessado. Correto, Sr. Jones?

**Jones:** Sim, estou.

**Representante:** O senhor não está dizendo "quero pensar" para se livrar de mim, está? (em tom bem-humorado)

**Jones:** Ah, não, não. (risada)

**Representante:** (seriamente) Sabe, Sr. Jones, esta é uma decisão importante. Uma copiadora não é apenas um aparelho para tirar cópias. Toda vez que o senhor envia uma cópia a um cliente, ela reflete a imagem de sua empresa. Estou certo de que o senhor concorda comigo. Há alguém na empresa com quem o senhor terá de resolver isso? (Significa: Ele vai decidir sozinho, ou há outras pessoas envolvidas?)

**Jones:** Não, só eu.

**Representante:** Sei que o senhor entende de construção. Sua reputação é inquestionável. Eu sou especialista em copiadoras. Com minha experiência de mais de 6 anos nesse ramo, descobri que a maioria das pessoas que pede um tempo para pensar acaba ficando com dúvidas que podem não ter respostas... Como a imagem de seu negócio está em toda cópia que o senhor faz, por que não pensamos juntos? Assim, quando o senhor tiver dúvidas sobre a copiadora, eu estarei aqui para esclarecê-las. Não faz sentido? Agora, qual era o principal aspecto no qual o senhor queria pensar? *[Neste ponto, você começará a receber as verdadeiras objeções.]*

**NOTA**: Se o Sr. Jones afirmou que precisava examinar o assunto com outras pessoas, você deve discuti-lo com todas elas na mesma sala, ou não terá saída.

## Aqui está seu argumento quando o cliente potencial diz:

# "Gastei todo o orçamento!"

"Gastei todo o orçamento" é uma das melhores descartadas que um cliente potencial pode lhe dar. Mas anime-se – **apenas metade das vezes é uma objeção real.**

- Às vezes é possível encaixar a venda em outro orçamento.
- Às vezes você pode conseguir que um superior faça uma variação ou abra uma exceção.
- Às vezes o cliente potencial só diz isso para se livrar de você.
- Às vezes é verdade – mas eu adoraria ganhar um dólar para cada mentira.

Para superar essa objeção, primeiro você deve descobrir se o cliente potencial está dizendo a verdade. Há vários significados possíveis: "Gastei todo o orçamento", na verdade, pode querer dizer "Não tenho condições de comprar", *ou* "Posso comprar isso mais barato (ou melhor) em outro lugar", *ou* "Não quero comprar de você (ou de sua empresa)", *ou* "Já tenho um fornecedor satisfatório", *ou* "Não quero o que você tem".

*Aqui estão algumas ideias para você desbancar o cliente potencial...*

- Sr. Cliente, deixe-me explicar nosso plano de pagamento. Se fecharmos por 2 anos, podemos adiar os encargos para daqui a 6 meses, quando começa seu próximo orçamento, e depois aceleramos os pagamentos.
- Se meu serviço resolve o seu problema, há alguma razão para o senhor não incluir as mudanças necessárias em seu orçamento?
- Quem teria autoridade para exceder o orçamento? Para quando podemos marcar uma reunião com ele?

Para descobrir se o cliente potencial quer realmente comprar, mas não tem verba disponível no orçamento, você pode usar alguns métodos excelentes:

**Representante de vendas:** Se o orçamento não estivesse comprometido, o senhor compraria meu produto?

**Cliente potencial:** Ah, sim!

**Representante:** Quando será a próxima reunião orçamentária?

**Cliente potencial:** Julho.

**NOTA:** Você precisa fazer as seguintes perguntas e anotar as respostas:

"Que tipo de proposta preciso apresentar?", "Devo levar em conta o vencimento?", "Você pode me arranjar uma proposta apresentada anteriormente?", "Há outros a quem eu deveria submeter esse plano?", "Você me dará uma carta de endosso?" (O endosso de um gerente, anexado à proposta, pode ser um fator decisivo.), "Posso apresentar minha proposta pessoalmente na reunião, de modo que toda pergunta possa ser respondida?" *(Qualquer hesitação do cliente potencial ao responder a estas perguntas provavelmente significa que o orçamento não é a verdadeira ou a única objeção.)*

Você ainda pode conseguir uma venda, mesmo parcial, para este ano. Comece a perguntar sobre a atual situação: "Há alguém que poderia redistribuir o orçamento deste ano, para achar mais dinheiro?... Alguma verba de itens aprovados não foi gasta?... Podemos classificar esta compra em outra seção, onde tenha sobrado dinheiro (equipamento de escritório, reformas, promoção, publicidade e propaganda)?".

Uma abordagem um pouco mais agressiva é: "Tem certeza de que consegue aprovação?". O cliente potencial diz: "Sim". Você aproveita: "Compre agora. Eu emito a nota, mas ela só vencerá depois da aprovação do orçamento".

<blockquote>

## "Não há verba disponível no orçamento" está entre as objeções mais difíceis, pois você não sabe se é verdade e, se for, deve fazer um follow-up sério. Se você apresentar uma proposta para aprovação de orçamento, ela deve ser concisa, sem erro, com todos os termos e condições determinados claramente, e no momento exato.

</blockquote>

**Você deve ter certeza de que o cliente potencial quer seu produto.** Então você pode obter o endosso para o próximo ano e, potencialmente, para algum negócio ainda este ano.

**Aqui está seu argumento quando o cliente potencial diz:**

# "Quero checar com mais dois fornecedores."

É frustrante quando você acaba de fazer uma apresentação brilhante, sabe que tem o melhor produto, explicou cada benefício, mas o cliente potencial diz: "Tenho de checar com dois outros fornecedores". Que diabos você pode fazer ou dizer para conseguir a venda imediatamente?

Os melhores representantes de vendas são treinados para reagir a objeções e fazer fechamentos no momento certo. Eles vão a uma apresentação preparados com todos os recursos que lhes permitam fazer a venda. A seguir, você tem uma técnica com ferramentas de vendas pouco usadas, mas poderosas, que podem ganhar uma venda e impressionar o cliente potencial com seu detalhismo.

**Cenário:** O Sr. Jones precisa de um telefone celular para comunicações melhores e mais rápidas, marcou um horário com você, ouviu sua apresentação, mas diz que quer pesquisar mais.

Provavelmente não seja sua verdadeira objeção.

Seu objetivo, em tal situação, é posicionar o
Sr. Jones de forma que ele compre hoje
ou diga sua verdadeira objeção.
Tente isso com o indeciso Sr. Jones...

**Representante de vendas:** Sabe, Sr. Jones, muitos de meus clientes queriam fazer exatamente a mesma coisa, antes de comprar de mim um telefone celular. Tenho certeza de que o senhor vai adquirir o melhor celular e o melhor serviço. Certo?

**Jones:** Sim, claro.

**Representante de vendas:** O senhor pode me dizer um dos itens que vai verificar (comparar)?

**Jones:** (O que o Sr. Jones disser em primeiro e em segundo lugar são as verdadeiras objeções – a não ser que ele esteja apenas tentando se livrar de você.)

**Representante:** Depois de comparar esses itens [nomeie-os] com os de outras empresas e descobrir que o meu é melhor, tenho certeza de que o senhor comprará de nós. Certo, Sr. Jones?

**Jones:** Sim, certo.

*(OK, é hora de agarrar o Sr. Jones.)*

**Representante:** Ótimo! Muitos de nossos clientes gostam de pesquisar e comparar, antes de comprar; mas ambos sabemos que isso pode tomar muito de nosso precioso tempo. O senhor quer o celular para ter mais tempo, não é? Então, para lhe poupar esse tempo, já fizemos a pesquisa para o senhor. Aqui está um quadro de nossos 20 principais concorrentes, seus produtos (mostre uma tabela grande, totalmente preenchida), seus serviços e seus preços, para o senhor analisar.

Mostre como você se destaca favoravelmente em cada área, principalmente naquelas sugeridas anteriormente pelo Sr. Jones.

Agora, Sr. Jones, quando o senhor quer assinar o plano de seu celular?

**NOTA**: O Sr. Jones está muito surpreso com a maneira como você fez seu trabalho, e chocado, pois terá de decidir agora, ou declarar suas verdadeiras objeções. (Já apresentei neste capítulo, em "Quero pensar a respeito", uma lista de objeções que provavelmente você terá; consulte-a.)

## UM QUADRO COMPARATIVO ENTRE SEUS PRODUTOS, SERVIÇOS E PREÇOS, E OS DE SUA CONCORRÊNCIA, PODE FAZER SEU CLIENTE POTENCIAL COMPRAR DE IMEDIATO, EM VEZ DE QUERER PESQUISAR.

*Uma variação dessa tática...*

**OFEREÇA-SE PARA FAZER A PESQUISA NO SEU TEMPO.** Faça com que ele lhe diga o que quer comparar. Prometa uma comparação por escrito. Quem ganhar, ganhou.

Sr. Jones dirá: "Não quero que você tenha todo esse trabalho". Você responderá: "Seu negócio significa muito para mim. Será um prazer ajudar. Além disso, terei a chance de garantir que estamos ganhando o jogo. Nunca perdemos em uma comparação competitiva".

Em seguida, com toda coragem do mundo, arrisque: "O senhor quer assinar agora, ou vai esperar até que a comparação esteja concluída?".

## O que você faz quando o cliente potencial diz:

# *"Quero comprar, mas o preço é alto demais."*

O Mercedes-Benz é um dos carros mais caros do mundo. Há quem diga: *"O preço é alto demais"*... No entanto, a empresa vende milhares de automóveis em todos os continentes. A Mercedes é uma das companhias mais ricas do mundo.

*"O preço é alto demais"* tem sido o grito dos compradores, desde o mercado aberto em Damasco, 2 mil anos atrás... Mesmo assim, eles sempre compram.

*"O preço é alto demais"* transformou-se em uma objeção clássica. Para superá-la, você deve descobrir o que o cliente potencial realmente quer dizer. Supondo que ele deseje comprar naquele momento, e que seja a única pessoa a decidir, na verdade há cinco significados possíveis por trás dessa objeção...

1. **Não tenho condições de comprar.**
2. **Posso comprar em outro lugar, mais barato (ou melhor).**
3. **Não quero comprar de você (ou de sua empresa).**
4. **Ainda não entendi a relação entre o custo e o valor de seu produto ou serviço.**
5. **Não estou convencido.**

Cerca de metade das vezes em que você tem uma objeção de preço, você não fará a venda. Fica em aberto uma oportunidade de 50%. Aproveite-a.

*Alguns aspectos que você pode investigar...*

- **Seja acessível**: "O que faremos pelo senhor custa menos do que o senhor gastará se não nos contratar e seguir em frente".

- **Desafio**: "Quanto o senhor está disposto a pagar?" "Quanto o senhor tem condição de pagar?"

- **Tenha uma noção da diferença**: "Quanto é 'demais' para o senhor?"

- **Fale do valor e do amanhã**: "Sr. Jones, o senhor está pensando em centavos por dia. Estamos falando de valor para a vida toda".

O que mais funcionou para mim foi: "O senhor compraria de mim agora (e não hoje) se o preço fosse menor?". (Suponha que o cliente potencial diga sim.) "Quer dizer que, além do preço, não há razão para não fechar o negócio?"

**NOTA**: Qualifiquei o cliente potencial quanto à objeção de preço, para determinar se é a ÚNICA objeção real, verdadeira. "Se conseguirmos um modo de tornar o preço acessível, o senhor vai levar [ou *começar* ou *fazer* o pedido] agora mesmo?"

## Se o cliente disser sim, você tem de usar sua criatividade e imaginar uma forma de mudar as condições, oferecer um desconto, planejar um crédito futuro para a compra de outros itens, comparar preço e produtividade, ou simplesmente repassar com o preço original.

## A chave é preparar as respostas com antecedência. Você sabe que a objeção virá. Por que se surpreender?

Se os clientes potenciais querem seu produto ou serviço, eles imaginarão uma forma de pagar por ele. Só porque dizem que o preço é alto demais, não significa que não comprarão.

O que realmente está sendo transmitido muitas vezes é: "Quero comprar. Mostre-me o caminho".

## Só porque um cliente potencial diz: "O preço está alto demais", não significa que ele não vai comprar hoje.

## O que você faz quando o cliente potencial diz:

# "Estou satisfeito com meu fornecedor atual."

Ótimo, era só o que você queria ouvir. Mas não fique desanimado. Na verdade, é muito fácil conseguir uma abertura e começar um relacionamento. Basta conseguir que o cliente potencial fale. O fato de ele estar satisfeito no momento não significa que vá continuar assim.

*Perceba que o cliente potencial está dizendo que seu fornecedor é o melhor que ele conseguiu encontrar.*

Pode ser que você tenha produto, preço, disponibilidade para entrega, serviço, treinamento, garantia, tudo melhor. O cliente só está manifestando sua satisfação. Do *ponto de vista dele*, é óbvio. Ele ainda não conhece realmente você ou sua empresa.

*Descobrir a razão pela qual o relacionamento é satisfatório ajudará você a saber como proceder.*

*Aqui estão as 12 razões principais para seu cliente potencial gostar do fornecedor atual...*

1. Preço ou um excelente negócio (valor percebido).
2. Qualidade do produto/serviço.
3. Tem um relacionamento comercial especial.
4. Tem um relacionamento pessoal.
5. Compra do fornecedor há anos.
6. Não sabe o que é melhor – só acha que está conseguindo um bom negócio ou um bom serviço.
7. O fornecedor "me ajudou quando precisei dele".
8. Excelente (imediato, receptivo) atendimento.
9. Produto em estoque – entrega imediata.
10. Atendimento personalizado/recebe favores.
11. É influenciado por outros: "É dele que compramos".
12. É acomodado, tem um fornecedor, não quer mudar, não está gastando seu dinheiro (é um simples funcionário).

Descubra qual dessas 12 razões se aplica à sua situação, antes de tentar superar a objeção... Ou estará perdendo tempo.

Jeffrey Gitomer · A BÍBLIA DE VENDAS

# O que você faz quando o cliente potencial diz:

# *"Preciso conversar com meu..." Xi!*

*Quando você ouve as palavras "Preciso conversar com meu..." percebe que fez algo errado.* Você não qualificou muito bem o cliente potencial, não foi? OK. O que fazer agora?

*Quando o negócio deve ter aprovação de outras pessoas, além de qualificar melhor o comprador, você deve tomar quatro medidas...*

1. **Ter a aprovação pessoal do cliente potencial.**

2. **Relacionar-se com a equipe do cliente potencial.**

3. **Organizar um encontro com todos os que tomam decisão.**

4. **Fazer toda a sua apresentação outra vez.**

Se você pretende pular essas etapas, pense novamente. É óbvio que você está procurando atalhos, ou teria qualificado adequadamente o comprador. Se você tivesse perguntado: "Há alguém que toma decisões com você?", toda essa confusão não aconteceria. Não é?

*De volta à realidade das quatro etapas...*

**1. CONSIGA A APROVAÇÃO PESSOAL DO CLIENTE POTENCIAL.** "Sr. Jones, se a decisão dependesse só do senhor, o senhor compraria?" (O cliente potencial quase sempre diz sim.) "Isso significa que recomendará nosso produto aos outros?"

É bom repassar uma lista de perguntas que parecem um pouco redundantes, mas esclarecem qualquer dúvida. Pergunte...

- **O preço está bom?**
- **O serviço é bom?**
- **Algum problema comigo?**
- **O senhor gostaria de adquirir meu produto?**

- **O produto é bom?**
- **Minha empresa é boa?**
- **Que dúvidas o senhor tem?**

**NOTA**: *Altere as perguntas para que fiquem adequadas ao que você vende. Revise-as de forma mais personalizada. O objetivo é conseguir a aprovação absoluta.* Consiga que o cliente potencial endosse você e seu produto aos outros, mas não o deixe (nem ninguém) fazer a apresentação por você.

**2. RELACIONE-SE COM A EQUIPE DO CLIENTE POTENCIAL.** Comece a conversar em termos de "nós", "nosso" e "a equipe". Entrosando-se com a equipe do cliente potencial, você poderá conseguir que ele seja favorável à venda.

- **"O que TEMOS de fazer?"**
- **"Quando PODEREMOS nos reunir?"**
- **"Quando a equipe se reunirá? É importante eu estar presente, pois tenho as respostas que eles desejarão."**
- **"O que posso fazer para ser membro da equipe?"**
- **"Fale-me um pouco sobre os outros." (Anote cada característica.) Tente obter os traços de personalidade de cada um que toma decisão.**

**3. ORGANIZE UMA REUNIÃO COM TODOS ELES.** Encontre uma forma de fazer isso. Abra vários *horários* alternativos em sua agenda. Crie razões para voltar e reforçar a reunião com o grupo que toma decisões.

**4. FAÇA TODA A APRESENTAÇÃO NOVAMENTE.** Mas só se quiser fazer a venda. Caso contrário, deixe a tarefa para o cliente potencial. Ele acha que poderá conduzi-la e tentará convencê-lo a todo custo.

A melhor forma de você fazer essa (ou qualquer outra) venda é estar no controle da situação. Se você cometer o erro de deixar seu cliente potencial se tornar um representante de vendas em seu lugar (ele se comunica com o sócio, e não você), você vai perder. Toda vez.

*Um método alternativo...*

**Pergunte ao cliente potencial se ele tem certeza de que o sócio (esposa, chefe) desejará fazer o negócio.** Se o cliente potencial disser: "Sim, tenho certeza", você completa: "Excelente! Por que não aprovar a compra agora [assine o contrato] e obter a aprovação deles? Se o senhor me ligar amanhã e me disser não, eu rasgo o contrato. Está certo?".

*Apenas três palavras podem orientar você a evitar e prevenir a objeção...*

# Qualifique o comprador!

## O que você faz quando o cliente potencial diz:

# *"Ligue-me novamente daqui a 6 meses."*

Será uma forma educada de dizer não? *Você está disposto (tem coragem) de encostar o cliente na parede?*

Bata na minha cabeça e mande-me embora. Esse é o verdadeiro significado de *"Ligue-me novamente daqui a 6 meses"* (ou qualquer indefinição como "entre em contato" depois de certo tempo). O cliente potencial está realmente dizendo não! Para superar o impedimento, você deve descobrir qual é o verdadeiro obstáculo.

O comprador quer realmente o seu produto? Há alguém mais? O seu preço é muito alto? Ele tem condição de comprar o que você está vendendo?

*O fato é que, se o cliente potencial fala "Ligue-me daqui a 6 meses", isso quer dizer que você não descobriu a verdadeira razão do impedimento (e pode não querer saber). As verdadeiras razões são:*

1. **Você não estabeleceu um vínculo suficiente.**
2. **Você não estabeleceu a confiança necessária do comprador.**
3. **Você não estabeleceu a necessidade suficiente.**
4. **Você não estabeleceu o valor suficiente.**
5. **Você não estabeleceu a confiança suficiente.**
6. **Você não estabeleceu o desejo suficiente.**
6,5. **Você não estabeleceu uma noção de urgência para a compra imediata.**

*Você fez tudo isso? O cliente potencial está lhe dizendo a verdade? Balela. Se você está procurando uma verdade na rejeição, tente olhar um pouco mais fundo. A verdadeira razão pode ser outra:*

- **Ele não é a pessoa que decide.**
- **Ele não tem dinheiro.**
- **Ele não gosta de sua empresa.**
- **Ele não gosta de seu produto.**
- **Ele acha que seu preço é alto demais.**
- **Ele tem um amigo ou relacionamento suficiente para comprar ou ter o seu produto ou serviço de alguma outra forma (mais benéfica).**
- **Ele não gosta de você.**

*Tente as perguntas seguintes:*

- **O que será diferente daqui a 6 meses?**
- **Há uma razão particular para o senhor preferir que eu ligue novamente daqui a 6 meses?**
- **O que o impede de tomar uma medida hoje?**

**GRANDE PERGUNTA:** Você está disposto a encostar o comprador na parede? Você tem coragem de lhe perguntar: "O senhor está me dizendo NÃO?".

*Se você quer começar a superar essa objeção (impedimento) e descobrir onde está a venda, faça qualquer combinação com as seguintes alternativas:*

- **Pergunte: "O senhor acha que vai comprar daqui a 6 meses?".**
- **Descubra quem mais está envolvido no processo: "Como a decisão será tomada?".**
- **Pergunte: "O senhor poderia comprar agora e pagar daqui a 6 meses?".**
- **Mostre que, ao comprar naquele momento, o cliente economizará/ganhará uma parte ou todo o preço da compra programada para 6 meses.**
- **Mostre como o adiamento pode custar mais.**
- **Pergunte se ele analisou o custo do adiamento.**
- **Mostre como a vantagem de comprar imediatamente compensa a despesa embutida na espera.**
- **Mostre a diferença entre despesa (desembolso em dinheiro) e custo (valor total da venda).**

**GRANDE RESPOSTA:** Qualquer que seja a resposta (e frequentemente você a terá), uma coisa é certa: um impedimento de 6 meses, 6 semanas ou 6 dias não é falha do cliente. Você é que não descobriu o verdadeiro desejo, ou necessidade ou objeção.

# Não é uma questão de culpa – mas de responsabilidade – sua.

# A BÍBLIA DE VENDAS

## Parte 5
### Objeções, Fechamentos e Follow-up... Chegando ao *SIM!*

# O Livro do Fechamento

☆ Quais são os 19,5 sinais de que o cliente potencial está pronto para comprar? .. 182

☆ Quando responder a um cliente potencial, evite duas palavras – *Sim* e *Não* ............................... 185

☆ Como fazer uma pergunta de fechamento...................................... 187

☆ Duas alternativas para o "fechamento do filhote" ................... 189

☆ Deixe o cachorro ir atrás de você ...... 191

☆ Coma a sobremesa primeiro! ........... 192

☆ O fechamento mais poderoso do mundo não é um fechamento. .... 193

## 5.2

---

## Objeções, Fechamento e Follow-up. Chegando ao *SIM*

Fechamento...

Aquele foi seu primeiro fechamento. E às vezes funcionava.

A venda pertence àquele que fecha... Compensa (grandes comissões) dominar a ciência do fechamento.

Todo o seu trabalho, toda sua preparação, resulta em uma pergunta final.

O fechamento é um equilíbrio delicado entre as suas palavras e as ações, os pensamentos e as percepções do cliente potencial.

Aqui está como pedir uma venda e consegui-la!

*Qualquer pergunta feita pelo cliente potencial deve ser encarada como um sinal de compra.*

# Quais são os 19,5 sinais de que o cliente potencial está pronto para comprar?

**PERGUNTA**: Quando o cliente potencial está pronto para comprar?

**RESPOSTA**: Ele lhe dirá, se você prestar atenção.

Os sinais de compra fazem a conexão entre a apresentação e o fechamento. Na ciência da venda, reconhecer os sinais de compra é o primeiro passo para um fechamento. Ouça o comprador. Ele lhe dará os sinais.

Enquanto você desenvolve sua apresentação, o comprador fará gestos, perguntas, brincará com seu produto ou comunicará, de alguma forma, que está inclinado a comprar. Como representante de vendas profissional, sua tarefa é reconhecer o sinal de compra e convertê-lo em venda.

*Aqui estão 19,5 sinais que você deve identificar:*

**1. Perguntas sobre disponibilidade ou tempo.** *Vocês têm esse produto em estoque? Com que frequência recebem novas remessas?*

**2. Perguntas sobre entrega.** *Quando o produto estará aqui? Vou precisar entrar em contato com você antes?*

**3. Perguntas específicas sobre índices, preço e condições de compra.** *Quanto custa este modelo? Qual é o preço desse aparelho de fax? Não sei se posso pagá-lo.*

**4. Quaisquer perguntas ou declarações sobre dinheiro.** *Quanto eu teria de investir nisso?*

**5. Perguntas positivas sobre seu negócio.** *Há quanto tempo você está na empresa? Há quanto tempo sua empresa está no ramo?*

**6. Solicitando uma repetição.** *O que você disse antes, sobre financiamento?*

**7. Declarações sobre problemas com fornecedores anteriores.** *Nosso antigo fornecedor nos dava um atendimento fraco. Com que rapidez você atende a um chamado de serviço?*

**8. Perguntas sobre recursos e opções – o que seu produto ou serviço faz.** *O separador é padrão ou opcional?*

**9. Perguntas sobre qualidade.** *Quantas cópias mensais a máquina tem capacidade de fazer?*

**10. Perguntas sobre garantia.** *De quanto tempo é a garantia?*

**11. Perguntas sobre qualificações (suas ou da empresa).** *Todos os seus funcionários podem responder às minhas perguntas ao telefone?*

**12. Perguntas positivas específicas sobre a empresa.** *Que outros produtos você tem?*

**13. Perguntas sobre produto/serviço específico.** *Como funciona a alimentação manual? Quem vai treinar meu funcionário?*

**14. Declarações específicas sobre propriedade de seu produto ou serviço.** *Você forneceria o papel continuamente? Você fará uma visita por mês para recolher minha contabilidade? Suponha que eu goste dela e queira que ela trabalhe para mim em tempo integral.*

**15. Perguntas para confirmar decisões não declaradas ou para buscar suporte.** *Esta é a melhor forma de me atender?*

**16. Quer ver uma amostra ou demonstração novamente.** *Eu poderia ver as amostras de tecido outra vez?*

**17. Pergunta sobre outros clientes satisfeitos.** *Quem são seus melhores clientes?*

**18. Pedido de referência.** *Eu poderia entrar em contato com alguém para quem você fez alguns treinamentos no passado? Você tem referências?*

**19. Aceitando argumentações.** *Eu não sabia disso... Ah, realmente... Isso é interessante... Isso bate com o que estamos fazendo.*

**19,5. Sua capacidade de converter o sinal em venda.** *Todos esses sinais de compra (perguntas) podem ser transformados em uma pergunta de fechamento que levará a uma venda mais rápida – se você souber fazê-la corretamente.*

**Como você responde a essas perguntas?** Boa pergunta! Um sinal de compra. Eu lhe direi no próximo capítulo.

> **"Reconhecer sinais de compra é essencial para o seu sucesso como representante de vendas. Você passará a venda para outros se não conseguir reconhecê-los. E isso acontece com muita gente."**
>
> — *Jeffrey Gitomer*

*Se você responder à pergunta de um cliente potencial com um sim ou um não, pode deixar de fazer uma venda.*

# Quando responder a um cliente potencial, evite duas palavras – *Sim e Não.*

Quando um cliente potencial me pergunta "sim" ou "não", *eu nunca respondo sim ou não.* Quando um cliente potencial me faz qualquer pergunta, eu tento responder na forma de outra pergunta – ou fazer uma pergunta no final de minha resposta. Assim, estabeleço os dois objetivos centrais da venda:

1. **Estou no controle da apresentação.**
2. **Posso fechar a venda imediatamente.**

**PENSE SOBRE ISSO POR UM MOMENTO:** Quando um cliente potencial lhe faz uma pergunta, frequentemente é um sinal de compra. Como *você* responde? Suas maiores habilidades de vendedor são exigidas quando um cliente potencial faz uma pergunta ou mostra interesse em comprar. Sua primeira tendência é responder de forma afirmativa, se você sabe que é verdade. *Por exemplo:*

- **"Você tem este modelo?"** *Sim.*
- **"Pode conseguir um verde?"** *Sim.*
- **"Pode entregar na terça?"** *Sim.*
- **"Você tem estoque destes?"** *Sim.*

Todas as respostas afirmativas anteriores não só estão erradas, como prolongam a venda desnecessariamente.

Você também está inclinado a responder de maneira direta. *Por exemplo:*

- **"Qual é seu prazo de entrega?"** *Geralmente 2 semanas.*
- **"Quantas notificações terei de fazer?"** *Uma, em 24 horas.*
- **"Quando sairá o novo modelo?"** *Em 30 de janeiro.*

Também são respostas erradas. Bem erradas.

**A REGRA É:** Use a pergunta do cliente para confirmar a venda. Em outras palavras, depois de ter o sinal do cliente, formule uma pergunta-resposta que implique a resposta dele e confirme que ele quer comprar o que você está vendendo.

Não é tão complicado quanto fiz parecer antes.

*Aqui estão alguns exemplos de perguntas de confirmação:*

- **"Você tem este modelo?"** *É este o modelo que o senhor quer?* Se o cliente potencial disser *sim*, você precisa descobrir para quando ele quer a entrega, e fim.

- **"Pode conseguir um verde?"** *O senhor gostaria que fosse verde?*

- **"Você pode entregar na terça?"** *É o melhor dia para fazer a entrega?*

- **"Você tem estes em estoque?"** *O senhor precisa de entrega imediata?*

- **"Qual é seu prazo de entrega?"** *Qual é a data mais próxima de sua necessidade?*

- **"Quantas notificações terei de fazer?"** *Quantas o senhor faz normalmente?*

- **"Quando alguém poderá vir aqui?"** *Quando o senhor precisa de alguém?*

Você também pode responder diretamente e, ainda assim, formular uma pergunta de fechamento em seguida. *Por exemplo:*

- **"Quando sairá o novo modelo?"** *Em 30 de janeiro. Mas temos incentivos especiais para o senhor comprar a copiadora agora. Vamos comparar e ver o que será melhor para o senhor. De acordo?*

- **"Você tem referências?"** *Aqui está uma lista. Se forem satisfatórias, quando poderemos executar nossa primeira incumbência?*

*Aqui está o processo mágico:*

1. **Reconhecer um sinal de compra é a disciplina de vendas.**

2. **Ser capaz de formular uma pergunta-resposta (muito mais difícil) exige criatividade e prática.**

2,5. **Dar a resposta de forma suave e gentil é a marca do representante de vendas profissional. E geralmente daquele que faz a venda.**

# Como fazer uma pergunta de fechamento.

Milhares de páginas foram escritas sobre o fechamento de vendas. Você pode fazer a melhor apresentação do mundo, pode ser especialista em seu produto ou em sua área de atuação, mas se não souber como fechar a venda, provavelmente jantar fora vai significar para você comprar comida em um drive-thru.

Os especialistas (J. Douglas Edwards, Zig Ziglar, Tom Hopkins, Earl Nightingale, etc.) definem fechamento da seguinte forma: *Faça uma pergunta, cuja resposta confirme a venda.* Depois que você faz essa pergunta tão importante, é fundamental que siga a regra mais antiga de vendas: *Após fazer uma pergunta de fechamento, CALE-SE! O próximo a falar, perde.*

**HÁ MILHARES DE MANEIRAS DE PERGUNTAR SE ELE QUER COMPRAR:** Mas você pode estabelecer o tom para fechar, dizendo ao cliente potencial o que você quer (o objetivo ou propósito de sua reunião) logo que entrar. *Então, peça a venda assim que ouvir o primeiro sinal de compra.* Uma orientação importante é tentar eliminar o *não* como possível resposta. Mesmo que você não consiga o cobiçado *sim*, só por eliminar a palavra *não*, pelo menos terá diálogo ou objeções que eventualmente levarão ao *sim*.

Formule sua pergunta de fechamento de modo que atenda à principal necessidade ou desejo do cliente potencial.

**AQUI ESTÃO ALGUNS EXEMPLOS:** "Sr. Jones, o senhor gostaria de ter essas camisetas em cores claras ou escuras?", ou "Quantas camisetas o senhor quer na cor escura que o senhor disse que prefere?", ou "O senhor gostaria de receber antes ou depois do primeiro dia do próximo mês?", ou "Quando o senhor gostaria de recebê-las?", ou "O senhor está pagando com cheque ou com cartão de crédito?"

Esses são exemplos de como usar tempo, escolha, ou métodos de preferência – técnicas simples que eliminam o *não* como resposta.

Deixe o comprador decidir, mas não lhe dê a opção de um *não*.

Outras perguntas de fechamento oferecem uma possível resposta *não*. Antes de fazê-las, confirme o interesse do cliente potencial e veja se ele lhe deu sinais concretos de que vai comprar.

**POR EXEMPLO:** Você está tentando vender ao Sr. Jones um aparelho de fax. Jones diz que precisa de uma máquina até terça-feira, mas ainda não afirmou que está comprando de você. Você pergunta: "Gostaria que eu lhe entregasse o equipamento novo segunda à noite?". *Essa é uma pergunta sólida de fechamento.* Você deu ao cliente potencial a opção de dizer não, mas é improvável que ele a use. (Mesmo que Jones diga *não*, pergunte: "Qual *seria* o horário mais conveniente para a entrega?".)

A chave é perguntar de maneira sincera, amável. Não force, nem pressione demais. Se você para de falar depois que faz a pergunta de fechamento, a tensão no ambiente se acumula depressa.

Um minuto parece uma hora, quando a sala está silenciosa.

A autoconfiança é importante. O cliente comprará se você acredita que ele vai comprar. A maioria dos representantes não faz a pergunta para fechar a venda porque teme rejeição, sente-se desconfortável com o dinheiro ou não é suficientemente sagaz para reconhecer os sinais de compra emitidos pelo cliente. Estou satisfeito por nenhum desses casos se aplicar a você.

# A regra mais antiga de vendas ainda é válida...

## Ao fazer uma pergunta cuja resposta

## confirme a venda...

# Cale-se!

*Em anos de experiência, descobri que a maior falha de um representante de vendas é não garantir o pedido, pela simples incapacidade de saber quando e como perguntar se o cliente quer comprar.*

*A venda pertence àquele que a fecha.*
*É uma satisfação vender.*

*A venda se realiza com mais facilidade se o cliente potencial assumir a propriedade, antes de se comprometer com a compra.*

# Duas alternativas para o "fechamento do filhote".

Como você pode adaptar o poder de um filhote ao seu processo de vendas?

A maneira mais fácil de vender um filhote é deixá-lo com o futuro dono (e com as crianças) por um dia "para ver se gosta dele". Experimente tirar esse filhote das crianças no dia seguinte. Daí o nome "fechamento do filhote". É uma ferramenta de vendas incrivelmente poderosa, usada (com variação) pelos profissionais do mundo todo.

*Pense nisto por um momento...*

- **Faça um test-drive do carro.**
- **Seja sócio durante 30 dias gratuitamente.**
- **Experimente em sua casa durante 7 dias.**
- **A primeira edição da revista é grátis.**
- **Use nossa copiadora em seu escritório durante 2 dias.**

Todas elas são variações do "fechamento do filhote".

Estamos dizendo ao cliente potencial que o produto é excelente, mas ele pode não saber até tocá-lo, experimentá-lo, levá-lo para casa ou usá-lo. Se eu consigo que o cliente potencial toque e/ou experimente meu produto, é mais provável que ele o compre.

É a noção de propriedade antes da venda. Derruba a resistência e promove a aceitação.

Obviamente, nem todas as empresas permitem o uso do "fechamento do filhote", mas um número cada vez maior de estratégias de vendas corporativas exige que se tente fazer o produto chegar às mãos do comprador, para ser testado ou experimentado como parte do processo de venda.

Quando você experimenta um terno ou um vestido novo, você se sente dono dele... O caimento, o visual, a impressão e o vendedor comentando eufórico como ficou bem, em muitos casos, influenciam mais que o preço. Você pode se ver no escritório ou em uma festa com a roupa nova. Então decide: "OK, vou levá-la".

# Se você duvida do poder desse fechamento, vá a uma loja de animais e pergunte se pode levar um filhote para uma avaliação, por um dia. Talvez seja melhor preparar também seu talão de cheques.

Há quanto tempo existe o "fechamento do filhote"? Deus deu a Moisés os 10 Mandamentos: "Experimente-os", ele disse. É um fechamento muito forte. Ainda funciona. Depois de 5 mil anos, Deus ainda tem bilhões de clientes.

*"Você quer que eu os venda?"*

> *"Se você for atrás do mundo, ele fugirá de você*
> *Se você fugir do mundo, ele irá atrás de você."*
>
> *– Hari Dass*

# Deixe o cachorro ir atrás de você

Aos 16 anos de idade, decidi ter um filhote. Certa manhã, o filhote fugiu. Ele correu quarteirões pela vizinhança enquanto eu ia atrás em vão. Eu entrei em pânico. Certamente o cachorro seria pego por um carro. Depois de algum tempo, eu voltei para casa o mais rápido que podia, acordei meu pai para pegar o carro e encontrar meu cãozinho. Meu pai saiu da cama relutantemente. Eu me virei para entrar no carro – e tropecei nele.

**A moral da história em vendas é**: Deixe o cliente potencial ir atrás de você. Às vezes, é melhor atrair ou desafiar o cliente. Frequentemente, estamos tão ansiosos para vender que não damos ao cliente potencial espaço suficiente para comprar.

Há variações dessa técnica que pertencem à velha escola de vendas, mas ainda merecem ser examinadas...

**A VENDA NEGATIVA.** (Leve o produto embora, se o comprador mostrar interesse). Este tem sido considerado há anos o mecanismo mais poderoso de venda. Quando as cotas de sociedade em motel foram vendidas pela primeira vez, na década de 1950, um vendedor entrava na cidade, visitava um banco local, e dizia que havia "apenas" 10 cotas neste novo motel a $ 50.000 por cota. Ele pedia indicações de clientes ao banqueiro – e ia atrás deles. Ele fazia, para os grupos, apresentações que começavam assim: "Todas as cotas estão reservadas, mas posso pegar seu pedido e, se houver alguma desistência, eu telefono". Eu estava com o pai de meu amigo em um desses dias. Ele preencheu ansiosamente o formulário. Para sua surpresa, ligaram – alguém tinha cancelado a reserva. Mais tarde, ele descobriu que haviam ligado para todos.

Boa tática? Bem, funcionava. Ético? Você decide.

**"QUALIFIQUE-SE" PARA COMPRAR.** Em vez de pressionar o cliente potencial a comprar, você o desafia a se *qualificar* (ter o dinheiro, conseguir o crédito) para comprar.

Esse método é usado frequentemente em vendas de porta em porta, ou quando envolvem produtos valiosos, que exigem crédito, como carros ou trailers. Você pode achar engraçado, mas ainda é a espinha dorsal dos esforços de vendas de muitas empresas grandes.

*Como você fecha logo uma venda?*
*Assim que entra no escritório do cliente!*

# Coma a sobremesa primeiro!

Você está em um daqueles banquetes onde a salada e a sobremesa são colocadas antes que as pessoas cheguem. Logo que me sento, imediatamente como a sobremesa. As pessoas ficam surpresas e chocadas. Se alguém faz um comentário, pergunto se não vai comer sua sobremesa. Se responde que não, peço para me dar.

Se tenho a opção de torta de maçã e sorvete, ou pavê, não banco o idiota. A sobremesa está para a comida assim como o fechamento está para a venda. É a melhor parte. A tradição diz que isso deve ser feito por último – eu digo para fazerem primeiro.

Começo a fechar a venda 10 segundos depois de entrar no escritório de um cliente. Digo meu objetivo na reunião e esclareço o que gostaria de fazer.

*Cito minhas três estratégias de negócio:*

- **Estou aqui para ajudar.**
- **Procuro estabelecer uma relação de longo prazo.**
- **Vou me divertir.**

Declarar seu objetivo e filosofia, desde o início, deixa o cliente potencial à vontade. Faz a reunião começar em grande estilo. Estabelece a credibilidade e o respeito. E libera o caminho para a troca de informações úteis e para a construção de um vínculo.

Assim que entrar, diga ao cliente potencial o que você quer. Então peça a venda logo que ouvir o primeiro sinal de compra.

Fomos criados para pensar de acordo com padrões estabelecidos pelos outros. Para obter o sucesso que você quer, pode ser preciso abandonar esses padrões tradicionais. A maioria das pessoas não sai de sua zona de conforto. A maioria não atinge o nível de sucesso que estipulou para si. Não sei se há qualquer correlação entre essas duas afirmações.

**NÃO RESERVE ESPAÇO PARA A SOBREMESA. COMA-A PRIMEIRO.** É a maneira doce de fazer um fechamento.

*Entenda como o seu produto é usado*
*para que possa entender como*
*vendê-lo mais efetivamente.*

# O fechamento mais poderoso do mundo não é um fechamento.

## O Fechamento Compreensivo

É inútil conhecer seu produto se você não souber como ele é usado no trabalho, para a satisfação e o lucro do cliente. À primeira vista parece simples, mas eu o desafio a determinar quanto você sabe sobre como seus clientes usam seu produto ou serviço no dia a dia. De que maneira eles o utilizam em seu ambiente de trabalho?

Na maioria dos casos, o usuário final não é o comprador. A pessoa que compra a copiadora ou o computador, muitas vezes não é aquela que o usa diariamente. O usuário final é quem o levará a importantes informações de vendas.

É fácil descobrir. Visite seus clientes. Veja, pergunte e ouça.

- **Vá ver seu produto sendo usado.**
- **Faça perguntas sobre as preferências do usuário.**
- **Pergunte o que eles mais gostam.**
- **Pergunte o que eles menos gostam.**
- **Pergunte o que eles mudariam e como mudariam.**
- **Pergunte sobre o serviço que eles receberam depois da venda.**
- **Observe as operações realizadas por todos os envolvidos.**
- **Pergunte se eles comprariam o produto novamente.**
- **Pergunte se eles o recomendariam a um amigo.**
- **Anote ou registre tudo o que eles dizem!**

*Ver o seu produto em ação, e questionar seu uso, abre uma nova perspectiva (e poderosa) sobre como o vender:*

- É o *insight* do cliente em seu nível máximo.
- É o conhecimento do produto que nenhum treinamento de fábrica pode oferecer.
- É a melhor oportunidade (e a menos usada) para ganhar conhecimento sobre as necessidades reais de um cliente.
- É uma chance de ver os benefícios de seu produto em ação.

*Quando você terminar a visita...*

- Documente-a.
- Agradeça a seus clientes pelo tempo que lhe dedicaram.
- Relate o que mudou como resultado do procedimento.
- Faça recomendações.

*Tente medir o valor destes cinco benefícios...*

1. Você construiu um vínculo incrível.
2. Você deu passos largos em seu relacionamento.
3. A concorrência terá mais dificuldade para entrar.
4. Você adquiriu conhecimentos indispensáveis que o levarão a mais vendas.
5. Seu cliente agora o vê como consultor, e não como vendedor.

**EM UMA VISITA DE VENDAS:** Discuta o uso do produto no ambiente de trabalho do cliente e tenha uma base prática para sua experiência. Você pode fazer perguntas e conseguir que o cliente fale sobre o uso após a venda. "Se você comprasse, como usaria este produto de um modo diferente do que aquele que você tem agora?"

## E se você agir corretamente, não terá apenas uma oportunidade de aprender – mas uma oportunidade de vender.

# A BÍBLIA DE VENDAS

## Parte 5
### Objeções, Fechamentos e Follow-up... Chegando ao *SIM!*

# O Livro da Persistência

☆ As ferramentas de vendas são parte vital do processo de follow-up .................. 196

☆ Você vende desde que era criança! .... 198

☆ Ah, *NÃO!*... Secretária eletrônica! .... 200

☆ "Deixe uma mensagem e terei prazer em retornar sua ligação."... Não! ...... 202

☆ Não conseguiu marcar uma visita? ... 205

## 5.3

---

# Sangue, Suor e Comissões

Persistência...

Eu poderia dar um novo título a este livro: O Livro do Controle da Peste. Como fazer follow-up sem importunar o cliente.

Persistência (com atitude certa) é a chave para o sucesso.

Se você acredita em seu produto, se acredita em si mesmo, então marche para o sucesso.

Os obstáculos não o fazem parar. Os problemas não o fazem parar. E o mais importante de tudo: os outros não o fazem parar.

Somente você pode parar a si mesmo.

A persistência é seu desejo de ter sucesso, combinado com sua presença criativa.

Sua persistência deve ser tão incansável quanto as marés.

Vá na onda...

# As ferramentas de vendas são parte vital do processo de follow-up.

Sua capacidade de criar ferramentas de follow-up pode promover significativamente sua imagem perante o cliente potencial e tornar suas vendas mais frequentes.

Definidas como auxílio ou suporte no processo de vendas, as ferramentas podem ser um estímulo enorme à produtividade, principalmente se vários follow-ups são necessários para fechar a venda.

Há ferramentas diárias como o telefone, fax, as cartas, os manuais e a literatura, mas o representante de vendas extraordinário cria ferramentas incomuns, para que o cliente potencial escolha e compre o seu produto, e não o dos concorrentes.

*Revise as ferramentas listadas a seguir e veja se elas poderiam ser efetivas em seu jogo de vendas:*

- **Nota pessoal escrita a mão (em papel do tamanho de um cartão comemorativo, com o nome e a logomarca de sua empresa impressos).** É melhor e mais efetiva do que a carta comercial comum. Dá ao cliente potencial a noção de seu interesse por ele.

- **Um conjunto de cartas de clientes satisfeitos**. Nenhum representante de vendas é mais convincente do que os endossos de terceiros.

- **O endosso de um amigo comum**. Ferramenta incrivelmente poderosa. Seu amigo é muito mais influente que você.

- **Um artigo de apoio**. A cópia de um artigo favorável, publicado recentemente, pode lhe dar uma razão adicional para um contato e mesmo uma visita. Não precisa ser sobre sua empresa. É até melhor se for sobre a empresa dele. Melhor ainda se for sobre os interesses pessoais dele.

- **Uma fita de vídeo apoiando seu produto/serviço**. Preparada por você ou por seu fornecedor. Se uma imagem vale mil palavras, um vídeo vale 1 milhão.

- **Um encontro em evento de rede (clube, congresso etc.)**. Engajamentos sociais/de negócio são a base da vida comercial.

- **Um convite às suas instalações**. Construa relações de negócio mostrando com orgulho sua empresa. Um cartaz de boas-vindas ao visitante e cumprimentos entusiastas de todos os membros de sua equipe. Torne a visita memorável. Sirva comida excelente. Pergunte-se: O cliente potencial voltará para o escritório fazendo comentários sobre a visita? Se não, providencie para que isso aconteça.

• **Dê algum brinde**. Algo pequeno, útil (bloco de notas Post-it, caneca, camiseta) ou incomum, que será usado, visto ou comentado.

• **Convide para um almoço**. Gastar algum dinheiro pode levar a uma venda e também lhe dará informações pessoais que levam a um relacionamento.

• **Reunião após o trabalho**. Reunir-se com o cliente potencial após o expediente pode ser mais relaxante e informativo. Conheça o seu cliente potencial e goste dele. As pessoas comprarão primeiro dos amigos.

• **Ingressos**. Convites para jogos esportivos, eventos culturais e seminários são apreciados e ajudam a construir um relacionamento. (Vá com o cliente.)

• **Telefone**. A segunda arma mais poderosa em vendas (visitas pessoais são a primeira). As ligações podem servir para marcar reuniões, dar informações e fechar o negócio, mas correm o risco de ser redundantes e não trazer retorno. Também é difícil conseguir um contrato assinado por telefone, e os cheques não passam pelos pequenos orifícios do aparelho. Use o telefone com respeito, fique no controle todas as vezes, tenha sempre um objetivo para ligar, e NUNCA desligue sem marcar o próximo encontro ou contato e confirmá-lo.

*"Se você converter os números de Celsius para Fahrenheit, ajustar para a inflação, marcar a curva e somar os anos de cachorros na equação, minhas vendas aumentaram 850% neste trimestre!"*

*Em algum momento, entre as fraldas e o cartão de visita impresso, nos esquecemos de como precisamos ser tenazes para fazer aquela venda.*

# Você vende desde que era criança!

*Gostaria de agradecer a Joe Bonura, da Bonura Training Systems, cujo excelente seminário forneceu inspiração para esta história.*

Quantos "não" você está disposto a ouvir antes de desistir da venda? Lembra-se de quando você tinha 7 anos e estava na fila do supermercado com sua mãe? "Posso pegar este chocolate?" *Aquela era sua pergunta final, embora fosse a primeira.*

"Não", ela respondeu. Mas você, o grande vendedor, ignorou o primeiro *não* e insistiu: "Por favor, posso pegar este chocolate?". Mamãe ficou um pouco contrariada e conferiu preocupada a conta que aumentava no visor do caixa: "Eu disse NÃO!". O *não* número 2 estava fora de cogitação para você: "Ah, puxa, POR FAVOR!".

Sua mãe foi enfática: "NÃO, de jeito nenhum". O terceiro *não* saiu como um trovão. (Você poderia ouvi-la soletrar: N-A-O-til.) Mesmo assim, você não lhe deu ouvidos. Era como se o *não* número 3 fosse apenas o caminho para você chegar mais perto do objetivo. Você tentou descobrir que objeção havia: "Por que não posso pegar um chocolate, mamãe?". Esse é o exemplo clássico de uma pergunta direta que atinge a verdadeira razão dos três primeiros "não". Como você aprendeu essas habilidades de vendas tão cedo?

"Porque vai estragar o seu jantar", respondeu ela exemplarmente. Naquele momento, chegou sua grande chance. Você superou a objeção (o quarto adiamento) e o chocolate estava quase no papo: "Não, não vai, mãe. Prometo comer o chocolate só depois do jantar", afirmou você no tom mais sincero possível.

Ela ficou sem saída, prestes a ceder, mas como uma verdadeira cliente potencial relutante, acrescentou: "Bem, não sei", e foi sua quinta resposta negativa, agora já sem convicção. Você percebeu a brecha e implorou imediatamente: "POR FAVOR!", naquele tom infantil, meio cantado, meio se lamentando. E ela concordou: "Tá bom, mas nem pense em comê-lo *antes* de acabar o jantar". (Ela precisou achar uma saída elegante para a perda, então enfatizou a advertência "depois do jantar", para se impor perante o caixa, que lhe deu um sorriso irônico.)

VITÓRIA! Você fez a venda. E só foram necessários cinco "não". Você estava preparado para ir pelo menos até o décimo. Talvez arriscasse levar um cascudo, talvez fizesse um escândalo em público. Pense nisso por um segundo. Quando tinha 7 anos, você se arriscava a passar por uma situação constrangedora em público, uma punição corporal e uma agressão verbal para conseguir o que queria.

## Em algum momento, entre as fraldas e o seu cartão de visita, você se esqueceu de quanto precisava ser tenaz para conseguir a venda.

Se você está procurando os melhores exemplos de como superar obstáculos e objeções a vendas, sente-se e relembre. O chocolate, o primeiro encontro, ficar fora de casa depois do horário permitido pelos pais, conseguir as chaves do carro, ter aumento de mesada, ou sair do castigo para ir dançar – são todas vendas. Tudo estava cheio de "não" e de objeções. Você não persistiu contra todas as adversidades? Não estava disposto a arriscar? Disposto a apanhar? Não acabou fazendo a venda?

## Aposto que seu índice de fechamento, na infância, era superior a 90%.

Quanto você ganharia se seu índice de fechamento, hoje, fosse tão alto? Esqueça o chocolate – você teria dinheiro suficiente para comprar o supermercado.

Em média, são necessárias sete visitas, exposições, "não" ou objeções para conseguir a venda. Qual é o segredo para chegar ao sétimo não? Persistência.

*A grande pergunta é:*
**Você deixa uma mensagem?**
*A grande resposta é:*
**Depende!**

# Ah, *NÃO!*... Secretária eletrônica!

**Tecle 1**... se você quer deixar uma mensagem.

**Tecle 2**... se você acha que sua ligação não terá retorno.

**Tecle 3**... se você já deixou três mensagens, não lhe retornaram a ligação e você quer enviar um raio direto pelo telefone e acabar com a pessoa que não retornou sua ligação.

**Tecle 4**... se você quer matar a pessoa que instalou a secretária eletrônica.

A secretária eletrônica pode ser o tormento do representante de vendas, mas não necessariamente.

É uma ferramenta para estabelecer contato. Não é para fazer uma venda. Seu objetivo é deixar uma mensagem que produza uma chamada de volta.

**AQUI ESTÁ UMA ALTERNATIVA:** Ignorar a secretária eletrônica e usar sua engenhosidade para entrar em contato direto com o cliente potencial.

*Aqui estão 5 orientações que definem a perspectiva de vendas da secretária eletrônica:*

1. É um jogo – jogue para ganhar.
2. Chegou para ficar – saiba como contorná-la.
3. Saiba como deixar uma mensagem (e quando não deixar). Saiba como deixar uma mensagem que terá uma resposta.
4. Seja habilidoso. Criativo. Inesquecível.

*Aqui estão algumas técnicas para contornar a secretária eletrônica e chegar direto ao cliente potencial:*

- **Tecle "0" para falar com a atendente.** Pergunte se o cliente potencial pode ser contatado por bip.

- **Diga à atendente que você não quer deixar mensagem e pergunte como pode falar com o cliente.**

- **Diga que você se perdeu nas opções, que não tem curso universitário e se ela pode ajudá-lo.** Se souber agir como uma pessoa em desespero, você conseguirá falar com alguém – provavelmente o CEO da diretoria administrativa.

- **Convença um funcionário da administração a lhe passar os horários de chegada e saída do cliente potencial.**

- **Tente conseguir agendar um encontro.**

- **Ligue antes de o segurança chegar.** (das 7h45 às 8h30).

- **Ligue depois de o segurança sair.** (das 17h15 às 18h30).

- **Ligue para o departamento de vendas** – eles o atenderão, se acharem que você pode ajudar. Além disso, é mais divertido falar com eles do que com funcionários do escritório.

- **Em uma empresa maior, ligue para o departamento de publicidade ou de relações públicas** – é função deles dar informações.

- **Encontre um defensor ou colega** – alguém dentro da empresa que goste de você ou que acredite no que você faz.

Por vários anos debati comigo mesmo se eu "deveria ou não deixar uma mensagem". Finalmente cheguei a uma conclusão sobre qual seria a melhor resposta. Sempre deixe uma mensagem. Mesmo que seja apenas seu nome e número de telefone. Não há motivos para não deixar uma mensagem. Embora reconheça que a secretária eletrônica possa ser frustrante, você precisa vê-la como uma oportunidade para fazer uma conexão e o desafio de ser criativo para conseguir o retorno de suas ligações. Se não deixar uma mensagem, é porque você não tem nada valioso a dizer.

**NOTE BEM:** Se você não tem uma mensagem valiosa, e mesmo assim CONSEGUIR falar com alguém, é provável que o cliente desligue na sua cara. Seu desafio é derrotar a secretária eletrônica usando a ferramenta de vendas que está sempre com você – seu cérebro.

# "Deixe uma mensagem e terei prazer em retornar sua ligação."... Não!

*"Tecle 1 se você quer deixar uma mensagem. Terei prazer em retornar sua ligação, assim que puder."* Certo. E Papai Noel lhe trará um pônei se você for um bom menino.

*"Tecle 2 se você está vendendo algo que eu não quero."* Está bem mais próximo da verdade.

Por que eles não retornam a ligação? Quando você decide gravar uma mensagem, que medidas pode tomar para garantir que sua ligação tenha retorno? Muitas.

*Se você vai deixar uma mensagem, aqui está uma série de técnicas para conseguir o retorno de ligações:*

• **Diga apenas seu primeiro nome e o número de telefone (de maneira bem profissional).** Parece que as chamadas são retornadas na proporção inversa à quantidade de informações deixadas.

• **Seja bem-humorado.** Um humor refinado terá resposta.

• **Seja indireto.** "Vou lhe enviar por correio informações importantes e quero confirmar seu endereço."

• **Ofereça diversão.** "Tenho dois ingressos para o Brasileirão e achei que você poderia estar interessado. [É um tiro certo.] Ligue-me se não puder ir, para que eu possa liberar os ingressos para outra pessoa."

• **Faça o cliente potencial se lembrar de onde vocês se conheceram, se este tiver sido um primeiro encontro positivo.**

• **Aguce sua curiosidade.** Deixe informações suficientes para atrair o interesse.

• **Faça uma pergunta provocativa ou que leve a pessoa a pensar.**

**NOTA**: Nunca deixe sua apresentação de vendas na secretária eletrônica. Não há ninguém lá para dizer sim. Seu objetivo é fazer contato. Seu objetivo é fornecer informações suficientes para criar uma resposta positiva.

**UMA TÉCNICA CLÁSSICA...** foi oferecida por Thomas J. Elijah III, da Elijah & Co. Real Estate, em uma reunião SalesMasters™. Thomas disse: "Deixe uma gravação parcial, que inclua seu nome e o número do telefone. Finja que sua mensagem foi cortada no meio da frase, quando você estava chegando à parte mais importante. Corte no meio de uma palavra. Isso funciona como um chamariz, pois o cliente não aguenta ficar sem saber o restante da informação, ou acha que a secretária eletrônica falhou".

*Alguns exemplos do Método Elijah: deixar seu nome e número, então dizer uma sentença pela metade, para gerar o máximo de interesse:*

- **Seu nome surgiu em uma conversa importante hoje, com Hugh...**
- **Eles estavam falando de você e disseram...**
- **Eu tenho um negócio a lhe propor que envolve 100 mil...**
- **Estou interessado em seu...**
- **Tenho seu...**
- **Encontrei seu...**
- **Tenho informações sobre seu...**
- **Sua concorrência disse...**
- **Estou ligando para falar sobre sua herança...**
- **Você é [nome completo da pessoa] que...**
- **Queremos ter certeza de que sua participação seja de...**
- **Estou ligando sobre o dinheiro que você deixou em...**
- **Alô. Estou ligando para Ed Mc...**

Liguei recentemente para Elijah, em busca de algumas informações. Testei sua técnica com ele mesmo, cortando minha mensagem no meio da sentença. Eu disse: "Vou citá-lo em minha coluna esta semana e preciso...". Ele me ligou em menos de 3 minutos, rindo histericamente. É uma técnica que pode revolucionar a maneira de se deixar mensagens. Uso-a desde então e sei que funciona. *Cuidado ao brincar com alguém que você não conhece.*

Se você está fazendo vários telefonemas, anote cada mensagem, de modo que você se lembre delas imediatamente, se/quando sua chamada for retornada. Não há nada pior (nem mais estúpido) do que receber uma ligação de volta e não ter ideia de quem seja. As empresas que usam secretária eletrônica dizem que o sistema ajuda a rastrear mensagens mais rapidamente, e que o método de gravação reduz erros e permite a obtenção de mensagens completas. É verdade, mas muitas pessoas usam a secretária eletrônica para evitar atender o telefone.

Se você está pensando em comprar uma secretária eletrônica, não pense só na conveniência. Antes de se comprometer com um sistema específico, considere o impacto em seus clientes.

Eles terão um atendimento melhor? Você manterá um atendimento receptivo, humano, apesar do sistema eletrônico?

Não confunda *secretária eletrônica* com sistema de atendimento automático. No atendimento automático, o computador realmente atende o telefone. É a pior invenção que já existiu no mundo dos negócios.

*Aqui está um tipo de sistema de secretária eletrônica mais amigável para usar:*

1. **Respostas humanas.**
2. **Alguém monitora, para ter certeza de que a pessoa para quem você ligou o está atendendo.**
3. **Se a pessoa não estiver na sala, o funcionário atende: "Sr. Jones não está. Eu poderia ajudá-lo, transmitindo seu recado pessoalmente, ou o senhor gostaria de deixar uma mensagem detalhada na secretária eletrônica dele?"**
4. **Você desmaia com o choque.**
4,5. **Você conta para outras pessoas.**

Tecle 1 se você detesta secretária eletrônica. Toque no ponto fraco do cliente se você quer receber uma ligação de volta e fazer a venda, apesar de tudo. Pressione.

## Se você deixar uma mensagem na secretária eletrônica de alguém, pergunte-se: "Eu retornaria esta ligação?".

## Se você hesita em dizer *sim*, mude a mensagem.

> *Assuma o risco.*
> *Aproveite a chance.*
> *Use sua criatividade.*
> *Não tenha medo de cometer um erro,*
> *não tenha medo de falhar, não se preocupe*
> *com a rejeição e não desista só porque*
> *um grosseirão não quer vê-lo.*

# Não conseguiu marcar uma visita?

O cara não quer me receber. Não consigo marcar uma visita. Ele não me esperou para a visita. Ele não vai se comprometer com uma visita. Ela não vai retornar minha ligação. Ele já mudou a data da visita três vezes em duas semanas.

Bem-vindo à realidade de um representante de vendas. As situações anteriores não são problemas – mas sintomas. Quando esses sintomas (desculpas) ocorrem, são objeções não declaradas, mas óbvias. Escolha uma que se aplique a você.

*Se nenhuma dessas se aplica a você, pense novamente:*

- Você não estabeleceu interesse suficiente.
- Você não deu valor algum.
- Você não criou nem descobriu uma necessidade.
- Você é incapaz de estabelecer um vínculo, ou não conseguiu.
- O cliente potencial já está fazendo negócio com alguém com quem está satisfeita.
- Você esteve conversando (falando) em vez de perguntar (vender).
- O cliente potencial não o considera tão importante a ponto de lhe dedicar um tempo para uma reunião.
- O cliente potencial sente a "venda" em vez de o "relacionamento".
- O cliente potencial tem uma impressão desfavorável de você, de sua empresa ou de seu produto.

*Seja criativo. Você não vai deixar que pequenos obstáculos o impeçam de atingir seu objetivo. Não é?*

*Aqui estão algumas estratégias que têm funcionado:*

• **Consiga uma referência.** Encontre alguém que queira indicá-lo. Se possível, faça a pessoa ligar para o cliente, em seu nome (para facilitar as coisas ou descobrir a verdadeira razão de não querer vê-lo).

• **Use o fax.** Envie uma carta de referência, uma lista das 10 mais, um *cartoon*, ou uma página da agenda com seu horário vago para a próxima semana. Use o fax para abrir caminho.

• **Mande uma planta, flores ou um pequeno presente.** Você ficará surpreso com a quantidade de gelo que consegue quebrar com um presente. Flores podem atravessar uma parede de tijolos, não importa quão grossa ela seja. O presente certo trará uma resposta notável.

• **Aproxime-se do pessoal administrativo, que conhece melhor seu cliente potencial.** Descubra o que ele gosta. Seu horário provável – de chegada e saída. Reúna informações.

• **Marque um encontro em um evento de rede.** Uma reunião da associação comercial, uma palestra na câmara de comércio, um jogo de bola. Quer saber onde ele estará? Pergunte ao auxiliar de escritório que trabalha com ele ou à equipe de vendas.

• **Envie uma carta provocativa, sem ser provocativo.** Escreva perguntas ou afirmações que levem o cliente a pensar. Não venda seu produto; só desperte o interesse e consiga uma visita.

• **Faça uma visita surpresa em um horário que você sabe (descobriu com o funcionário do escritório) que ele estará lá.** A melhor hora é antes ou depois do expediente.

• **Arrisque. Dê uma chance a você mesmo.** Use a criatividade. Não tenha medo de errar, não tenha medo de falhar, não se preocupe com rejeição e não desista só porque algum grosseirão não quer recebê-lo. Se você acredita que pode ajudar, nunca desista.

## INFORMAÇÕES ✗ GRÁTIS... Existem benefícios que vão além da obtenção da visita. Use seu poder criativo para alcançar outros quatro objetivos. Para ler a lista, visite www.gitomer.com, cadastre-se, se esta for sua primeira vez, e digite as palavras CREATIVE POWER no campo GitBit.

# A BÍBLIA DE VENDAS

## Parte 6
### Inimigos e Choramingos

# O Livro das Lamentações

☆ Quando más vendas acontecem
com boas pessoas ............................ 208

☆ 18,5 características de fracassos
na carreira de vendas........................ 210

> "Você não será um vencedor se ficar choramingando... Chorão."
>
> — *Jeffrey Gitomer*

6.1

*Você não precisa vender...*
*Em 95% das vezes o cliente comprará!*

# Quando más vendas acontecem com boas pessoas.

Todas as profissões têm um lado bom e outro ruim. Vendas não é uma exceção. Pesquisas mostram que a única coisa pior que um vendedor, na mente dos norte-americanos, é um político.

Recebi uma ligação de um sujeito dizendo que foi a uma concessionária para comprar à vista um carro novo. O vendedor era tão ruim que ele saiu sem comprar, ainda está sem carro, e comentou com 25 a 50 pessoas como foi ruim sua experiência. Infelizmente, esse acontecimento não é um fato isolado. Há milhares de exemplos semelhantes. Mas não ocorreram com você, não é?

Todo proprietário de negócio e representante de vendas que estiver lendo este livro vai garantir: "Isso não pode acontecer aqui". E estão redondamente enganados. Os vendedores ficam confiantes demais, acham que sabem tudo, que o cliente é idiota ou não percebe a tática deles, tratam todos da mesma maneira e acabam perdendo a venda.

Eles não focam nos elementos fundamentais para posicionar o cliente efetivo ou potencial para a compra. Relaxe – você nem sempre precisa *vender*. Se agir corretamente, em 95% das vezes o cliente vai *comprar*!

*Aqui estão 10 erros comuns cometidos por representantes de vendas que sabem tudo (e que na verdade sabem pouco ou nada):*

**1. Prejulgar o cliente potencial** – Pela aparência, roupas ou fala, você decidiu que tipo de pessoa ele é, se tem ou não dinheiro e se vai comprar.

**2. Fraca qualificação do cliente potencial** – Você falha ao fazer as perguntas certas sobre o que o cliente potencial quer ou precisa antes de iniciar o processo de venda.

**3. Não ouvir** – Você se concentra em um ângulo de *venda* em vez de tentar entender o que o cliente potencial quer (precisa) *comprar*.

**4. Esnobismo** – Você age ou fala julgando-se superior ao cliente potencial. Faz o comprador sentir-se desigual no processo de venda/compra. Falta de respeito.

**5. Pressão para comprar imediatamente** – Se você precisa apelar para essas táticas, é porque tem medo de que o cliente possa encontrar um negócio melhor em outro lugar. Também indica uma atitude de "não relacionamento".

**6. Não tratar de necessidades** – Se você ouvir os clientes potenciais, eles lhe dirão exatamente o que querem ou precisam. Ofereça algo que atenda a essas necessidades, e o cliente potencial comprará. Não venda se baseando em você. Venda percebendo o cliente potencial.

**7. Definir fechamentos e mostrar-se agressivo** – "Se eu puder fazer esse preço, você vai comprar hoje?" é uma frase repulsiva em vendas, reservada para representantes que estão precisando de treinamento, ou que gostam de perder clientes. Quando você fechar, não seja óbvio.

**8. Fazer o comprador duvidar de suas intenções** – Se você muda sua atitude amável para pressionar no final da apresentação, ou altera as condições ou os preços, o comprador perde a confiança – e você perde a venda.

**9. Faltar com a sinceridade** – *A sinceridade é essencial. Se você for falso, mostrará sua intenção,* diz um velho ditado em vendas. É verdade. A sinceridade é a chave para construir a confiança e estabelecer um relacionamento com um cliente potencial, que se tornará efetivo se você conseguir transmiti-la.

**9,5. Ter atitude inadequada** – "Estou fazendo o favor de vender para você. Não me peça para me desdobrar, pois isso não vai acontecer."

*A seguir, apresento um teste fácil para você determinar se está perdendo clientes. Você pode responder sim a estas perguntas?*

- **Sei quais são as necessidades de meu cliente potencial antes de começar o processo de vendas?**
- **Estou atendendo às necessidades do cliente potencial durante a venda?**
- **Olho para o cliente potencial quando ele está falando?**
- **Faço anotações e perguntas para reforçar meu entendimento?**
- **Eu compraria de mim se fosse o cliente?**
- **Sou sincero?**

*Espero que você responda não a estas perguntas:*

- **Uso táticas de pressão para o cliente comprar imediatamente?**
- **Tenho de recorrer a um concurso de vendas e contar ao cliente uma história triste para tentar realizar a venda?**
- **Uso táticas de vendas antiquadas e considero meu cliente potencial tolo demais para perceber?**
- **O comprador duvida de minhas intenções?**
- **Alguns contratos são cancelados depois que o cliente potencial vai para casa e pensa melhor?**

*O fracasso é um evento, e não uma pessoa.*
*– Zig Ziglar*
*As pessoas não temem o fracasso, elas simplesmente*
*não sabem como obter sucesso.*
*–Jeffrey Gitomer*

# 18,5 características de fracassos na carreira de vendas.

Cada um de nós é responsável pelo próprio sucesso (ou fracasso). Vencer em uma carreira de vendas não é exceção. Para assegurar o sucesso, você deverá tomar medidas antecipadas. A prevenção do fracasso é parte importante desse processo.

Se você se pega dizendo: *"Não sou talhado para vendas"*... *"Não estou me esforçando o suficiente"*... *"Odeio visitas inesperadas"*... *"Não consigo aceitar a rejeição"*... *"Meu chefe é um babaca"*... ou *"Meu chefe é um verdadeiro babaca"*, você está seguindo o caminho errado.

*Apresento aqui 18,5 características e traços recorrentes de pessoas que pensaram que poderiam ter sucesso na carreira de vendas, mas falharam na tentativa e saíram de campo com o taco nos ombros, sem conseguir rebater a bola. Quantas destas características se aplicam a você?*

**1. VOCÊ NÃO ACREDITA EM SI MESMO.** Se você acha que não consegue, quem achará?

**2. VOCÊ NÃO ACREDITA NO SEU PRODUTO.** Não acreditar que o seu produto ou serviço é o melhor terá uma consequência. A falta de convicção é evidente e se manifesta em números baixos de vendas.

**3. VOCÊ NÃO ESTABELECE NEM ATINGE OBJETIVOS. NÃO PLANEJA.** Se você não se dedica a definir e atingir objetivos específicos de longo nem de curto prazo, como vai conseguir o que quer?

**4. VOCÊ É PREGUIÇOSO OU NÃO ESTÁ PREPARADO PARA A VENDA.** Sua automotivação e preparação resumem a essência que você não consegue alcançar. Você deve estar sempre ansioso e pronto para vender, ou não venderá.

**5. VOCÊ FRACASSA AO NÃO ENTENDER COMO ACEITAR A REJEIÇÃO.** Eles não o estão rejeitando; só rejeitam a oferta que você está fazendo.

**6. VOCÊ NÃO TEM O CONHECIMENTO TOTAL DE SEU PRODUTO.** O conhecimento total do produto lhe dá liberdade mental para se concentrar na venda.

**7. VOCÊ FOGE DE APRENDER E EXECUTAR OS FUNDAMENTOS DAS VENDAS.** Leia, ouça CDs, participe de seminários e pratique o que acabou de aprender. Tudo o que você precisa saber sobre vendas já foi escrito ou falado. Aprenda algo novo todos os dias.

**8. VOCÊ NÃO SE DEDICA A ENTENDER O CLIENTE E ATENDER ÀS SUAS NECESSIDADES.** É uma grande falha deixar de questionar e ouvir o cliente potencial e descobrir suas verdadeiras necessidades. Inclui prejulgar os clientes potenciais.

**9. VOCÊ TEM DIFICULDADE PARA SUPERAR OBJEÇÕES.** Essa é uma questão complexa. Você não está ouvindo o cliente potencial, não está pensando em termos de solução, não é capaz de criar uma atmosfera adequada, de confiança e credibilidade, para causar (provocar) uma venda.

**10. VOCÊ NÃO CONSEGUE LIDAR COM AS MUDANÇAS.** Parte das vendas é mudança. Mudança em produtos, táticas, mercados. Aceite as mudanças para ter sucesso. Resista e fracassará.

**11. VOCÊ NÃO CONSEGUE SEGUIR AS REGRAS.** Os representantes de vendas frequentemente pensam que as regras são feitas para os outros. Você acha que elas não foram feitas para você? Então reconsidere. Violar regras só levará à sua demissão.

**12. VOCÊ NÃO CONSEGUE CONVIVER COM OS OUTROS** (colegas e clientes). As vendas nunca são um esforço de uma única pessoa. Você precisa formar uma equipe com seus colegas e associar-se ao seu cliente.

**13. VOCÊ É GANANCIOSO DEMAIS.** Quer vender para ganhar comissões em vez de pensar em ajudar os clientes.

**14. VOCÊ DEIXA DE CUMPRIR O QUE PROMETEU.** Quebrar uma promessa, seja para sua empresa ou seu cliente, é um desastre do qual você talvez nunca mais se recupere. Se continuar a agir assim, ficará definitivamente marcado.

**15. VOCÊ NÃO ESTABELECE RELACIONAMENTOS DURADOUROS.** Tentar ganhar comissão leva ao fracasso pelo uso da insinceridade. Leva ao fracasso por falta de serviço. Leva ao fracasso de não ter outra motivação além do dinheiro.

**16. VOCÊ NÃO PERCEBE QUE O TRABALHO DURO LEVA À SORTE.** Observe as pessoas que você acha que têm sorte. Elas (ou alguém da família delas) empregaram anos de trabalho duro para desenvolver essa sorte. Você pode fazer o mesmo por você.

**17. VOCÊ CULPA OS OUTROS QUANDO A FALTA (OU RESPONSABILIDADE) É SUA.** Aceitar a responsabilidade é ponto fundamental para o êxito em qualquer empreendimento. O critério é ter iniciativa. A execução é a recompensa (e não o dinheiro – dinheiro é apenas um subproduto da execução perfeita).

**18. VOCÊ NÃO PERSISTE.** Você está disposto a receber um *não* como resposta e aceitá-lo sem resistir. Você é incapaz de motivar o cliente a agir, ou não está disposto a persistir até a sétima ou décima exposição necessária para fazer a venda.

**18,5. VOCÊ FRACASSA EM ESTABELECER E MANTER UMA ATITUDE POSITIVA.** É a primeira regra da vida.

Se você é fraco em qualquer uma das 18,5 características citadas anteriormente, você precisa mudar, assim que possível. Os fracassos em vendas são como o câncer – na maioria das vezes, é autoinfligido por causa de maus hábitos e negligência. Fácil de descobrir, difícil de curar, mas não impossível. É necessário ter ajuda externa e tratamentos regulares para manter uma excelente saúde em vendas.

O fracasso não diz respeito à insegurança, mas à falta de execução. Não existe o fracasso total.

*Existem graus de fracasso. Aqui estão 4,5 deles:*

1. **Não conseguir fazer o melhor.**
2. **Não conseguir aprender.**
3. **Não conseguir aceitar responsabilidade.**
4. **Não conseguir cumprir cotas ou atingir metas preestabelecidas.**
4,5. **Não conseguir ter uma atitude positiva.**

Qual é o seu grau?

"Eu nunca fiz baldes de dinheiro para a empresa porque até hoje ninguém nunca me deu um balde."

# A BÍBLIA DE VENDAS

## Parte 6
### Inimigos e Choramingos

# O Livro da Concorrência

☆ Dançando com a concorrência?
Veja onde pisa. ................................ 214

**6.2**

---

**"É claro que você sabe, isto significa GUERRA."**
— *Bugs Bunny/ Groucho Marx*

Concorrência...

Senhores, comecem sua apresentação.

Ao vencedor, as vendas.

Tudo é justo no amor e nas vendas.

Estou a fim de vender.

Carl Lewis ganhou três Olimpíadas seguidas, na corrida de 100 metros. Quem ficou em segundo lugar? Alguém liga para isso?

Você segue em busca do ouro ou vai chegar em segundo lugar?

Não há prêmio para o segundo lugar em vendas.

Quando você está em uma corrida com seu concorrente, saiba o que deve fazer...

# Dançando com a concorrência? Veja onde pisa.

Como você se sente em relação aos concorrentes? Você diz: "Tenho um excelente relacionamento com meus concorrentes"?

Certo. Se você precisasse de 50 mil, ou seu negócio fosse quebrar, garanto que seu *amigo* concorrente lhe mandaria uma nota de *boa viagem*.

Caia na real. Os concorrentes podem conversar com você, ser gentis com você, e podem até fingir ajudar, mas pergunte a eles se prefeririam que você estivesse morto ou vivo. Aposto no seu funeral.

*Eles me ajudam, mostram oportunidades, ligam para discutir problemas comuns, há negócio suficiente para todos* – seus concorrentes estão esperando que você faça tal afirmação enquanto planejam sistematicamente destruí-lo. Essa é a vida na selva dos negócios (e principalmente nas vendas).

Concorrência amigável – essa é boa. "Agora, sejamos justos. Fiz a última venda, então esta é sua." Meu caro, a concorrência amigável é um tipo de cobra. Vai picá-lo em segundos. E é *difícil* distinguir se não é venenosa.

A concorrência se parece muito com uma cobra desconhecida. Potencialmente venenosa, não é alguém que você queira por perto. É melhor saber tudo sobre as cobras, e também respeitá-las, e sempre levar um kit contra picadas – caso seja necessário.

*Dados sobre os concorrentes e o que eles sentem por você:*

- Alguns são bons.
- Alguns vão colaborar.
- Alguns são éticos.
- Alguns gostam dos concorrentes.
- Alguns vão gostar de você.
- Alguns vão negociar com você.
- Alguns vão ajudá-lo.
- A maioria não, pois a maioria não gosta de você.

*Como lidar com os concorrentes:*

- Saiba qual é a posição de cada um no mercado.
- Identifique seus principais clientes.
- Eles estão tirando negócios de você, ou você está tirando negócios deles?
- Eles recrutaram algum funcionário seu?
- Consiga todas as informações sobre eles (literatura de vendas, manuais).
- Obtenha a lista de preço deles.
- Faça pesquisa sobre eles a cada trimestre. Saiba o que oferecem e como vendem.
- Identifique onde eles são mais fracos que você e jogue com isso.
- Reconheça onde eles são mais fortes que você e corrija isso... IMEDIATAMENTE.

*Em uma visita, quando você está contra os concorrentes...*

- Nunca diga nada negativo sobre eles, mesmo que o cliente potencial o faça.
- Elogie-os como concorrentes respeitáveis.
- Demonstre que os respeita.
- Mostre como você difere – como seus benefícios são melhores.
- Enfatize suas forças e não suas fraquezas.
- Mostre o testemunho de um cliente que passou para o seu lado.
- Mantenha sua ética e profissionalismo o tempo todo – mesmo que isso signifique morder a língua até sangrar.

"Concorrência não significa guerra. Significa aprender, significa preparar-se, significa ser o melhor."

– *Jeffrey Gitomer*

# A BÍBLIA DE VENDAS

## Parte 7
### Todos Reverenciam o Rei... Cliente

# O Livro do Atendimento ao Cliente

☆ O segredo do excelente atendimento ao cliente ............................................... 218

☆ O excelente atendimento ao cliente é uma poderosa ferramenta de vendas . 220

☆ As reclamações do cliente geram vendas... Se você lidar com elas corretamente ..................................... 222

## 7.1

---

## "Atender é a regra."
*– Lao Tsu*

Você está atendendo da maneira como espera ser atendido?

Deixe o cliente feliz.

Mantenha o cliente feliz. Para sempre.

Se você não tem tempo nem interesse em fazer isso, alguém terá.

Venda e dê um atendimento para você voltar a vender novamente.

E regularmente.

Onde começa o atendimento ao cliente? Na próxima década, COMEÇARÁ com um cliente 100% satisfeito. Comece agora.

Não deixe seus clientes cantarem *I can't get no satisfaction* (Não consigo ter satisfação nenhuma).

Veja como criamos um atendimento memorável, inesquecível...

*O atendimento satisfatório
não é mais aceitável.*

# O segredo do excelente atendimento ao cliente.

Atendimento ao cliente é um dos termos mais amaldiçoados que existem. Com incrível frequência, ficamos tão desapontados com o atendimento (ou com a atitude ligada ao atendimento), que procuramos outro lugar. Espantoso. A empresa fez a venda, conseguiu o cliente e então, por causa de uma atitude rude, indiferente, de um follow-up fraco, de maus serviços, de lentidão ou outros fatores, perdeu o cliente que tanto lutou (e gastou) para conseguir.

Parece ridículo, mas acontece milhares de vezes todos os dias. Aconteceu com cada um de nós várias vezes. E, cara, como falamos sobre isso. Dados estatísticos mostram que um cliente insatisfeito relata o fato a um número de pessoas 20 vezes maior do que um cliente satisfeito.

Quanto seu atendimento ao cliente é bom? Uma vez feita a venda, você se preocupa em manter o cliente tanto quanto se esforçou para consegui-lo?

Participei de um seminário de Ty Boyd chamado *O Espírito do Atendimento ao Cliente*. Achei que teria uma excelente lição de um grande orador. Eu estava enganado. Aprendi uma série inacreditável de lições de um apresentador mestre. Fui recompensado com mais de 100 regras, lições e exemplos sobre o que fazer e o que NÃO fazer na ocupação infindável de atender (e preservar) o cliente.

*Como perdemos clientes? Ty oferece os Sete Pecados Capitais do Atendimento:*

1. Colocar dinheiro ou lucros à frente do atendimento.
2. Vaidade gerada pelo sucesso (ficar inchado).
3. Criar níveis hierárquicos, sem promover trabalho de equipe (colegas reclamando dos outros ou se lamentando "Não é trabalho meu").
4. Falta de treinamento, reconhecimento ou estímulo.
5. Não ouvir – antecipar a resposta, antes de compreender a situação.
6. Isolar-se – não prestar atenção ao cliente ou ao concorrente.
7. Falar e não cumprir, ou pior, mentir.

É provável que tenhamos sido vítimas de cada um desses pecados uma vez ou outra. No entanto, caso eu pergunte se você comete um desses pecados, você dirá *NÃO*. Ora, alguém está mentindo ou vivendo na terra da fantasia.

O atendimento ao cliente é uma questão crítica, complexa, para o sucesso permanente de qualquer negócio. *É fácil sair dos trilhos sem orientações e padrões.*

*Alguns conselhos de Ty Boyd sobre atendimento ao cliente incluem...*

- **O atendimento satisfatório não é mais aceitável.**
- **O atendimento começa em 100%.**
- **A percepção do cliente é a realidade.**
- **Um erro é uma chance para a empresa se aprimorar.**
- **Os problemas podem criar reorganizações benéficas.**
- **Faça o cliente sentir-se importante.**
- **Aprenda a fazer perguntas.**
- **A arte mais importante – a arte de ouvir.**

Ty falou detalhadamente sobre refinar a habilidade de ouvir. É uma chave vital no processo de atendimento ao cliente. Como vendedores, tendemos a falar demais. Às vezes, perdemos vendas e clientes porque não ouvimos suas verdadeiras necessidades e desejos.

*Ty ofereceu as seguintes regras para maximizar suas habilidades de ouvir e aumentar a satisfação do cliente:*

1. **Não interrompa.** ("Mas... mas... mas...").
2. **Faça perguntas, e então cale-se.** Concentre-se realmente em ouvir.
3. **O preconceito distorcerá o que você ouve.** Ouça sem prejulgar.
4. **Não passe para a resposta antes de ouvir TODA a situação.**
5. **Ouça para saber os objetivos, detalhes e conclusões.**
6. **A escuta ativa envolve interpretação.**
7. **Ouça o que não foi dito.** O que está implícito, frequentemente, é mais importante do que a fala.
8. **Pense entre as frases proferidas.**
9. **Digira o que é dito (e não dito) antes de acionar sua boca.**
10. **Demonstre que você está entrando em ação enquanto ouve.**

Parece simples – e é! Concentre-se nisso.

# O excelente atendimento ao cliente é uma poderosa ferramenta de vendas.

O atendimento ao cliente é a busca permanente da excelência, para deixar o cliente tão satisfeito que ele vai contar aos outros como foi tratado.

É assim que seus clientes se sentem? Se for, você está entre 5% das empresas norte-americanas. Os outros 95% estão aquém da marca, de acordo com Ty Boyd. Durante anos, Ty compilou informações e fez palestras no mundo inteiro sobre esse assunto.

Todo negócio tem uma definição diferente de atendimento ao cliente, por causa dos diferentes tipos de produtos e serviços oferecidos. As constantes entre eles são os atributos do atendimento ao cliente.

*Aqui estão 12 atributos-chave apresentados no seminário de Boyd. Quantos existem em sua empresa?*

1. Dedicação à satisfação do cliente adotada por *todos* os funcionários da empresa.

2. Resposta imediata ao cliente (agora, e não amanhã).

3. Os indivíduos assumem responsabilidade pelas necessidades dos clientes (e não passam a bola).

4. Faça o que diz e realize um follow-up imediatamente.

5. Acordo e empatia com a reclamação ou situação do cliente.

6. Flexibilidade para atender a necessidades específicas de clientes individuais (a capacidade de ir além dos *procedimentos da empresa*).

7. Uma transferência de poder aos funcionários, para tomarem decisões.

8. Entrega consistente, pontual.

9. Cumprimento do que foi prometido antes E depois da venda.

10. Um programa de entrega com *defeitos zero* ou *sem erros*.

11. Pessoas excelentes para atender aos clientes e implementar o atendimento ao cliente.

12. Sorrir quando fala ao telefone.

## "Anote e viva os procedimentos de atendimento ao cliente",

diz Ty Boyd (*apaixonadamente*).

**AUTO ZONE** – Deu o nome de *WOW Service* ao seu serviço e oferece um atendimento à altura. Tem o programa GOTTChA – Get Out To The Customer's Car and Assist (Vá até o carro do cliente e dê assistência). A empresa usa a filosofia *WITTDTJR – What It Takes To Do The Job Right* (O que é preciso para fazer o trabalho corretamente). E você? A Auto Zone tem funcionários com muita energia, especializados, dedicados a cumprimentar e auxiliar os clientes, com uma ênfase especial em ajudar as mulheres a se sentir informadas sobre os produtos de que precisam. Suas lojas são cheias de vida e os clientes sentem isso.

**NORDSTROM** – Toda a política de serviço aplicada aos funcionários é: *"Use seu bom senso em todas as situações"*. Os participantes do seminário, que tinham ido lá pesquisar, citaram um exemplo atrás do outro de atendimento muito além do dever, incluindo procurar os concorrentes para comprar produtos indisponíveis e oferecê-los aos clientes sem taxa adicional.

**L.L. BEAN** – Para um funcionário poder dizer *não* a um cliente, deve ter a aprovação do gerente. Pense nisso.

A filosofia é simples... O bom atendimento constrói fortunas com os clientes regulares. O mau atendimento levará seus clientes para os concorrentes.

Toda vez que você encontrar um cliente, tente isto: meça o valor (e o lucro) do cliente em 10 anos, e você começa a olhar para ele de uma forma totalmente nova.

Ty escreveu uma lista de *51 Maneiras de se Aproximar do Verdadeiro Chefe, o seu Cliente*. Aqui estão alguns exemplos:

- **Determine que a direção faça telefonemas de vendas regularmente.**
- **Instale a *linha direta* do cliente.**
- **Faça uma política para responder a todas as ligações com solicitações ou reclamações em menos de 1 hora.**
- **Estabeleça como objetivo resolver toda reclamação dentro de 24 horas... E então reduza para 12 horas.**
- **Exija que a direção atenda pessoalmente às reclamações.**
- **Crie um slogan centrado no conceito "[Nossa Empresa] significa ATENDIMENTO". Coloque-o nas paredes, no cabeçalho de seus impressos, em sua literatura, nos uniformes. Faça uma tatuagem do slogan na sua testa.**

> *Quando o cliente chega com uma reclamação, você ganha a oportunidade de consolidar um relacionamento.*

# As reclamações do cliente geram vendas... Se você lidar com elas corretamente.

O cliente está sempre certo. Exceto quando está errado, o que acontece na maior parte das vezes. Em vendas, certo e errado não importam. É a percepção do cliente que importa. Manter o cliente satisfeito e feliz é o que importa. Qual é o melhor método para lidar com a temida RECLAMAÇÃO DO CLIENTE? Tente o *Método do Toque Pessoal*.

O *Método do Toque Pessoal* é uma estratégia que desenvolvi e usei várias vezes. Para aplicá-la, você deve primeiro, e antes de tudo, *assumir a responsabilidade*, mesmo que a falta não seja sua e você nem vá lidar com ela. O cliente não liga. Ele está furioso. Ele só quer que você resolva. Agora.

*Aqui estão 14,5 passos para assumir a responsabilidade ao lidar com um cliente insatisfeito ou descontente.*

1. Diga que você entende como ele se sente.
2. Demonstre empatia. (Confesse que você também ficaria furioso. Conte algo semelhante que aconteceu com você.)
3. Ouça o tempo todo. Confira se o cliente lhe disse tudo. Não interrompa. Faça perguntas para entender melhor o problema e para descobrir o que será necessário para satisfazer o cliente.
4. Concorde com ele, se possível. (Nunca discuta, nem se irrite.)
5. Faça anotações e confirme se tudo foi tratado, e se ele disse tudo o que queria/precisava dizer.
6. Seja o embaixador de sua empresa. Garanta ao cliente que você resolverá pessoalmente o problema.

7. Não culpe os outros, nem procure um bode expiatório. Admita que você e/ou a empresa estavam errados, assuma a responsabilidade e prometa corrigir o erro.

8. Não passe a bola. *"Esta não é minha função..."*, *"Acho que ele disse..."*, *"Ela não está aqui agora..."*, e *"Alguém vai tratar disso..."* são respostas que nunca se aplicam nem são aceitas pelo cliente.

9. Aja imediatamente. Quando algo está errado, as pessoas querem (e esperam) que seja corrigido imediatamente. O cliente quer tudo perfeito.

10. Encontre um terreno comum além do problema. (Tente estabelecer um vínculo.)

11. Use humor, se possível. Quando as pessoas riem, elas ficam mais à vontade.

12. Imagine, comunique e concorde com uma solução. Dê opções ao cliente se possível. Confirme isso (por escrito, se necessário). Diga o que planeja fazer... E FAÇA!

13. Faça uma visita de follow-up depois que a situação estiver resolvida.

14. Consiga uma carta se puder. Resolver um problema de forma favorável e positiva reforça o respeito, constrói o caráter e estabelece uma base sólida para relacionamentos duradouros. Diga ao cliente que você ficaria grato se ele escrevesse um ou dois parágrafos sobre como a situação foi resolvida.

14,5. Pergunte-se: "O que aprendi e o que posso fazer para evitar que esta situação aconteça outra vez? Preciso fazer mudanças?".

**A RECUPERAÇÃO É PODEROSA.** Quando você deixa um cliente descontente satisfeito, e consegue fazê-lo escrever uma carta dizendo que ficou contente e realizado, eu diria que você iniciou um sólido relacionamento duradouro.

## Se o problema não for resolvido, o cliente certamente procurará seu concorrente.

*É importante conhecer algumas realidades práticas, ao tentar executar a tarefa de satisfazer o cliente:*

- O cliente sabe exatamente o que e como quer, mas pode ser um comunicador ruim e não lhe contar tudo, ou dizer de uma forma difícil de entender. Se o cliente não conseguir fazer a reclamação de maneira clara e concisa, cabe a você ajudá-lo.
- Lembre-se de que você é o cliente em outras situações. Pense no atendimento que o espera quando você for o cliente.
- Todo cliente acha que é único. Trate-o assim. Faça com que ele se sinta importante.
- O cliente é humano e tem problemas como nós.
- O cliente espera um atendimento imediato.
- Tudo se resume a você.
- A percepção do cliente é a realidade.
- Qual a dificuldade de tentar dar ao cliente o que ele quer?

*"Quando você diz 'satisfação garantida', você está falando da minha satisfação ou da sua?"*

# A BÍBLIA DE VENDAS

## Parte 8
## Pregando o Evangelho

# O Livro das Comunicações

☆ A reunião semanal é um gerador
de novas vendas ................................ 226

☆ A carta de vendas funcionará, se
você conseguir escrevê-la ................. 228

☆ Quer fechar mais vendas? Ouça
mais atentamente! ............................ 231

☆ Aprenda a ouvir em uma palavra...
Cale-se! ............................................ 234

☆ Há 100 bilhões de tipos de
compradores. Vai entender! .............. 237

## Dizer o quê?

Comunicação é o sangue vital do processo de venda.

Comunicação não é apenas falar.

É realizar sua missão. Consiste em falar, escrever, ouvir e fazer.

A comunicação total com seus clientes e associados deve ser seu objetivo.

Converse,
ouça,
renove,
para que o pedido seja assinado.

Comunicação = Vendas!

8.1

*Marque uma visita assim que
terminar sua reunião de vendas.
Você estará motivado. Por que não mostrar
esse entusiasmo a um cliente potencial?*

# A reunião semanal é um gerador de novas vendas.

A cafeína das vendas. A reunião de vendas logo cedo.

As reuniões da equipe de vendas fazem a ligação vital entre o que a empresa espera da equipe e o que é realmente vendido. Nelas, o marketing é convertido em vendas. Mas com que frequência se perde a oportunidade oferecida por essas reuniões? Resposta: continuamente.

As reuniões de vendas deveriam ser um fórum de relatos, de apoio e orientação para a realização das metas, de incentivo, solução de problemas, troca de experiências e comunicação. O objetivo da reunião é motivar e preparar a equipe para vender.

**NOTA:** Deixei dois itens fora do menu – lamentar-se e reclamar. Eles não são permitidos.

*Na semana passada, participei de uma reunião de vendas bem-elaborada na manhã de segunda-feira.*

- **Havia uma pauta e foi respeitada.**
- **Cada um dos participantes teve a oportunidade de falar sobre sua melhor venda da semana passada.**
- **Todos tiveram uma aula em vendas**
- **Poucos assuntos administrativos foram abordados.**
- **Houve 15 minutos para conhecimento do produto.**

**SE VOCÊ QUER CLASSIFICAR SUA REUNIÃO SEMANAL,** faça a seguinte pergunta: se ela não fosse obrigatória, quem compareceria?

A reunião de 2 horas manteve a equipe envolvida e disposta a aprender. Foi uma das raras reuniões de vendas, das quais participei, que não gerou reclamações e ainda produziu excelentes informações.

Como você consegue uma excelente reunião de vendas todas as vezes? Fazendo um planejamento, preparando-a. Deixe que outras pessoas tenham a oportunidade de conduzi-la. Estabeleça uma pauta que funcione, que seja interessante, produtiva, que inclua a participação de todos, e NÃO FUJA DA PAUTA.

*Alguns critérios a considerar:*

• **Aborde poucas questões administrativas.** Em 5 minutos, no máximo.

• **Elimine procedimentos desinteressantes**, como examinar novos formulários, discorrer sobre a política da empresa, ressaltar disputas pessoais e o que deu errado. Imagine uma forma melhor, mais rápida de se comunicar. Experimente preparar e distribuir uma folha contendo instruções sobre o novo formulário. DICA: Os representantes de vendas não prestam atenção às questões administrativas.

• **Não apresente problemas, a não ser que você já tenha pensado nas soluções.** Essa regra se aplica a todos. Oriente as pessoas para soluções.

• **Programe situações divertidas que produzam um clima agradável.** Distribuir prêmios, partilhar histórias de sucesso.

• **Crie condições para que os representantes de vendas aprendam mais sobre a profissão.** Toda semana, apresente uma breve lição sobre determinado tópico. A aula deve ser preparada e apresentada por alguém da equipe.

• **Ajude os representantes de vendas a ganhar mais dinheiro.** Acabe com as objeções e obstáculos que geram discussão. Dinamize as soluções.

• **Transforme a reunião em uma experiência real.** Toda semana, convide um cliente para participar e dizer por que compra de você. Você ficará surpreso com essa poderosa dose de realidade. O cliente dissecará o processo de COMPRA (uma maneira mais potente do que você tentar entender o processo de VENDAS).

• **Faça reuniões logo cedo.** Prepare um ótimo café da manhã.

• **Exija pontualidade.** Multe os atrasados e recompense os que chegam mais cedo. COMECE NA HORA, não importa o que aconteça, e TERMINE NA HORA.

• **Enfatize o positivo.** Apoie seu pessoal em público, principalmente entre colegas. Se você tem algo negativo sobre um indivíduo, diga só a ele, em particular.

É na reunião de vendas que se planejam as vendas da semana. Algumas pessoas a usam para criticar e reclamar; outras a usam para incentivar e aprender – adivinhe quem ganha?

*Vá direto ao assunto na primeira frase.*

# A carta de vendas funcionará, se você conseguir escrevê-la.

Qual a importância de uma carta de vendas?

Tenho recebido centenas de cartas de vendas de todos os tipos. De apresentação, com a literatura incluída, de follow-up, com informações, de agradecimento pelo pedido – só para você ter uma ideia. A maioria tem uma finalidade específica. A maioria não é muito boa (não inspira). Tudo bem. A maioria é PATÉTICA.

A habilidade de incluir *palavras de vendas* em uma carta faz parte integral do processo de vendas, pois causa uma boa impressão de você e de sua empresa.

**VEJA COMO FUNCIONA**. Se você escreve uma carta genial, eles acham que você é genial. Se você escreve uma carta criativa, eles acham que você é criativo. Se você escreve uma carta qualquer...

Alguns representantes de vendas têm dificuldade para encontrar as palavras certas. Não porque não saibam escrever, mas porque não conhecem as regras de uma boa redação.

*Algumas diretrizes que ajudarão você a transformar cartas de vendas em vendas:*

**1. Declare seu objetivo ou finalidade (vá direto ao assunto) na primeira frase.** Seja objetivo. Você pode sempre fazer um cabeçalho.

**2. Use parágrafos curtos.** (Para dar ênfase.)

**3. Edite, edite, edite.** Tire toda palavra que não for essencial ao propósito ou objetivo da comunicação.

**4. Deixe o texto curto.** Uma página, três parágrafos. Quanto mais curto ele for, mais chance você tem de que seja lido e entendido.

**5. Não faça o cliente vomitar ao ler sua carta.** Escreva algo fácil de ser digerido. Evite molhos pesados. Metade dos adjetivos, metade das preposições e a maioria dos advérbios podem ser eliminados. Olhe depois de cada vírgula, para ter certeza se vale a pena manter a frase toda. Na maioria das vezes, não vale.

**6. Realce alguns trechos para quebrar a monotonia.**

- Torne a carta graficamente fácil de ser lida.
- Destaque algumas frases para enfatizar os pontos mais importantes.

**7. Não comece com: "Obrigado pela oportunidade"**; experimente: "Temos orgulho de oferecer".

**8. Não coloque seu nome em negrito** – destaque só o que é importante para o cliente potencial. Seu nome está entre as palavras menos importantes.

**9. Não faça a carta parecer um impresso padrão.**

**10. Não venda demais seu produto** – só venda o próximo passo no ciclo de vendas, ganhe confiança e forme um vínculo.

**11. Não use a carta como apresentação de vendas** – mas como ferramenta de vendas.

**12. Faça o extra – o inesperado.** Anexe à carta um artigo, uma reportagem pertinente ao negócio do cliente ou apenas um bom cartoon. Algo que o faça pensar que você foi além das normas para atendê-lo e se comunicar.

**13. Personalize a carta.** Quanto mais sua carta se relacionar ao negócio ou situação da outra pessoa, melhor eles se sentirão em fazer negócios com você.

**14. Confirme o próximo contato ou evento** – data e horário.

**15. Escreva a mão sempre que puder.**

**16. Corte (quase) todas as palavras que acabam em "mente".**

**17. Nunca diga "obrigado, mais uma vez".** Não é necessário agradecer demais. Uma vez basta; duas é servilismo exagerado.

**18. Termine usando algo simpático, profissional, não apelativo.** "Obrigado pela atenção e consideração. Ligarei na terça-feira".

**19. Assine apenas seu primeiro nome.**

**19,5. Sinceramente (e que seja mesmo), Jeffrey Gitomer.**

**PS.** Se você quiser dizer mais alguma coisa, use o PS.

**AQUI ESTÁ UMA REGRA DURA.** Guarde sua carta por um dia, e então a releia. Como lhe parece? Se a resposta for *fraca* ou *falsa*, é melhor reescrevê-la.

**AQUI ESTÁ UMA REGRA MAIS DURA.** Peça para alguém *inteligente* e *imparcial* criticar sua carta. Aprenda a aceitar críticas e use-as como ferramenta de aprendizagem.

**AQUI ESTÁ UMA REGRA AINDA MAIS DURA.** Pergunte a si mesmo se sua carta seria diferente da carta de seu concorrente. Suponha que a venda fosse baseada na originalidade do cabeçalho. Você ganharia essa parada? Ah, não.

Conhecendo as regras E praticando-as, você escreverá cartas convincentes que levam a um vínculo com o cliente e estabelecem a confiança. O vínculo e a confiança geram vendas.

**INFORMAÇÕES GRÁTIS...** Você quer uma lista das 51 Maneiras de Se Aproximar de Seu Verdadeiro Chefe, Seu Cliente? Visite www.gitomer.com, cadastre-se, se esta for sua primeira vez, e digite as palavras REAL BOSS no campo GitBit.

"Como cê tá hoje?"

"Em vendas, não se encurtam palavras. Muito menos em redações!"

*Ouvir é, justificadamente, o aspecto mais importante do processo de vendas. No entanto, geralmente é a mais fraca das habilidades de um profissional de vendas.*

# Quer fechar mais vendas? Ouça mais atentamente!

Você já fez um curso sobre habilidades de escuta?

Lições de *como ouvir* nunca foram oferecidas como parte de qualquer educação formal. Fico espantado com o fato de que as habilidades mais necessárias ao sucesso pessoal não são levadas em conta pelas escolas.

Ouvir é, justificadamente, o aspecto mais importante do processo de vendas e, no entanto, geralmente é a mais fraca das habilidades de um profissional de vendas.

Você ouve TV, rádio e CDs, e pode repetir quase tudo no dia seguinte, ou decorar músicas inteiras rapidamente, mas se sua esposa ou filho lhe diz algo, você responde: "O quê?", ou "Não ouvi".

Quantas vezes você pede para as pessoas repetirem o que disseram? Quantas vezes já reclamaram: "Você não estava ouvindo uma palavra do que eu disse". Há razões para se ouvir pouco, e ainda bem que estou escrevendo – caso contrário, você seria forçado a ouvir.

*Aqui estão as lições fundamentais:*

**LIÇÃO Nº 1.** *Os dois maiores impedimentos para ouvir são*:

1. **Frequentemente você tem uma opinião (sobre o assunto ou sobre o que vai ser dito) antes de começar a ouvir.**

2. **Você já se decidiu antes de começar a ouvir, ou antes de ouvir a história toda.**

**LIÇÃO Nº 2.** *As duas regras mais importantes para ouvir efetivamente devem ser observadas nesta ordem, ou você não será um bom ouvinte.*

1. Primeiro, ouça com a intenção de entender.
2. Segundo, ouça com a intenção de responder.

**LIÇÃO Nº 3.** *Pense na maneira como você se comporta enquanto ouve:*

- Você faz alguma outra coisa quando alguém está falando?
- Você está com a cabeça em outro lugar enquanto alguém fala?
- Você finge ouvir para depois fazer comentários já prontos?
- Você espera uma pausa para dar a resposta que já está na ponta da língua?

**LIÇÃO Nº 4.** *Em determinado momento, você para de ouvir. Quando isso ocorre?*

- Depois de ter formulado sua resposta.
- Depois de ter sido ignorado por quem está falando.
- Quando decide interromper alguém para dizer alguma coisa.
- Quando a pessoa não está dizendo nada que você quer ouvir.

**LIÇÃO Nº 4,5.** *O que leva as pessoas a não ouvir?*

- Às vezes, as pessoas têm medo de ouvir o que vai ser dito, então elas bloqueiam. Não tenha medo de ouvir.
- Às vezes, você acha que já sabe o que a pessoa vai falar – esposo(a), pais, filhos.
- Às vezes, você está preocupado com outras coisas.
- Às vezes, você é grosseiro.
- Às vezes, a pessoa o irrita, então você nem ouve.
- Às vezes, você dá atenção a outros pensamentos.
- Às vezes, você sabe o que a pessoa está falando e a prejulgou.
- Às vezes, você não respeita a outra pessoa e bloqueia o processo de ouvir.
- Às vezes, você acha que já sabe o que vai ser dito.
- Às vezes, você acha que sabe tudo... Ou isso acontece o tempo todo?

**DIRETRIZES PARA APRENDER A OUVIR.** *Aqui estão 14,5 diretrizes capazes de maximizar suas habilidades de ouvir, aumentar sua produtividade, reduzir erros, ganhar a satisfação do cliente e ajudá-lo a fazer mais vendas:*

1. Não interrompa. (Mas... mas... mas...)

2. Faça perguntas. Depois fique quieto. Concentre-se nas respostas que chegam, e não em seus pensamentos.

3. O preconceito distorce o que você ouve. Ouça sem prejulgar.

4. Use o olhar e emita ruídos (hum, nossa, sei, ah!) para demonstrar que você está ouvindo.

5. Não vá para a resposta, antes de ouvir TODA a situação.

6. Ouça para saber a finalidade, os detalhes e as conclusões.

7. A escuta ativa envolve interpretar. Interprete em silêncio ou faça anotações.

8. Ouça também o que não é dito. O que está implícito é muitas vezes o mais importante. SUGESTÃO: O tom da voz geralmente reflete o significado implícito.

9. Pense entre as sentenças, durante os momentos de silêncio.

10. Digira o que é dito (e não dito) antes de engajar sua boca.

11. Faça perguntas para ter certeza de que entendeu o que foi dito ou o que se quis dizer.

12. Faça perguntas para ter certeza de que o outro disse tudo o que queria.

13. Tome iniciativas para demonstrar que está ouvindo.

14. Se você está pensando enquanto fala, pense na solução. Não acrescente detalhes ao problema.

14,5. Evite distrações. Desligue o celular e o pager. Feche a porta. Não pense em nada e aproxime-se de quem está falando, esteja ele sentado ou de pé.

## Há muitos segredos para se tornar um bom ouvinte, mas aquele que abrange todos eles é:

### Cale a boca!

*Uma pessoa que parece ter todas as respostas*
*geralmente não está ouvindo.*

# Aprenda a ouvir em uma palavra... Cale-se!

É espantoso o quanto você pode aprender se ficar calado. As pessoas acham que você é mais inteligente se ficar quieto. Você aprende mais ouvindo do que falando.

Saber ouvir leva a vendas – muitas vendas. Ouvir é, justificadamente, o aspecto mais importante do processo de vendas. No entanto, é a mais fraca das habilidades de um profissional de vendas.

### Você sabe ouvir?

Responda usando *Raramente* (R) – *Às vezes* (A) – ou *Sempre* (S):

R A S  Permito que quem fala complete as sentenças.

R A S  Procuro ter certeza de que entendo o ponto de vista da outra pessoa antes de responder.

R A S  Ouço os pontos importantes.

R A S  Tento entender os sentimentos de quem fala.

R A S  Visualizo a solução antes de falar.

R A S  Visualizo minha resposta antes de falar.

R A S  Estou no controle, relaxado e calmo, enquanto ouço.

R A S  Uso interjeições ("hum", "nossa", "sei", "ah").

R A S  Faço anotações enquanto alguém mais está falando.

R A S  Ouço com a mente aberta.

R A S  Ouço, mesmo se a outra pessoa não é interessante.

R A S  Ouço, mesmo se a outra pessoa é uma besta.

R A S  Olho para a pessoa que está falando.

R A S  Sou paciente quando estou ouvindo.

R A S  Faço perguntas para ter certeza de que entendi.

R A S  Não me distraio enquanto ouço.

*Como você se classifica? Quantos "sempre" você tem?*

**14 – 16 Você é excelente.**

**11 – 13 Você é bom, mas precisa de um pouco de ajuda.**

**7 – 10 Você é regular, provavelmente acha que sabe tudo, mas pode fazer crescer significativamente sua renda se tiver ajuda para melhorar essa habilidade.**

**4 – 6 Você é fraco, não ouve nada.**

**1 – 3 Você é surdo ou embotado, ou precisa de um aparelho auditivo.**

Transforme suas fraquezas em objetivos, substituindo "Eu" por "Eu vou" ou "Eu sou" por "Eu serei".

Por exemplo: se você respondeu "Às vezes" para "Permitir que quem fala complete as sentenças", você pode transformar a afirmação em objetivo, escrevendo em uma folha Post-it e colando no banheiro: "Eu permitirei que aquele que está falando complete todas as sentenças nos próximos 30 dias".

*Shhh.... Ouvir efetivamente requer a prática regular de técnicas para desenvolver habilidades. Aqui estão 17,5 que você pode praticar:*

1. **Olhe para a pessoa que você está ouvindo.**

2. **Focalize sua atenção nas palavras e seus significados.**

3. **Limite as distrações (mude até de lugar para ouvir melhor).**

4. **Visualize a situação que está sendo descrita.**

5. **Visualize sua resposta ou solução antes de responder.**

6. **Ouça com a mente aberta. Não tenha preconceito.**

7. **Ouça o conteúdo – não necessariamente a forma como está sendo dita.**

8. **Faça intervenções ocasionais... "Uau"... "Nossa"... "E daí?"... "Realmente"... "Isso é horrível"... "Genial"... "Isso é ruim demais"... "Eu não sabia que"... "Sei"...**

9. **Faça anotações enquanto o outro fala. Anote uma palavra em vez de interrompê-lo para...**

   - **Manter a reflexão.**
   - **Impressionar o outro.**
   - **Ser educado.**
   - **Continuar ouvindo em vez de interromper.**

10. Verifique a situação (às vezes) antes de dar sua avaliação.

11. Qualifique a situação com perguntas antes de dar sua avaliação ou responder.

12. Não interrompa na próxima vez que você pensar que sabe a resposta.

13. Fique uma hora sem falar.

14. Na próxima vez que você comer com o grupo, não fale na primeira meia hora.

15. Faça perguntas para ter esclarecimentos.

16. Faça perguntas para mostrar interesse ou preocupação.

17. Faça perguntas para ter mais informações ou para aprender.

17,5. Pergunte-se: "Você está ouvindo a outra pessoa da mesma forma que quer ser ouvido?".

**CUIDADO COM AS PESSOAS QUE NÃO SABEM OUVIR:** Uma pessoa que parece ter todas as respostas geralmente não está ouvindo. Uma pessoa que interrompe, não está ouvindo (ou pelo menos não é boa ouvinte).

**É DIFÍCIL OUVIR?** Para alguns, é impossível.

Para mim, ouvir é a lição mais difícil de ser dada. Primeiro, porque costumo ser um mau ouvinte. Quase todas as vendas que perdi, posso atribuir a falhas em ouvir ou questionar. Segundo, porque não posso mudar em um ou dois capítulos o que você levou 20 anos para criar.

**TESTE SUA AUTODISCIPLINA PARA OUVIR:** Tente ficar calado durante 1 hora. Tente não falar em um grupo de pessoas. Tente não falar em uma festa.

## Ouça com a intenção de entender...
### Antes de ouvir com a intenção
### de responder

*Não dá para catalogar tipos de compradores,*
*pois eles só têm em comum algumas características.*
*Não há dois compradores iguais.*

# Há 100 bilhões de tipos de compradores. Vai entender!

Vender não é definir o tipo de comprador que você está enfrentando, pois há bilhões de tipos de compradores. Já viu aqueles quatro tipos de compradores? O Motorista, O Amável, O Idiota e O Grande Idiota. O Grande Idiota é alguém que pensa que há quatro tipos de pessoas e que, de alguma forma, pode classificá-las em categorias que as farão comprar. Bobagem.

*Eu lhe darei três palavras que lhe permitirão identificar todo tipo de comprador no mundo em 5 minutos...*

1. **Olhe** (ao redor, no escritório)
2. **Pergunte** (as perguntas certas)
3. **Ouça** (com a intenção de entender)

Aí está! O *Método Gitomer* de identificar mais de 100 bilhões de tipos de compradores reduzido a três palavras. É o método usado para determinar as características do cliente. Ah, sim – há mais uma coisa que você precisa fazer para acertar toda vez...

## Pratique!

Vendas é conhecimento combinado com experiência. Conhecimento de seu produto, suas habilidades de vendas e sua atitude. A experiência o ensina a implementar o conhecimento que você adquiriu. É uma ciência, lembra? Tentativa e erro. É claro que há algumas regras absolutas que nunca podem ser quebradas: *não discuta, não minta*. Mas a maioria é nuanças de cinza.

Quanta pressão você aplica? Alguém dirá nenhuma; alguém mais escreveu um livro sobre venda agressiva – vem com um taco. A intensidade da pressão cabe a você!

Não há tipos de compradores – há características de comprador. São traços individuais que compõem uma personalidade. Não os classifique; entenda-os.

Eu me interesso mais pelo que pensam os compradores do que por suas características. Mas só posso captar o que eles pensam se eu reconhecer (e entender) seus traços. Se você descobriu o "tipo" deles, mas disse algo a que eles se opõem, está frito.

*Por que os clientes compram?*

- **Para resolver um problema.**
- **Eles precisam.**
- **Eles acham que precisam.**
- **Para ter uma vantagem competitiva.**
- **Para economizar dinheiro ou produzir mais rápido.**
- **Para eliminar erros ou pessoas.**
- **Para se sentir bem.**
- **Para se exibir.**
- **Para mudar o humor.**
- **Para consolidar um relacionamento.**
- **Eles foram convencidos.**
- **Parecia bom demais para recusar.**
- **Eles fizeram um excelente negócio (ou acharam que fizeram).**

*Quantas destas características se aplicam aos compradores que você enfrenta?*

- **O que chuta o pau da barraca**
- **O mentiroso**
- **O lógico**
- **O indeciso**
- **O hostil**
- **O impulsivo**
- **O sabe-tudo**
- **O crédulo**
- **O fiel**
- **O não-qualificado**

- **O receptivo – não se comprometerá**
- **O mal-educado**
- **O que tem uma pitada de poder**
- **O que só vê preço**
- **O que conta vantagem**
- **O argumentador**
- **O que não fala**
- **O emocional**
- **O "vou pensar"**
- **O grosseiro**

- O falador
- O que tem uma objeção oculta
- O procrastinador
- O que aposta no barato
- O velho garoto
- O cadáver

Tais características são identificadas uma a uma – MAS seu comprador é uma combinação de vários desses e de outros traços.

**POR EXEMPLO:** Aquele velho camarada que gosta de economizar, pesquisa preço, diz que vai pensar melhor – existe um cliente potencial que é capaz de fazer um vendedor ir procurar um trailer para fazer a mudança e voltar para o Norte. Ou, que tal aquele cara mentiroso, grosseiro e sabe-tudo? – Isto já basta para fazer um vendedor do Sul querer alugar um trailer para ele.

*Aqui estão algumas orientações que funcionarão com qualquer tipo de comprador:*

1. **Nunca discuta.**
2. **Nunca agrida.**
3. **Nunca pense nem aja como se você estivesse derrotado.**
4. **Tente fazer um amigo a todo custo.**
5. **Tente ficar do mesmo lado da cerca (conviva em harmonia).**
6. **Nunca minta.**

**AQUI HÁ UM TEMA**. Um único fio liga todas as situações. Uma palavra torna todos esses tipos conquistáveis: HARMONIA. Se você ouvir os compradores e observar o que fazem, eles lhe dirão como reagir. Eles lhe dirão o que dizer e o que não dizer. Eles o conduzirão até a venda. Sua tarefa é mesclar as características do cliente potencial com a razão para ele comprar, de modo que motive o cliente a agir e lhe dê confiança suficiente para realizar a compra. Simples.

Há bilhões de "tipos de clientes". Quer vender para todos eles? Você pode fazer isso em cinco palavras – Olhe. Pergunte. Ouça. Harmonize. Pratique.

**INFORMAÇÕES ϟ GRÁTIS…** Quando alguém conversa com você, o atualiza quanto a um projeto, lhe pede para fazer algo, o incumbe de uma tarefa, traz uma comunicação comercial ou só precisa de um favor – você quer saber o método que elimina os mal-entendidos e os erros? Visite www.gitomer.com, cadastre-se, caso esta seja sua primeira vez, e digite as palavras ERROR FREE COMMUNICATION no campo GitBit.

"Há bilhões de 'tipos de clientes'. Quer vender para todos eles? Você pode fazer isso em cinco palavras – Olhe. Pergunte. Ouça. Harmonize. Pratique."

— *Jeffrey Gitomer*

# A BÍBLIA DE VENDAS

## Parte 8
## Pregando o Evangelho

# O Livro das Exposições

☆ 35,5 regras de sucesso em feiras comerciais ...................................... 242

## 8.1

---

## Expondo-se

Exposições...

Lembra-se do "Mostre e Conte"?
Esta é a versão adulta do jogo.

É chamada "Mostre e Venda".

Onde mais você pode estar face a face com milhares de clientes potenciais no decorrer de alguns dias?

Todo o mundo está lá para fazer negócios.

O peixe está em um tanque.
Milhares deles.

Tudo de que você precisa é um anzol.

Eu fornecerei a isca...

*Sua convenção anual...*
*Você vê uma concentração de pessoas em sua indústria.*
*Em nenhuma outra parte você encontrará tantos*
*clientes efetivos e potenciais de uma só vez.*
**Você não tem tempo a perder.**

# 35,5 regras de sucesso em feiras comerciais.

Chegou a hora de sua exposição anual de negócios, feira comercial ou convenção. Centenas de clientes, possíveis clientes, fornecedores e concorrentes estarão na cidade durante dois dias. Em nenhum lugar você verá tamanha concentração de pessoas em sua área de atuação. É sua grande oportunidade – vender, prospectar e fazer relacionamentos. Como você vai tirar vantagem disso?

O tempo também conta, e o uso apropriado deste. Se 7.500 pessoas comparecerão durante 2 dias, 20 horas, o que isso significa para você? E o que você fará? Como capitalizar tal evento?

Algumas pessoas vão a convenções porque é uma chance de sair do escritório, da cidade, ou de se divertir. Se você quer sucesso, fique longe dessas pessoas.

*Aqui estão 35,5 fórmulas para ajudá-lo a planejar e maximizar o benefício da próxima convenção. Essas regras e observações de sucesso o ajudarão a trabalhar sua exposição e entender seu poder:*

**1. Pense. Quanto tempo leva para fazer 7.500 visitas de vendas em qualquer outro lugar que não seja uma feira?** A 20 por dia – que é um número grande (visitas externas) –, você levaria 375 dias (1 ano e meio de trabalho) para fazer 7.500 visitas. Uau. Se você fizesse 125 ligações de telemarketing por dia, levaria 60 dias para completar 7.500 visitas. Uau.

**2. Tirar vantagem de uma feira, a maior oportunidade de vendas do ano, requer preparação. Muita.** É melhor estar pronto para vencer se é isso que você quer. Prepare sua exposição, suas ferramentas de vendas, sua equipe. Prepare sua apresentação. Domine as informações. Deixe toda a apresentação pronta e ensaiada. Prepare as perguntas efetivas e as declarações de força, a forma como você inicia sua fala e sua apresentação deve ser perfeita.

**3. Desenvolva seu plano de jogo, antes de sair do escritório.** Prepare um conjunto de objetivos e metas para o número de clientes potenciais que você quer garantir, clientes que você quer visitar, vendas que você quer fazer, e como você pretende executar as tarefas.

**4. Hospede-se no principal/melhor hotel.** Fique no centro dos acontecimentos. Custa um pouco mais, mas vale a pena.

**5. Chegue um dia antes.** Você terá a vantagem de estar relaxado e a par de informações importantes. Muitos expositores e participantes de convenções estarão no mesmo voo que o seu. Tente encontrá-los.

**6. Trabalhe na exposição, durante a montagem.** Se você não for expositor, entre lá de alguma forma. Vá até a entrada de caminhões; diga-lhes que você está entregando uma peça ou um documento importante, mas entre. Andar pela exposição logo cedo lhe dá uma vantagem tática e pode lhe render alguns contatos valiosos. Muitos dirigentes de empresas gostam de acompanhar a montagem dos estandes. É um momento tranquilo para contatos valiosos, sem pressa.

**7. Defina 5 pessoas importantes** na sua indústria que você quer conhecer, procure-as e converse com elas.

**8. Determine 10 clientes.** Entre em contato com eles. Faça relacionamentos. Leve-os para jantar. Consolide sua posição como fornecedor.

**9. Defina 10 clientes potenciais.** Entre em contato com eles. Forme um vínculo para uma venda posterior.

**10. Descubra toda recepção e festa programada.** Selecione aquelas onde é mais provável encontrar seus clientes potenciais. Vá lá.

**11. Seja o primeiro a chegar e o último a sair todos os dias.** É o que tem dado mais certo para mim. Tenho uma vantagem em relação às pessoas que chegam tarde e saem mais cedo. Uma ou duas horas a mais podem significar outros 100 contatos.

**12. Seja uma equipe... Divida responsabilidades.** Se mais pessoas de sua empresa estão indo, divida e atribua responsabilidades.

**13. Vá a seminários e palestras que permitam a você formar uma rede com clientes efetivos e potenciais.** Sentar-se próximo à pessoa certa em um seminário pode ser bastante benéfico. Se encontrar clientes potenciais ou efetivos, pergunte de quais seminários eles pretendem participar. Esteja lá.

**14. Seja um apresentador.** Faça uma palestra ou seminário que estabeleça a experiência e posição que você ou sua empresa ocupam no mercado. Escolha um tópico do qual seu cliente potencial, e efetivo, provavelmente atenderá.

**15. Fique atento. Procure oportunidades. Elas aparecem onde você menos espera.** Na recepção, no elevador, no banheiro, no restaurante – fique alerta. Você estará face a face com executivos e pessoas que representam oportunidades.

**16. Venda em todo lugar. Não há limites.** Corredores, toaletes e estandes de alimentação – procure as pessoas que você quer encontrar. Leia crachás. Converse e olhe (sem ser rude). Você nunca sabe quando irá topar com um cliente potencial importante (ou quando perderá um se não estiver prestando atenção).

**17. Se quiser cumprimentar a todos, seja rápido.** Você tem 7,5 segundos por pessoa. É melhor ser capaz de se qualificar rapidamente. MAS (e um grande mas) quando achar uma pessoa que pareça ser um bom cliente potencial, passe um tempo extra com ela, para formar um vínculo que leve ao follow-up. Não perca tempo com nada que seja improdutivo. Todo segundo é importante. Se você tem dois dias e 5 mil pessoas estão lá... Você me entende.

**18. Não prejulgue ninguém.** Você nunca sabe se o chefe pode resolver usar roupa esporte ou o crachá de outra pessoa para não ser incomodado.

**19. Leia primeiro os crachás.** Fique alerta aos crachás (clientes potenciais que você selecionou, clientes que você nunca encontra, empresas que provavelmente precisem de você) nos estandes, nos corredores, enquanto você come.

**20. Seja breve.** Seus comentários (e não perguntas) não devem demorar mais que 60 segundos.

**21. Seja objetivo.** Diga algo que expresse claramente ao cliente potencial o que você faz em relação às necessidades dele.

**22. Divirta-se e seja divertido.** O entusiasmo e o humor são contagiantes. As pessoas gostam de fazer negócio com vencedores, e não com perdedores.

**23. Dê um aperto de mão firme.** A maneira como você cumprimenta reflete sua atitude. Ninguém quer apertar as mãos de um peixe morto.

**24. Resista ao impulso de conversar com funcionários e amigos.** É uma desvantagem para ambos e uma enorme perda de tempo.

**25. Estabeleça a necessidade do comprador.** Como você pode vender a qualquer um, em qualquer lugar, se você não sabe do que ele precisa?

**26. Obtenha informações investigando sempre. Não fale demais desde o início.** Faça perguntas efetivas e de follow-up, que gerem informações, estabeleçam interesse, determinem necessidade e lhe permitam dar suas informações de maneira significativa. Faça suas melhores perguntas e tenha sua melhor mensagem, concisa, pronta para dar quando chegar a hora certa. Antes de oferecer sua capacidade de resolver problemas, saiba o suficiente sobre a outra pessoa, de modo que sua informação tenha impacto. Saiba quando dizer o quê.

**27. Mostre (diga) como você soluciona problemas.** Ele não tem interesse em saber o que você faz, a não ser que você lhe diga que pode ser útil, ou tenha algo que o cliente potencial acha que precisa. Ele não liga para o que você faz, a não ser que o que você faz o ajude.

**28. Determine o nível de interesse.** Se eles precisam do que você vende, quanto parecem interessados em comprar? Observe o nível de interesse que eles demonstram ao olhar seu cartão de visitas.

**29. Faça o cliente potencial se comprometer com a próxima ação.** Não deixe que um bom cliente potencial vá embora sem determinar o que fará a seguir.

**30. Faça anotações no verso dos cartões de visita imediatamente.** Depois de muitos contatos, você nunca se lembrará de tudo. Escreva as informações enquanto conversam e logo após o encontro. Se você consegue 250 cartões e não anota um lembrete para fazer follow-up depois da feira, sua eficiência fica reduzida em 50% ou mais. (Use os cartões de visita do cliente potencial como ferramentas de venda.) Você pode até escrever possíveis horários de visitas, a serem confirmados depois da feira. Não se esqueça de dados pessoais (vínculo) – filhos, esportes, teatro – para servirem de referência mais tarde, durante o telefonema.

**31. Seja lembrado.** Diga, dê ou faça algo que ficará na mente do cliente potencial (de maneira criativa e positiva).

**32. O tempo acabou.** Se você fez contato, deixou sua mensagem e garantiu a próxima reunião ou ação, vá em frente.

**33. Tenha algo memorável para distribuir.** Algo que crie uma imagem boa e duradoura para seu cliente efetivo ou potencial. Alguma coisa sobre a qual você poderá falar no follow-up, depois do evento.

**34. À noite, faça planejamentos ou se reprograme para o dia seguinte.** Tudo acontece rapidamente em uma convenção. Você encontra gente nova, espera fazer negócios futuros e tem acesso a pessoas influentes. A única maneira de atingir o benefício máximo é ter um plano de ação por escrito, para começar, e ser flexível para mudá-lo de acordo com os acontecimentos.

**35. Fique sóbrio o tempo todo.** É uma vantagem distintiva. Se você bebe e age como um imbecil, vai cometer danos irreparáveis. Divirta-se, mas com sabedoria.

**35,5. Aproveite!** Não pressione nem seja pressionado, pois ficará evidente. Feiras comerciais são como a vida: quanto melhor a sua atitude, mais sucesso você terá.

Maximize sua base de contatos e as indicações. Consiga uma lista dos participantes com a comissão organizadora depois da feira. Será útil acrescentá-la ao seu banco de dados para usá-la no follow-up e entrar em contato com as pessoas que você não conseguiu abordar.

> **"As convenções, feiras comerciais e de negócio são a melhor oportunidade de contato e a maior diversão que um vendedor pode ter – com a preparação certa, foco e esforço."**
>
> *— Jeffrey Gitomer*

# A BÍBLIA DE VENDAS

## Parte 9
## Networking... Sucesso por Meio de Associações

# O Livro do Networking

☆ Networking... O desafio de fazer bons contatos..................................... 248

☆ Networking 101... Como trabalhar em um evento.................................. 250

☆ Networking 102... Como tirar o máximo proveito de um evento ........ 252

☆ Estabeleça vínculos durante um evento .............................................. 255

☆ O Jogo Oficial do Networking............. 259

## 9.1

---

## Temos de começar a nos reunir assim.

Networking...

"Não fale com estranhos", dizia sua mãe.

Não tenho nada contra ser mãe, mas se você quer ter sucesso em networking, é melhor começar a falar com estranhos.

Como você extrai o máximo de uma relação comercial sólida, onde há um amigo em condições de ajudar você e seu negócio?

Essas conexões constroem carreiras.

Você nunca tem amigos demais.

Então como você aproveita essa oportunidade? Fazendo networking.

Diga "Alô".

*Um homem sábio conhece tudo,*
*um homem astuto conhece todos.*
– Provérbio chinês de um biscoito da sorte

# Networking... O desafio de fazer bons contatos.

**Como você está usando o networking para construir sua carreira?**
Faça um plano de networking. Hoje.

**Quantas horas por semana você passa em um networking?**
Para você estar na frente, são necessárias pelo menos 5 horas (fora do expediente) por semana.

**Quantas dessas horas você gasta em produtividade máxima?**
É fácil medir – você deveria fazer 20 novos contatos por semana.

É sua carreira. Sua oportunidade. Você vai tirar vantagem do poder do networking? Se não for agora, quando será? Você está trabalhando de qualquer forma. Ora, divirta-se.

- **Networking é ficar conhecido por aqueles que podem ajudar a formar seu negócio.**
- **Networking é criar ocasião para o sucesso nos negócios e na carreira.**
- **Networking é fazer contatos de negócio e transformar as pessoas envolvidas em clientes e amigos.**
- **Networking é construir e cultivar relacionamentos duradouros.**
- **Networking é construir um banco de recursos formado por pessoas que pagam juros e dividendos anualmente, enquanto você estiver vivo.**

**SEGREDO**: O networking só funciona se você assumir uma atitude positiva.

*Seu objetivo é juntar, com sucesso, suas habilidades de fazer networking a um plano de envolvimento estimado em 5 anos, cujos resultados o levarão à realização de:*

- **Mais contatos comerciais.**
- **Mais vendas.**
- **Mais conhecimentos de negócios.**
- **Mais envolvimento com a comunidade.**

## O Credo do Networker...

*Eu sei que se me envolver, se planejar a utilização racional de meu tempo, frequentar eventos regularmente, travar relacionamentos e agir corretamente, os resultados excederão minhas expectativas de me juntar a qualquer organização.*

*Para ter sucesso em networking, você deve fazer um plano. Aqui está um questionário para ajudá-lo a formular um plano de ação. Use-o.*

- **Onde estou fazendo networking?**
- **Onde devo fazer networking?**
- **Onde meus melhores clientes fazem networking?**
- **Que três organizações eu deveria investigar para me juntar a elas?**
- **Quantas horas por semana eu deveria fazer networking?**
- **Quais são as cinco principais pessoas que eu quero conhecer?**
- **Quais são meus objetivos de networking no primeiro ano?**
- **Tenho as habilidades de networking de que preciso?**
- **Tenho ferramentas de networking?**
- **Quem é excelente em networking para que eu possa me ligar a ele e pedir ajuda?**

Responda às perguntas anteriores. Elas ajudarão a direcioná-lo para um plano de networking perfeito. A única coisa que falta é seu compromisso. Só você pode firmá-lo.

*Se você participa de um networking
com um amigo ou colega de trabalho, separem-se!
É perda de tempo andar, conversar ou sentar-se com ele.*

# Networking 101...
# Como trabalhar em um
# evento.

## *Os Fundamentos do Sucesso em Networking*

A palavra *Networking* tornou-se um sinônimo de ferramenta vital de negócio.

É um procedimento barato (frequentemente gratuito), poupa tempo, é produtivo (você pode fazer de 20 a 30 contatos em algumas horas) e tem um caráter social (é mais fácil fazer negócio socialmente – e divertido).

Se você questiona o valor do networking, considere: se há 100 pessoas em um local e você tem 2 horas para o networking, pode falar com pelo menos 50% delas e provavelmente fazer 30 contatos. Quanto tempo você levaria para realizar 50 visitas de venda em qualquer outro ambiente? Provavelmente uma semana.

*Muitas pessoas vão a tais eventos. Poucas sabem aproveitar realmente um networking. A seguir estão 13,5 regras fundamentais (ferramentas) que você pode usar para se tornar mais efetivo e produtivo.*

**1. Planeje o evento.** Imagine quem estará lá, relacione o que precisa levar, determine seus objetivos e procure saber se alguém mais de sua empresa vai participar.

**2. Chegue cedo**, pronto para agir, com aparência profissional, cheio de cartões.

**3. Ande pelo local pelo menos duas vezes.** Conheça as pessoas e o ambiente.

**4. Concentre-se nos clientes potenciais.** Saiba quem você quer conhecer.

**5. Faça seu comercial pessoal de 30 segundos.**

**6. Faça seu comercial em 30 segundos OU MENOS.**

**7. Mantenha-se alegre, entusiasmado e positivo.** Não fique reclamando ou se lamentando. As pessoas querem fazer negócio com um vencedor, e não com um chorão.

**8. Diga o nome da outra pessoa pelo menos duas vezes.** A primeira, para gravá-lo, e a segunda porque é a palavra mais agradável aos ouvidos dela.

**9. Não perca tempo se a pessoa abordada não for um bom cliente potencial**, mas seja educado ao se retirar.

**10. Coma cedo.** É difícil comer e ao mesmo tempo falar com as pessoas. Coma assim que chegar, para que você fique livre para cumprimentar as pessoas, conversar sem cuspir comida e trabalhar efetivamente.

**11. Não beba.** Se todos estiverem um pouco altos, e você sóbrio, será uma vantagem a mais. (Beba umas cervejas depois, para comemorar seus novos contatos.)

**12. Não fume nem cheire a cigarro.**

**13. Fique até o final.** Quanto mais tempo você ficar, mais contatos fará.

**13,5. NOTA IMPORTANTE... Divirta-se e mostre-se bem-humorado.** Não se trata de uma cirurgia para tirar um tumor do cérebro, mas de um momento excelente para travar novos conhecimentos e estabelecer relacionamentos valiosos. **As pessoas gostam de estar com pessoas alegres.**

Se você diz: "Vou a eventos de networking, mas não consigo clientes potenciais", isso significa que você não está seguindo os fundamentos, OU não está fazendo networking onde seus principais clientes potenciais poderiam estar.

**AONDE IR:** A seleção do evento é tão importante quanto o networking em si. Pergunte a cinco de seus melhores clientes onde é que eles fazem as reuniões mensais. Comece indo lá.

Toda semana, as seções de negócio dos jornais publicam uma lista de eventos comerciais, e a associação comercial de sua cidade deve divulgar um calendário mensal. Não despreze eventos sociais e culturais como possibilidades de networking. Selecione aqueles que podem atrair seus clientes potenciais ou pessoas que você quer conhecer.

*Para aproveitar ao máximo um evento, passe 75%*
*de seu tempo com pessoas que você não conhece.*

# Networking 102... Como tirar o máximo proveito de um evento.

## Os Segredos do Sucesso em Networking

"Gostaria de conseguir um número maior de novas informações, quando faço networking". Se você disse isso a si mesmo mais de uma vez, e está disposto a levar a ciência do networking a sério, enumerei algumas técnicas e táticas que o ajudarão a ter sucesso.

Se você não está seguindo as regras fundamentais do networking (veja a seção anterior), nem tente as mais sutis – elas não vão funcionar.

*Aqui estão 10,5 sutilezas do sucesso em networking:*

**1. No início e no fim do evento, fique perto da porta, se possível.** No início, você pode ver a todos e estabelecer seus alvos. No final, você pode pegar alguém que tenha escapado.

**2. Passe 75% do tempo com pessoas que você não conhece.** Ficar em companhia de funcionários e amigos é divertido, mas não colocará cartões de clientes em seu bolso, nem proporcionará contatos valiosos.

**3. Passe 25% do tempo promovendo relacionamentos já existentes.** Converse com seus clientes. Quanto mais você os conhecer, mais forte será a fidelidade deles para com você e sua empresa.

**4. Não dê informações cedo demais.** Primeiro se apresente, durante 5 a 10 segundos. Em seguida, pergunte à pessoa o que ela faz. *Só depois comece a falar detalhadamente sobre o que você faz.*

**5. Assim que o cliente potencial lhe disser algo sobre ele, você terá de optar entre estabelecer um vínculo (encontrar interesses comuns) ou despertar curiosidade em relação a seu produto/serviço.** Sua decisão vai depender do que ele disser ao se apresentar.

**6. Se o outro parece ser um bom cliente potencial, você deve achar um terreno comum no âmbito pessoal, caso queira garantir um caminho mais fácil para o negócio.** Encontre algo que ambos gostem ou saibam.

**7. Tente ganhar um encontro posterior com o cliente potencial imediatamente.** Se você quer um cartão de visita, primeiro ofereça o seu ou dê uma justificativa para precisar do cartão dele: "Dê-me seu cartão e lhe enviarei algumas informações". Se o cliente relutar, será difícil deixar um encontro marcado.

**8. Escreva todas as informações relevantes no verso do cartão do cliente.** Você precisará dessas referências para o follow-up.

**9. Não venda seu produto/serviço.** Estabeleça vínculo, confiança, e *venda uma visita*.

**10. Fique atento ao tempo.** Depois de estabelecer o contato, obter o cartão de visita, formar um vínculo e ter confirmado a próxima ação (correspondência, telefonema, visita), passe para o próximo cliente potencial.

**10,5. Dispute com um colega de trabalho.** Se você está com alguém da empresa, aposte quem consegue mais cartões (qualificados). A aposta vai fazer com que vocês não fiquem um segundo juntos.

Você já tem os fundamentos. Agora vamos enriquecer esse seu novo conhecimento. Networking é uma arma poderosa de marketing, efetiva em termos de custo. Se utilizada adequadamente, pode fornecer a base do crescimento de seu negócio. Aconteceu comigo.

*Para facilitar a implementação de seu plano de networking, você precisa de algumas orientações a mais. A seguir, apresento 9,5 de minhas regras secretas e pessoais de networking para o sucesso:*

**1. Sigo a regra das 50 cabeças.** Se houver mais de 50 cabeças em um evento, a minha também estará lá.

**2. Aprenda a transformar uma conversa banal em um encontro importante.** Seja breve e direto. Se alguém perguntar o que você faz, responda rápida e sucintamente.

**3. Não abra a boca só para mostrar que está falando.** Quando abrir a boca, que não seja à toa.

**4. Enumere os problemas que você pode resolver em vez de expelir um monte de dados maçantes sobre seu produto ou serviço.** Mostre como você resolve problemas e não fique discursando sobre o que você oferece.

**5. Evite ser negativo a todo custo.** Não reclame nem fale mal de ninguém. Você nunca sabe se o cliente com quem está falando tem ligação, interesse ou sociedade com pessoas, empresa ou produto que você está criticando.

**6. Seja educado.** *Por favor* e *obrigado* são usados para criar uma boa impressão.

**7. Não passe tempo demais com uma pessoa**, nem abandone o objetivo do networking. Se você fizer um bom contato, invista um POUCO de tempo extra. Perceba quando já disse e ouviu o suficiente. Seja esperto o suficiente para despertar interesse, marcar um encontro e IR EM FRENTE.

**8. Seu objetivo é tirar proveito máximo do evento.** Se você passa 3 minutos com um cliente, tem a possibilidade de fazer 20 contatos por hora. Cada segundo é valioso. A dimensão do evento determina o tempo que você deve gastar com cada pessoa. Quanto maior ele for, menos tempo você tem para contato, e menos ainda para as pessoas que conhece.

**9. Envolva-se com as organizações que participam do networking.** As pessoas identificam-se com os líderes e fazem negócio com eles!

**9,5. Lembre-se: em um evento, todos querem vender!** Você pode ter de assumir o papel de *comprador* para ter a chance de ser *vendedor*. Você deve ser capaz de usar qualquer chapéu. Aplicando suas habilidades, você terá a oportunidade de ser qualquer um dos dois... E conquistar o controle total da situação.

"Hoje eu liguei para todos meus associados comerciais e disse a eles que eles são um bando de idiotas. Isto se chama networking."

*Se você for capaz de estabelecer um vínculo durante um evento, saberá perfeitamente como iniciar uma conversa, quando fizer follow-up para marcar um encontro.*

# Estabeleça vínculos durante um evento.

Os dicionários definem vínculo com diversas palavras: relação, conexão, acordo, ligação, compromisso.

Vínculo é um aspecto sutil, mas vital no processo de vendas.

Estabelecer vínculo com um cliente potencial em um evento aumenta sua capacidade de marcar uma visita (e vender) no follow-up.

*Siga estas orientações para maximizar sua produtividade em um evento (e depois dele):*

**SE VOCÊ JÁ CONHECE A PESSOA:** Discuta sua programação de negócios em 2 minutos. Se for um cliente, passe mais alguns minutos promovendo o relacionamento pessoal, estabelecendo interesses mútuos. Se ele está conversando com alguém que você não conhece, procure ser apresentado e veja se há algo interessante para você. Se você fizer uma promessa ou assumir um compromisso, obtenha um cartão da pessoa e anote *imediatamente* no verso. Não importa o que aconteça, depois de 5 minutos, siga em frente.

**SE VOCÊ NÃO CONHECE A PESSOA:** Consiga informações antes de fazer seu comercial de 30 segundos. Não tente vender até que a outra pessoa fale de si mesma e você tenha estabelecido um interesse mútuo. Faça uma pergunta direta sobre como seu produto ou serviço está sendo usado. Essas perguntas engajarão os clientes potenciais, farão com que falem de si mesmos e eles começarão a se abrir, a se revelar. Assim que abordarem uma questão pessoal, procure estender-se sobre o assunto.

Quando você engajar um cliente potencial, tente descobrir os interesses pessoais dele. Depois da tradicional troca de informações sobre negócios, procure saber o que ele faz após o expediente, ou qual sua programação para o próximo fim de semana. Você pode puxar assunto sobre interesses pessoais, aproveitando ocorrências do momento, como um jogo, uma corrida de carros, um concerto, um recital ou funções comerciais. Depois que você conhece algo da pessoa, pode ousar um pouco mais com "vamos nos encontrar para aprofundar esse bate-papo", o que consolidará a visita importante.

Durante meus anos de networking em Charlotte (antes de cair na estrada por 250 dias por ano), eu passava 60 horas por mês me reunindo com outras pessoas e fazendo conexões que levavam a vendas. Não apenas grupos de informações ou grupos comerciais; eu também estava envolvido com quatro organizações comunitárias e cívicas.

Estava sempre participando de reuniões, dedicando meu tempo para melhorar os grupos, sempre tentando estar em posições de liderança e trabalhando duro para estabelecer e manter os relacionamentos.

## Eu passei meus primeiros 10 anos em Charlotte construindo meu networking. Minhas descobertas podem ser resumidas em uma palavra: Funciona!

## Como e onde você faz seu networking? Você apenas participa de reuniões ou é ativo em seu grupo?

Você só recebe ou está disposto a se comprometer e ajudar o grupo a ter sucesso, com muito trabalho e dedicação?

*Aqui estão 14,5 orientações para se unir a uma organização, enriquecer seus relacionamentos e ter sucesso em networking:*

## 1. Frequente os mesmos lugares que seus clientes potenciais. Tente selecionar grupos e organizações que tenham a melhor chance de dar frutos. Uma boa indicação é descobrir a quais seus clientes pertencem.

## 2. Quando se filiar a uma organização, não espere o kit de boas-vindas chegar. O kit não contém nenhuma fórmula para o sucesso. Você o cria por conta própria. Para identificar seu melhor recurso para fazer sucesso no networking, olhe-se no espelho assim que tiver a próxima chance (bem bonito, hein?).

## 3. Para se beneficiar, você deve se comprometer com o envolvimento e, em seguida, se envolver de verdade.

## 4. Leva tempo para construir confiança e chegar ao entendimento. Nas primeiras reuniões, ouça e observe. Pressionar rápido demais levanta desconfiança. Veja como se encaixar melhor no grupo. Conheça as pessoas certas e as ajude. O restante virá.

## 5. Para se mostrar comprometido, marque presença e cumpra o que prometeu. Ao frequentar o grupo regularmente, você será visto e reconhecido como pessoa consistente.

## 6. Um plano de ação de 5 anos é essencial. *Pergunte-se:*

- **De quais eventos meus clientes potenciais e efetivos participam?**
- **Com quem quero desenvolver relacionamentos?**
- **Quais resultados espero conseguir?**
- **Quantas vezes devo me comprometer?**
- **Quais são as pessoas importantes envolvidas, com quem devo entrar em contato?**
- **Quem mais de minha empresa deveria estar envolvido?**

## 7. Primeiro dê. Essa é a chave para qualquer relacionamento, e não apenas para os negócios. A frase clássica de Zig Ziglar, *"Você pode ter o que quiser se ajudar as pessoas a ter o que querem"*, é a melhor maneira de definir "Primeiro dê".

## 8. Não espere dos outros. Se você faz um favor esperando algo em troca, esqueça. Apenas conheça e ajude pessoas de qualidade. O restante virá sozinho. (Você está entendendo a ideia?)

## 9. Não pressione. Se você é sincero ao estabelecer relacionamentos duradouros, não pressione ninguém a fazer negócio imediatamente. Não estou dizendo para não fazer negócio se houver oportunidade. Estou dizendo para não forçar o negócio.

**10. Esteja preparado para o grupo.** Ter as ferramentas para fazer contatos (físicos e mentais). Seu cartão de visitas apenas tem valor se sua habilidade em se engajar (com sua propaganda pessoal) tiver sido dominada.

**11. Depois de identificar os clientes potenciais existentes no grupo, aborde um por um.** Em uma hora, você pode obter muitas informações sobre alguém, se conversar sobre assuntos importantes e evitar falar de clima e política.

**12. Nenhum contato precisa ser de venda.** Geralmente uma coisa puxa outra. Conheça e ajude as pessoas certas. O restante virá sozinho.

**13. Seja visto (reconhecido) como líder.** Ao se envolver, você será observado por seu cliente potencial. Projete a imagem de alguém que faz, de um realizador, um líder.

**14. As pessoas farão negócio com você depois de conhecê-lo e vê-lo em ação.** Seus clientes efetivos e potenciais estão no evento! Tudo o que você tem a fazer é identificá-los e trabalhar (networking) com eles.

**14,5. Relacionamentos maduros geram vendas.** Se você constrói um relacionamento sólido, esse alguém fará de tudo para se aproximar de sua empresa. E a regra de networking universal e recorrente também se aplica aqui: *Conheça e ajude as pessoas certas. O restante virá sozinho.*

*Uma maneira fácil de ver como
seu networking está crescendo.*

# O Jogo Oficial do Networking.

Quando você vai a um evento esportivo, concerto, shopping, mercado de pulgas, restaurante e outros, jogue o Jogo Oficial do Networking.

O objetivo do jogo é conhecer mais pessoas, além daquela com quem você está.

*As regras oficiais do jogo são as seguintes:*

**1 ponto se**     você conhece alguém.

**2 pontos se**     a pessoa o vê (e o reconhece) primeiro.

**3 pontos se**     você vê uma celebridade (personalidade dos esportes, DJ).

**5 pontos se**     você beija alguém do sexo oposto.

**5 pontos se**     uma celebridade o reconhece primeiro.

**É MELHOR COMBINAR QUANDO O JOGO COMEÇA E TERMINA.** Por exemplo: uma partida de basquete começa assim que você chega na geral, na metade do jogo – você caminha olhando para o público, procurando um lugar, mas quando o encontra e vai se sentar, o jogo acaba.

## Duas palavras que soam como música para meus ouvidos quando jogo o networking... "Ei, Gitomer!"

"Sua capacidade de conquistar o sucesso em networking está vinculada à sua determinação e dedicação em investir o tempo que for necessário para construir relacionamentos de qualidade. E você tem sorte – o resultado de seu sucesso é totalmente autodeterminado."

– *Jeffrey Gitomer*

# A BÍBLIA DE VENDAS

## Parte 10
## Profetas e Lucros

# O Livro das Tendências

☆ Um representante de vendas da nova geração. Um não-representante de vendas .............................................. 262

☆ O que Bob Salvin tem a ver com isso? Muita coisa! ...................................... 265

## O Que É Novo?

Tendências...

Leia sobre as pessoas que estão assumindo a responsabilidade de fazer aquele esforço extra para beneficiar seus clientes, sua empresa e a si mesmas.

Pegue o que você aprendeu e comece uma tendência própria.

Saiba como fazer...

## 10.1

*A nova geração de representantes de vendas...
Pessoas que contam com a verdade e o
conhecimento do produto, mas têm um preparo
menor em habilidades de vendas.*

# Um representante de vendas da nova geração. Um não-representante de vendas.

Jeff Chadwick pertence a uma nova geração de vendedor – ou, devo dizer, não-vendedor. Durante anos, ele foi funcionário da Classic Graphics, uma das primeiras gráficas de Charlotte. Chadwick trabalhava na produção e tinha chegado à remuneração máxima de sua função. Acabou passando por todos os setores da fábrica. Adorava isso. As pessoas diziam: "Ele é o melhor vendedor que temos". E sua nova carreira começou quando, certo dia, Chadwick vendeu uma impressora. Seu chefe, Bill Gardner, lhe disse que deveria entrar para vendas. Então Chadwick decidiu enfrentar o desafio. Vendas por comissão.

> "Se você me pergunta o que é um fechamento com escolha alternativa, não tenho a mínima ideia", diz Chadwick. "Mas se você me pergunta se posso dobrar este papel duas vezes, eu lhe respondo – e é isso o que o cliente quer saber. Adoro vendas. Requer muito trabalho e exige rapidez. Ninguém que precisa de impressora diz: 'Entregue quando puder'. Todos precisam dela para ontem."

Pedi a Chadwick para definir seus ativos e atributos de vendas. "Entusiasmo. Persistência. Orgulho. Orgulho pessoal. Tenho cartazes da Classic Graphics nas paredes de casa. Adoro estar rodeado de colegas para poder contar para quem trabalho", disse ele. "Acho que meu melhor ativo de vendas é minha capacidade de ajudar o cliente a selecionar aquilo que vai funcionar. Conto muito com meu conhecimento de produto."

O conhecimento de produto também é a base de vendas para Clarkson Jones. A empresa para a qual ele trabalha, Carolina Asphalt, é especializada no reparo e na manutenção da qualidade de estacionamentos. Jones supervisionou o emprego e a operação de equipamentos pesados durante 7 anos.

Nesse período, ganhou um conhecimento incrível do produto. Ele começou a desenvolver excelentes relacionamentos com os clientes por sua capacidade de resolver problemas. E sempre dava respostas diretas (uma característica partilhada por 99% da nova geração).

Alguns anos atrás, Jones percebeu que as pessoas estavam ligando para ele para fazer pedidos, em vez de passar pelos vendedores da empresa. Por quê? "Acho que eu não representava uma ameaça para eles", disse Jones. "Eu era o cara que fazia o trabalho, oferecia um atendimento excelente e sabia como resolver os problemas. Naturalmente, os clientes gravitavam à minha volta." A vida de vendedor é diferente para Jones. "Não sinto falta de minha velha rotina no dia a dia", explica. "Mas não poderia estar nesta posição sem a experiência prática."

O ano passado foi excelente para a Carolina Asphalt. Este ano, as vendas de Jones estão perto de ultrapassar a marca do melhor vendedor da empresa.

*Existem milhares de vendedores como Chadwick e Jones começando a surgir. Aqui estão algumas características que prevalecem na nova classe:*

- **Geram vendas transparentes sem manipulação** – Conseguem vender sendo verdadeiros.

- **Não representam ameaça** – Como não são percebidos como vendedores, o cliente não fica na defensiva.

- **São úteis** – Não pressionam.

- **Dão consultas** – A partir da experiência pessoal, podem fazer recomendações e sugestões importantes, com base no conhecimento do que realmente funciona.

- **Têm conhecimento total do produto** – Carregam as informações que um cliente precisa para tomar uma decisão ou resolver um problema.

- **Previnem erros** – Sua experiência pode indicar um erro POTENCIAL e evitá-lo.

- **Comandam o trabalho** – O trabalho transcorre mais tranquilamente, pois eles o iniciam corretamente e dominam todo o processo – como faziam na fábrica.

Você trabalha no escritório ou na fábrica e quer saber se poderia se dar bem em vendas? Se você responder *sim* a estas perguntas, procure o gerente de vendas amanhã cedo:

- **Você tem grande conhecimento técnico do produto?**
- **Já atingiu o salário máximo de sua categoria?**
- **Convive bem com clientes ou tem habilidades para se relacionar?**

Se você acha que pode, provavelmente está certo. Mas deve aceitar assumir alguns riscos.

Ei! Se você é um vendedor sem experiência interna – procure adquiri-la! Consiga certo tempo para trabalhar em todas as áreas de sua empresa. Sua equipe o respeitará mais. Você terá uma compreensão melhor de seu produto e dos colegas de trabalho. Seus clientes se beneficiarão de seu conhecimento do produto. E sua carteira também.

*"Bem-vindos ao meu seminário motivacional. Se você está aqui esta noite, em vez de estar em sua casa, deitado em seu sofá, então você já é uma pessoa motivada e não precisa de mim! Boa noite e obrigado por terem vindo."*

*Aprendo a vencer trabalhando em networking e desenvolvendo relacionamentos com vencedores.*
*– Bob Salvin*

# O que Bob Salvin tem a ver com isso? Muita coisa!

"Você não se arrisca quando aposta em si mesmo", diz Bob Salvin, distribuidor internacional de produtos médicos para implantes dentários. Ele tem clientes em todos os 50 estados norte-americanos e em 27 países. Como consegue tal proeza?

"Eu me considero humildemente determinado. Primeiro concedo. Se começo a pensar nas vantagens que terei, ou começo a contar meus pedidos antes de fechá-los, sempre perco. Minha filosofia é doar tanto quanto posso. Eventualmente, acabo recebendo de volta muito mais do que dei, e nos lugares mais inesperados."

*A definição de marketing do Bob é "fazer com que seu telefone toque com compradores qualificados". Como colocar em prática?*

- **Distribuindo milhares de folhetos promocionais às pessoas certas em uma feira comercial.**
- **Enviando os folhetos aos clientes potenciais depois de uma feira comercial.**
- **Enviando os folhetos a editores de listas qualificadas.**
- **Enviando os folhetos aos editores de listas que são distribuídas em eventos – os compradores colocam você na relação de "Visita Obrigatória".**
- **Enviando grandes quantidades de folhetos para dentistas.**
- **Oferecendo cursos clínicos nos consultórios dentários.**
- **Pedindo recomendação a doutores que dão palestras.**
- **Conversando com um cliente qualificado em um evento ou feira comercial.**

"Desenvolvi um evento de rede local, nacional e internacional, cuja principal característica é cruzar informações. Converso com pessoas que atuam no meu ramo de negócio e tento ajudá-las, como elas me ajudam. Algumas vezes eu ligo para elas – às vezes elas me ligam. Não são concorrentes diretos, mas usam a mesma estratégia de marketing. Converso com outros que enviam folhetos e fazem feiras comerciais, assim como com aqueles que dirigem centros de distribuição. Aprendo com eles. Eles aprendem comigo."

"Aprendo a vencer trabalhando em networking e desenvolvendo relacionamentos com vencedores."

"Fazemos uma propaganda intensa por correio e em feiras comerciais. Sei que para obter sucesso, preciso capitalizar os contatos que resultam dessa divulgação. Sei também que para transformar esses contatos em vendas, preciso ser extraordinário."

"As pessoas adoram comprar", diz Salvin, "mas preferem os vendedores conhecidos e em quem confiam". "Todo dentista tem um armário cheio de quinquilharia que nunca vai usar. Meu objetivo é nunca ter um produto Salvin naquele armário. O tempo de um dentista é curto. Devo conseguir a atenção e ganhar o interesse dele rapidamente, para que eu possa ganhar mais tempo."

*Aqui estão alguns conselhos do Bob:*

- **NÃO VENDO. FACILITO A COMPRA.** Meus clientes potenciais e efetivos têm acesso irrestrito a Salvin, o que inclui um número para ligação direta.

- **OFEREÇO VÁRIAS OPÇÕES DE COMPRA, EM DIVERSOS NÍVEIS, PARA TODO TIPO DE PRODUTO.** Todos os tipos de opções com todos os produtos que vendemos: literatura técnica; literatura técnica mais um vídeo demonstrativo; ou literatura técnica, vídeo e mais 30 dias para experimentar o produto.

- **FACILITO A DECISÃO.** "Avalie como preferir. Teste-o em seu consultório durante 3 semanas."

- **FACILITO A DEVOLUÇÃO.** Mas muito poucos fazem essa opção.

- **SOU UM MARQUETEIRO DE FILHOTES DE CACHORRO**. "Ofereço produtos altamente técnicos para serem usados durante 3 semanas ou 30 dias. Menos de 1 cliente em 30 os devolve. Mas é um dado impreciso. Nossas referências daqueles que compram excedem de longe o número de aparelhos devolvidos. Acrescentamos sempre um vídeo que ensina como operar o equipamento."

- **DESENVOLVO VÁRIAS MANEIRAS DE GANHAR.** "Eu crio benefícios, condições e valores diferentes. O nível de conforto de meu cliente é fundamental para a decisão de comprar meu produto."

- **CRIO CONFIANÇA SUFICIENTE PARA FAZER A PRIMEIRA VENDA**. Então atendo de modo impecável, para criar oportunidades duradouras. "Procuro, de todas as maneiras possíveis, desenvolver uma comunicação eficiente, para que o cliente receba minha mensagem e se sinta confortável com ela."

Nem sempre Bob Salvin tem o menor preço, e isso é motivo de orgulho. Ele argumenta assim com o cliente: "Primeiro, quero lhe dizer o preço, mas devo explicar que a maioria dos meus clientes (94% dos quais são regulares) não o leva em conta na hora de comprar. Eles compram o valor, a garantia estendida, as condições especiais, a ajuda de financiamento e o suporte técnico. Compram o produto, o suporte e a organização – então pagam o preço justo". UAU.

## "Não importa quanto custa, mas o que produz."

"Faço vendas utilizando os métodos menos ortodoxos", diz Salvin. "Convido um cliente potencial que está a 1.500 quilômetros de distância para almoçar comigo." Digo: "Vamos almoçar em nossas mesas, por telefone. Eu envio meu produto (que vale de mil a 5 mil dólares), discutimos as possibilidades e faço uma demonstração a distância, enquanto comemos sanduíches. O uso de nossos produtos depende de técnica, e a eficiência de nossa mensagem consiste em transmitir sua adequada aplicação".

Quantas estratégias você emprega para que seus clientes conheçam e comprem seu produto? *Aqui estão 10 outras maneiras que Salvin utiliza para vencer:*

1. **Literatura e manuais técnicos.**
2. **Vídeo de treinamento.**
3. **Referência de terceiros.**
4. **Garantia estendida (além da garantia de fábrica).**
5. **Garantia para a vida toda.**
6. **Devolução se o cliente não ficar satisfeito.**
7. **Treinamento.**
8. **Apoio antes e depois da venda.**
9. **Amostra de produto ou experimentação grátis.**
10. **Equipamento emprestado durante conserto.**

*"Eliminando possibilidades de fracasso, você dá ao cliente potencial segurança para comprar, e comprar imediatamente. Em meu plano de marketing, tenho eliminado ostensivamente o risco de meu cliente fazer má escolha."*

*Bob Salvin não é só esperto, é inteligente. Aqui estão alguns de seus conceitos de marketing, com os quais todos nós podemos nos beneficiar:*

1. Tente personalizar tudo o que você faz.

2. Procure ir além do esperado, e então realize, antes que alguém solicite.

3. Faça com que os clientes pensem em você, mesmo que não comprem.

4. Deixe o cliente potencial suficientemente à vontade para negociar com você.

5. Faça o cliente rir.

6. Deixe o cliente potencial entusiasmado pelo seu produto.

7. Aprenda a descobrir o que é importante para ele.

8. Dê ao cliente potencial opções irrecusáveis.

9. Crie novas formas de dizer: "Obrigado por fazer negócio comigo".

## "Eliminando possibilidades de fracasso, você dá ao cliente potencial segurança para comprar, e comprar imediatamente. Em meu plano de marketing, tenho eliminado ostensivamente o risco de meu cliente fazer uma má escolha."

"Sigo a educação tradicional quando vendo. Peço permissão para tudo", diz Salvin. Pergunto: "Assim está bom?". É claro que está. O telefone de Salvin não para de tocar.

## ATUALIZAÇÃO EM 2008:

## Salvin Dental e Bob Salvin – adiante a fita 15 anos. Eles ainda estabelecem o padrão. Ainda continua sendo fácil negociar com eles. Ainda fazem o que dizem e depositam seus lucros ganhos com o trabalho duro.

O Bob ainda está no controle, mas tem várias pessoas excelentes e dedicadas gerenciando partes estratégicas do negócio. Todos com a atitude de "vender e servir".

Para diferenciar sua equipe de vendas em um mercado bastante competitivo, eles empregam "os boinas verdes em vez da infantaria", os educam com habilidades de negócios empreendedoras e lhes dão liberdade para que, ao lidar com os clientes, eles estabeleçam uma relação de tomador de decisão para tomador de decisão, em vez de serem simplesmente vendedores.

A Salvin Dental emprega apenas profissionais experientes, que mostrem uma excelente atitude e energia, e "faíscas" em suas personalidades. Os membros da equipe de vendas de Salvin provavelmente serão reconhecidos como profissionais gabaritados nas histórias do Clube do Presidente e possuem referências perfeitas. Para obter boas referências, Salvin liga para os antigos empregadores, esperando que o atendimento seja feito pela secretária eletrônica, e deixa uma mensagem pedindo que o indivíduo retorne a ligação se a pessoa for um "candidato-estelar" para aquela oportunidade.

O objetivo deles é desenvolver e reter grandes profissionais. A empresa usa um plano de compensação "sem fumaça e sem espelho", e faz o *benchmark* de cada vendedor contra seus profissionais modelo para identificar e proporcionar leitura e treinamento nas áreas que precisam ser melhoradas.

Eles treinam a equipe de vendas fazendo com que eles participem dos mesmos cursos cirúrgicos que os médicos participam. A empresa de Salvin participa de 240 cursos cirúrgicos e feiras comerciais por ano, com o objetivo de colocar sua equipe de vendas em frente a grupos de compradores qualificados.

Em seu ramo de negócios, o serviço excelente desenvolve oportunidades definitivas de vendas em longo prazo. Cada parte de seu processo interno de atendimento ao cliente está focada em permitir que os clientes façam seus pedidos até as 16h45 e ainda consigam recebê-los no mesmo dia.

Salvin acredita na educação para poder ter a equipe de vendas mais bem-treinada da indústria. A linha de produtos cirúrgicos da empresa tem mais de 900 itens e eles não querem colocar uma pessoa não qualificada na frente de um cliente com grande qualificação.

O modelo comercial de Salvin e sua dedicação para com o serviço lhe permitiu fazer parcerias com líderes reconhecidos mundialmente e esta parceria serve para a melhoria da indústria.

Bob insiste que seus clientes sejam tratados mais do que justamente em todas as transações e em todos os contatos.

Bob não acredita em secretária eletrônica ou atendentes automatizados. O tempo de seus clientes nunca é desperdiçado porque tiveram de passar por recepcionistas ou binas.

As ligações de todos os clientes são atendidas antes do terceiro toque por uma pessoa capacitada. No quarto toque, a ligação do cliente vai diretamente para o CEO, a qual é atendida por ele, pelo Presidente ou pelo Gerente Nacional de Vendas. UAU!

**A SALVIN DENTAL TEM UM SITE NA INTERNET COM ALTAS COLOCAÇÕES NOS MAIORES SITES DE BUSCA.** O objetivo deles é garantir que os dentistas tenham as ferramentas certas para obter os melhores resultados para seus pacientes. Os clientes podem pesquisar com uma palavra-chave ou procedimento cirúrgico, e muitos ligarão para as equipes de vendas que os direcionam pelas etapas de um procedimento cirúrgico enquanto eles olham, juntos, a mesma página.

**ELES TÊM, EM SEU CATÁLOGO, TESTEMUNHOS E FOTOS DE MUITOS DOS MAIS RESPEITADOS DENTISTAS DA INDÚSTRIA.** Todos esses são endossos sem renumeração e, diferentemente de muitas empresas que colocam testemunhos no final de uma proposta, eles os colocam na frente do catálogo para que qualquer cliente novo possa imediatamente ver que ele está em ótima companhia quando escolhe fazer negócios com a Salvin Dental.

Bob e sua equipe de liderança passaram mais de 20% de seu tempo desenvolvendo as pessoas do ponto de vista de vendas e de negócios, inclusive compartilhamento todos os números para que todos pudessem melhor entender o negócio, não apenas seus serviços.

**A META DELES É SEREM OS PRIMEIROS EM TUDO QUE FAZEM.** E eles têm conseguido alcançar sua meta por mais de 20 anos.

**ESTE NÃO É UM COMERCIAL PARA A SALVIN DENTAL.** 99,9% de vocês nunca irão precisar do que a Salvin vende. Apresento este modelo como um modelo que pode ser copiado pela sua empresa. Todos querem desenvolver uma cultura de vendas – a Salvin conseguiu. Todos querem desenvolver uma cultura de serviços – a Salvin conseguiu. Todos querem facilitar os negócios que são feitos com suas empresas – a Salvin conseguiu.

*Entenda a mensagem.*
*Aprenda a lição.*
*Imite a Estratégia de Sucesso da Salvin.*

# A BÍBLIA DE VENDAS

## Parte 11
### Aumente Sua Renda!

# O Livro dos Números

☆ O caminho do sucesso ...................... 272

## 11.1

---

## Aumente Sua Renda!

Os números não mentem... Nem dão desculpas.

E você?

Se você não consegue números expressivos em vendas, está sendo só um número.

A lei dos números resulta da média que você obtém com três fatores: sua capacidade de dominar a ciência da venda, de atender com eficiência e de estabelecer relacionamentos duradouros.

Você entrou para vendas porque havia um potencial de renda ilimitado.

Você se limita porque não consegue se dedicar a atingir o "ilimitado"?

Não se limite!

*O sucesso em vendas é um jogo de números...*

*Um jogo mágico.*

*Você deve combinar mágica e números...*

# O caminho do sucesso.

Vou lhe apresentar uma fórmula e um desafio.

Se você está procurando uma fórmula mágica, leia sobre a vida de Houdini.

*Se você procura mágica, é diferente.* Você pode ter toda a mágica necessária para dobrar sua renda atual. Basta aprender os truques e executá-los.

*Aqui está a teoria que sustenta a fórmula. Estas perguntas fornecerão as respostas para aumentar sua capacidade de ganhar:*

- **Quantas vendas você quer fazer por dia, por mês?**
- **Qual é sua venda média?**
- **Para atingir sua meta, quantas vendas você tem de fazer por dia, por mês?**
- **Quantos clientes potenciais você precisa visitar para fazer uma venda?**
- **Como você pode jogar com os números para chegar a essas respostas?**

Quer alcançar isso em 30 dias? Fácil – depende de sua urgência. Comprometa-se. Posso conseguir o avião a jato. Cabe a você fornecer o combustível. Quando comecei em vendas, costumava ler os obituários do jornal até achar alguém que tinha aproximadamente a minha idade. Eu acendia uma vela durante semanas em agradecimento por estar vivo.

*Aqui estão os 12,5 elementos na fórmula...*

**1. Sua atitude** – A chave para o seu sucesso. Consiga gravações motivadoras agora. Ouça 2 horas por dia, durante 6 meses. Pare de fazer ou ouvir tudo que seja negativo.

**2. Suas metas** – Estabeleça-as hoje. Leia os sete passos na seção *Use o Post-it* para atingir suas metas. Adote o Post-it agora mesmo.

**3. Seu networking** – Descubra onde seus melhores clientes efetivos e potenciais se encontram (Associação Comercial, Câmara de Comércio, clube). Comece participando de todas as reuniões. É fundamental que você as frequente regularmente.

**4. Suas Perguntas Efetivas** – Escreva-as... Aprenda-as... Use-as.

**5. Suas Declarações de Força** – Escreva-as... Aprenda-as... Use-as.

**6. Suas ferramentas de vendas** – Identifique e consiga as ferramentas de que você precisa.

**7. Seu conhecimento de vendas** – Adquira e ouça gravações sobre vendas. Alterne com gravações sobre atitude. Coloque em prática a técnica assim que a ouvir. Leia todos os capítulos deste livro duas vezes. Um capítulo por dia.

**8. Sua preparação** – Você está realmente preparado para vender? Se estiver, venderá. Se não estiver, não venderá. O oposto da preparação é o fracasso.

**9. Seu follow-up** – É a persistência tenaz, criativa, que leva a uma venda.

**10. Seus números de vendas** – Determine os números de que você precisa para construir seu caminho e mantê-lo pavimentado. Encontre e use sua fórmula.

**11. Seu caminho são os clientes potenciais** – Definir por dia o número adequado de pessoas qualificadas para comprar de você constrói o seu caminho. A chave para dobrar a renda é ter o número certo de clientes potenciais prontos para comprar.

**12. Seu compromisso** – Escreva-o para si mesmo. Inclua uma lista daqueles que o ajudarão. Seu compromisso é sua promessa para você mesmo. Mantenha-a a todo custo.

**12,5. Sua autodisciplina** – Tenha determinação e amplie sua capacidade de atingir metas e honrar compromissos.

Há um ditado em vendas que diz: "Suas chances de sucesso aumentam em proporção ao número de visitas que você faz". É surpreendente como a verdade pode ser tão simples. *Se é tão simples, por que você não pratica?*

Habilidades fundamentais em vendas e um sólido conhecimento do produto tornam-se insignificantes se você não visitar o número adequado de clientes potenciais e nem fizer follow-up.

Analisar os números cria o caminho... Não perca de vista o número de clientes potenciais que compram ou chegam perto de comprar.

*Uma rápida verificação de seus números revelará por que suas vendas estão subindo ou descendo...*

Se você tem essa informação, e faz sua apresentação a 10 clientes potenciais, 2 comprarão e 2 não comprarão, não importa o seu desempenho. Os outros 6 ficarão em cima do muro e poderão comprar ou não, dependendo do que você disser. Uma venda será feita de qualquer maneira. Ou você os convence a dizer sim, ou eles lhe dizem não.

## A prática de follow-up e suas habilidades são responsáveis por 80% das vendas.

*Tudo se resume à sua autodisciplina.* Como ela é? Em que medida é consistente? Sem ela, é melhor considerar um cargo na linha de montagem, pois você não se dará bem em vendas. Aqui está uma fórmula para manter seu caminho de vendas pavimentado (e a carteira recheada):

1. **Faça 10 visitas por dia a novos clientes potenciais.**

2. **Marque 10 entrevistas novas por semana, de preferência na segunda-feira.**

3. **Faça 10 visitas de follow-up por dia.**

4. **Faça uma forte apresentação de manhã e outra à tarde.**

5. **Leve os clientes potenciais ou efetivos para almoçar quatro vezes por semana.**

6. **Torne-se membro de duas associações comerciais ou algo parecido.**

7. **Participe de pelo menos dois eventos por semana (para encontrar seus melhores clientes efetivos e potenciais).**

8. **Mantenha registros diários exatos.**

Se você não registra os acontecimentos diários, sua capacidade de fazer follow-up torna-se nula. Em suas anotações (ou registro informatizado), mantenha e totalize os seguintes dados estatísticos:

- **Tipos de ligações (novas, follow-up)**
- **Número de follow-ups feitos hoje**
- **Novas visitas marcadas hoje**
- **Visitas feitas hoje**
- **Vendas feitas hoje**
- **Montante contratado para hoje**
- **Montante recebido hoje**
- **Comissões ou montante ganho hoje**

**NOTA IMPORTANTE:** Mantenha separados os arquivos ou fichas de cada contato. Seu relatório deve ser por importância de contato, e não por data (o que você fez na terça-feira de manhã). Se o seu gerente ainda está na Idade das Trevas em matéria de gerenciamento de contatos, ou tem aquela paranoia de querer saber onde você está a cada minuto, peça a ele para ler, nesta publicação, *O Livro da Liderança*.

# Seu programa de gerenciamento de contatos lhe mostrará sua posição no ciclo de venda.

*Responda a estas perguntas – elas revelarão a verdade sobre seu potencial para o sucesso em vendas:*

- **Você tem uma boa lista de clientes potenciais para visitar diariamente?**
- **Você está atingindo (e registrando) os números necessários para tornar seus objetivos de venda uma realidade?**
- **Seu caminho de vendas (clientes que você pode converter em vendas) está pavimentado?**
- **Com quantos clientes potenciais você está trabalhando? (Devem ser mais de 100.)**
- **Você está trabalhando clientes potenciais suficientes para atingir suas metas de vendas para o próximo mês? Se não, seu caminho não está pavimentado, está? Volte para os 12,5 elementos apresentados anteriormente. Eles têm a chave para seu registro de vendas (e para seu sucesso).**

*Você sabe o que fazer. Por que não faz? Aqui estão algumas razões para você não fazer (as respostas estão entre parênteses):*

- **Você está sozinho e não consegue se decidir.** *(Treinamento fraco. Faça um bom treinamento em breve.)*

- **Você é preguiçoso.** *(Encontre um novo emprego.)*

- **Você tem maus hábitos de trabalho.** *(Você pode mudá-los se agir de forma diferente durante 30 dias.)*

- **Você tem um mau chefe.** *(Não culpe os outros pelo seu fracasso. Essa não é uma razão para fracassar, caso você esteja determinado a ter sucesso.)*

- **Você não tem um sistema de informação eficaz** (ou tem um sistema ineficiente). *(Compre um laptop ou crie um formulário.)*

- **Sua remuneração é baixa, fraca ou injusta.** *(Mude de emprego.)*

Se você liga para um número suficiente de clientes por dia, por semana, por mês, e os visita... Você construirá seu caminho. Um caminho bem-pavimentado o levará a vendas que você nunca imaginou.

Você usa fio dental diariamente? Você sabe que deve usar, mas se descuida. Seus dentes poderão cair, mas você não os vê se estragando aos poucos, até que seja tarde demais.

**PASSE FIO DENTAL TODOS OS DIAS – SEUS DENTES FICARÃO PERFEITOS**. O mesmo acontece com os fundamentos do follow-up de vendas. Se você não fizer follow-up todo dia, seu registro de vendas apodrecerá.

**FAÇA A MANUTENÇÃO DO SEU CAMINHO PARA O SUCESSO DIARIAMENTE E DEDIQUE-SE AOS FOLLOW-UPS – SUAS VENDAS SERÃO PERFEITAS.**

Quer uma prova? Examine a melhor semana que você já teve e observe os números que o levaram àquele resultado. Garanto que, se você perseguir esses números toda semana, suas vendas (e ganhos) vão disparar.

Basta ter autodeterminação e trabalhar<br>com afinco. Esse é o truque.<br>Pergunte a qualquer mágico.

# A BÍBLIA DE VENDAS

## Parte 12
## Posso Ganhar um Amém?!

# O Livro do Êxodo

☆ Os pais ensinam a ter sucesso em
vendas sem saber ............................ 278

☆ Comprometa-se! ............................. 280

☆ Epílogo... Quando eu crescer ........... 285

☆ Seu passado e presente são a chave
para seu futuro ............................... 288

## 12.1

## Deixe meu dinheiro ir.

O êxodo foi o caminho para a liberdade.

O fim de *A Bíblia de Vendas* na realidade é o começo... O começo de uma revolução em sua carreira de vendas.

É uma Cruzada de Vendas, e você está sozinho nessa cruzada.

Você está a caminho do seu sucesso em vendas.

Os outros não farão isso por você, mas o ajudarão, se você os ajudar primeiro.

Você tem a oportunidade de transformar em fortuna a riqueza que este livro lhe oferece.

Espero que você faça isso.

# Os pais ensinam a ter sucesso em vendas sem saber.

Meu pai me deu exemplos, assim como o seu pai lhe deu. Às vezes eram bons. Às vezes não. Mas eu sempre prestava atenção, para me decidir se deveria segui-los ou não quando crescesse.

*Aqui estão algumas ideias a serem ponderadas:*

**NÃO DEIXE OS ADVOGADOS, OU OS GANANCIOSOS, INFLUENCIAREM O BOM JULGAMENTO DE SEU NEGÓCIO.** Em 1960, depois de 15 anos de operações bem-sucedidas, a fábrica de meu pai pegou fogo e se acabou. Foi um choque. Dois dias depois, a seguradora apareceu em casa e nos entregou um cheque de 750 mil dólares para cobrir as perdas e erguer a fábrica novamente. O advogado de meu pai o puxou de lado e lhe disse para rejeitar a oferta, pois achava que poderíamos ganhar 1 milhão. Meu pai preferiu o milhão. Três anos mais tarde, ele recebeu 333 mil, dos quais um terço foi para o advogado. As lições que aprendi foram: os advogados devem dar conselhos jurídicos, e não de negócios; e aceite as perdas rapidamente ou mexa-se para reconstruir sua vida. Esses aprendizados me ajudaram muito quando também enfrentei o fracasso.

**OFEREÇA SOLUÇÕES SIMPLES.** Uma noite, meu irmão virou-se na cama e foi para o chão. Ele bateu na porta do quarto de meus pais: "Pai, eu caí da cama!", reclamou. "Volte a deitar, filho", disse meu pai.

Frequentemente, as melhores soluções são as mais simples. Mas é difícil descobri-las se você está voltado só para o problema.

**ALGUMA COISA QUE 10 MIL PRATAS NÃO POSSAM CURAR?** Quando eu chegava em casa depois da faculdade, às vezes entrava batendo a porta, de mau humor. Um dia, eu estava me sentindo péssimo, e meu pai perguntou: "Problemas, filho?". Murmurei: "Alguns". Ele prosseguiu: "Alguma coisa que 10 mil pratas não possam curar?". Meu humor mudou completamente. "Não", eu disse. E percebi que não tinha problemas de verdade.

**ALGUMA COISA QUE 10 MIL PRATAS NÃO POSSAM CURAR?** Faça essa pergunta na próxima vez em que estiver se lamentando. Se 10 mil pratas (ou qualquer quantia em dinheiro) resolverem, você não tem um problema de verdade.

**"No final...
Há apenas uma visão
que importa.
Há apenas uma perspectiva
que importa.
Há apenas uma percepção
que importa.
A do cliente."**

*— Jeffrey Gitomer*

# Comprometa-se!

Há 40 anos estou em uma cruzada pessoal para ser o melhor vendedor do mundo (e agora o melhor treinador em vendas). Estabeleci essa meta (gravada na pedra) na primeira vez em que percebi a existência da *ciência de vendas* – um conjunto de habilidades para serem aprendidas e repetidas, e que eu compreendi que poderia modificar de acordo com meu estilo e personalidade. Eu sabia que, se fosse o melhor, poderia atingir o que quisesse. Quando combinei a ciência de vendas com minha atitude e noção de humor, me dei de presente o impulso para uma tremenda realização.

## Quando combinei a ciência de vendas com minha atitude e noção de humor, me dei de presente o impulso para uma tremenda realização.

Escrevi este livro (e todos meus outros livros) para ajudá-lo a ter o mesmo sucesso. Tome 30 minutos e leia algo sobre *As Cruzadas*. Elas foram muito mais que uma guerra religiosa. *As Cruzadas* eram formadas por pessoas que iam atrás do que acreditavam... Apaixonadamente. Elas se mobilizavam independentemente da dificuldade e do risco. E você?

**VENDER NÃO É UMA RELIGIÃO, MAS UM MODO DE VIDA.** Não deve consumir sua vida. Você não deve idolatrar a venda. Deve sim incorporá-la em sua vida. Naturalmente, o que você vende tem de fazer com que VOCÊ se sinta bem, antes de fazer bem aos outros. Vender é uma filosofia que deve ser totalmente incorporada, para que você viva intensamente cada momento.

Dobrar sua renda não é fácil. Mas se você está determinado a chegar lá, aqui estão os princípios que o conduzirão.

Aqui estão 11,5 princípios para levar adiante sua cruzada de vendas.

**1. Assuma uma atitude positiva e a mantenha.** Quase todos pensam que têm uma atitude positiva, mas não têm. Geralmente nem estão perto disso. Earl Nightingale, em sua famosa gravação, *The Strangest Secret*, revela o segredo de uma atitude positiva: *Nós nos tornamos o que pensamos*... Mas é uma disciplina para ser praticada todos os dias. As pessoas não entendem que a essência da atitude não é um sentimento – é um estado mental autoinduzido.

Você está no controle total e determina a própria atitude. Não tem nada a ver com o que acontece com você. Nem com dinheiro ou sucesso. **É a maneira como você se dedica ao modo de pensar.** Mas você deve mergulhar nesses princípios diariamente. Como você adquire uma atitude positiva? Comece a cercar-se de ideias e pessoas positivas. Leia e ouça escritores e oradores positivos. Acredite que você pode conseguir. Não ouça pessoas que lhe dizem que você é maluco – elas são invejosas. Comece agora e trabalhe incansavelmente.

## 2. Estabeleça metas e assuma o compromisso de atingi-las.

- **Projete-se** – Se o seu alvo está na sua frente, fica mais fácil atingi-lo. Ser capaz de atingir seu alvo depende de seu foco. Quanto mais claro ele for, mais provavelmente você alcançará o centro.

- **Comprometa-se** – O que você planeja mais: suas férias ou sua vida? Se você não se comprometer emocional, física, mental e espiritualmente com a realização, é provável que não consiga.

- **Satisfaça-se** – Faça uma lista dos benefícios proporcionados por metas atingidas e a carregue com você. Alcançar uma meta é incrivelmente gratificante. Você tem uma noção de realização, de finalidade, e ganha inspiração para estabelecer e atingir a próxima. Grande dica... Imagine a dose diária. Uma quantidade que você pode medir, que você pode atingir. Determine quanto você precisa fazer por dia para alcançar seu objetivo dando passos pequenos (centavos por dia, gramas por dia, quilos por semana, visitas por dia, dinheiro por venda) e cumpra essa dose diária.

## 3. Dedique-se a dominar a ciência de vendas. *Aprenda algo novo sobre vendas ou sua atitude diariamente.* Alimente sua cabeça com novos conhecimentos que o ajudarão a fazer a próxima venda. Se você quer se tornar um especialista em vendas, aprender uma nova técnica por dia lhe dará 220 novas técnicas por ano. Se você vender durante 5 anos, terá mais de 1.000 técnicas à sua disposição. É espantoso o que você pode conseguir, mesmo fazendo algo pequeno todo dia. Se você dedica 15 a 30 minutos diários a aprender algo novo sobre vendas e positividade, no final de 5 anos você será um mestre em vendas e terá uma excelente atitude em relação à vida.

**4. Elabore um plano de networking e o implemente.** Faça um plano de 5 anos, tempo suficiente para ser conhecido e conhecer aqueles que podem promover seu negócio. Networking é o método mais rápido e garantido de aumentar suas vendas e promover o seu crescimento.

**5. Seja um líder.** Procure e lute por posições de liderança. Encarregue-se de um comitê, fale a um grupo cívico, escreva um artigo para o jornal local. As pessoas adoram fazer negócio com líderes.

**6. Envolva-se com a comunidade.** Escolha uma organização assistencial que mereça seu tempo e faça uma contribuição. Você crescerá em sucesso e reputação, mas o mais importante é que se sentirá ótimo por ajudar os outros.

**7. Conheça o cliente potencial e seu negócio antes de fazer a chamada de vendas.** Reúna as informações necessárias para tornar toda visita um acontecimento inteligente e de impacto. Use esta orientação: *Faça ao comprador perguntas que só ele saiba responder.*

**8. Seja memorável em tudo o que você faz.** Use uma ideia criativa a cada telefonema de vendas. Tenha a coragem de viver seus sonhos e objetivos. Seu trabalho e dedicação inspirarão os outros. Suas palavras serão lembradas, pois você os apoiou e cumpriu as promessas. Eles falarão de você depois que você for embora?

**9. Ajude os outros.** Quando você estabelece esse princípio como um dos fundamentos de seu processo de venda, vários atributos se juntam para que você consiga fazer seu cliente sentir-se motivado a agir, e confiante o suficiente para comprar. Há um desmembramento dessa filosofia: *Consiga negócios para os outros.* É uma conduta tão poderosa quanto a melhor ferramenta de vendas que você possa imaginar.

**10. Concentre-se e procure oportunidades.** Quanto é importante ter um foco? Em 1982, após um evento voltado para o ramo de roupas esportivas, eu estava no aeroporto de Dallas quando notei um sujeito de uma fábrica de camisetas que eu havia conhecido durante a apresentação. Ele estava no caixa eletrônico e xingava em altos brados, pois a máquina havia engolido seu cartão. Fui até ele, voltei a me apresentar, descobri qual era o problema e lhe emprestei 100 dólares para que ele pudesse voltar para casa. Dois dias depois, recebi um cheque no mesmo valor e uma nota de agradecimento. Foi quando descobri que ele era o presidente da empresa. Dois meses se passaram e ele me ligou perguntando se eu estava interessado em imprimir peças de roupa para a Olimpíada de 1984. Esclareceu que havia conseguido da Levi's uma licença de fabricação. Eu disse: "É claro". Ele fechou comigo um contrato para imprimir todas as camisetas – 1 milhão e 600 mil peças, um negócio no valor de 750 mil dólares –, tudo porque eu estava atento enquanto permanecia no aeroporto. E porque estava vivendo minha filosofia de "ajudar os outros".

**11. Estabeleça relacionamentos duradouros com todos.** Se você estabelece um relacionamento duradouro cada vez que vende, isso lhe assegura que a integridade, a sinceridade, a honestidade, e fazer o que é melhor para o cliente, se tornem uma determinação. Faça do longo prazo um pré-requisito para a venda. Não deixe de dividir essa filosofia com seus clientes.

**11,5. Divirta-se.** Veja as pessoas que mais se destacam em qualquer atividade. Elas têm algo em comum: adoram o que fazem e perseguem seu objetivo com uma paixão e entusiasmo admiráveis (e contagiantes). Até que ponto você está se divertindo?

"Passei anos na Estrada para o Sucesso, mas eu estava indo na direção contrária."

# "Espero que todos os seus compromissos se transformem em fechamentos rápidos... E levem a relacionamentos duradouros."

— *Jeffrey Gitomer*

# Epílogo...
# Quando eu crescer.

Eu sempre quis ser um homem de negócios, um empreendedor como meu pai. Decidi ir de carro à faculdade para ganhar tempo e estar mais perto de casa e dos negócios dele.

Minha mãe, Florence, faleceu em 1986. A lembrança mais terna que tenho dela foi quando se aproximou de meu carro, enquanto eu manobrava para sair de casa, e me matricular na faculdade (Temple University): "Escolha Medicina", ela gritou. "Você pode mudar depois se não gostar." Mas eu queria ser um homem de negócios, como meu pai.

Na faculdade, eu jogava palavras cruzadas todos os dias com meu melhor amigo de infância, Michael Toll. Ele geralmente ganhava. O passatempo enriqueceu meu vocabulário e me ensinou a usar as palavras. Michael também me desafiava para outros jogos, tanto esportivos quanto intelectuais. Ele sempre dizia que era melhor que eu em tudo. Eu sentia o mesmo em relação a ele. Aquilo era divertido. Raramente estudávamos.

Depois de seis anos, finalmente abandonei a faculdade. Viajei para a Europa, onde permaneci durante um ano (nesse tempo, percebi que sabia muito pouco em comparação ao que havia para aprender, o que é engraçado, pois saí dos Estados Unidos sabendo tudo). Voltei para casa e comecei um negócio (fabricação de pufes) e dei início a uma família (gêmeas em 1972).

Um dia, Jay Plasky e Barton Cohen (amigos de faculdade) foram ao meu escritório e conversaram comigo sobre a ideia de ganhar dinheiro. Eles estavam envolvidos com um cara chamado Glenn Turner, que tinha uma proposta de fazer as pessoas investirem em uma oportunidade não muito clara para mim. Na verdade, todos ganhavam dinheiro – muito dinheiro – apoiados na filosofia de manter *atitudes positivas*. Depois de algumas considerações, Jay, Barton e eu embarcamos em um negócio de marketing multinível (definido naquela época como um esquema piramidal).

Diariamente, das 8 da manhã até meio-dia, participávamos de treinamentos em vendas. Aprendemos a ciência de vendas a partir de todas as fontes disponíveis: fitas, livros, filmes e palestras. Ouvíamos várias vezes cada especialista em vendas – para acumular informações. Nenhuma das fontes era completa. Cada uma acrescentava algo. *Think and Grow Rich,* de Napoleon Hill's, era leitura obrigatória. Dissecamos o livro linha por linha. A atitude positiva e as habilidades em vendas se tornaram minha vida.

Meus amigos me achavam maluco – alguns ainda acham. Cheguei a assistir 200 vezes a um filme de Glenn Turner (não existia vídeo naquela época), *Challenge to America*. Foi a melhor apresentação de vendas que já havia visto. Eu havia memorizado toda a apresentação e as histórias.

## Eu me tornei vendedor. Meu primeiro objetivo foi ser o melhor vendedor do mundo. Ainda estou nessa jornada, todos os dias.

Comecei com uma fábrica de camisetas, em sociedade com Duke Daulton e Bud Massey, na Flórida. Logo fizemos muito sucesso. E passamos a disputar a vaga de presidente. Perdemos aquele negócio porque desejávamos algo em troca de tudo o que fazíamos – computávamos quem fez o que e quanto. Jurei que nunca mais repetiria o erro. E não repeti. Duke e eu fomos em frente com a intenção de ficarmos famosos em consultoria (na nossa cabeça), e fracassamos.

Depois de milhares de apresentações de vendas a todo cliente potencial imaginável, desde os presidentes das 500 melhores empresas listadas pela *Fortune*, até desempregados, e depois de vários sucessos e fracassos enormes em negócios, de alguma forma aterrissei em Charlotte, Carolina do Norte, para recomeçar.

Meu primeiro desafio foi aprender a me acalmar. Precisei adaptar o estilo agitado de Nova York (na verdade, Filadélfia) ao ritmo dessa gentil cidade sulina. Levei 6 meses. Durante esse período, conheci Joan Zimmerman, uma empreendedora de categoria internacional. Ela disse: "Charlotte é uma cidade que você pode influenciar". UAU – que declaração de força. Decidi ficar.

Minha coluna semanal *Sales Moves* mudou minha vida. Deu-me um veículo para partilhar meus conhecimentos e segredos de vendas. Escrevo a coluna todas as semanas há 15 anos. Ela ajudou a criar minha marca. Ela também ajudou a lançar minha revista por e-mail, *Sales Caffeine,* que hoje tem uma distribuição a mais de 300 mil pessoas. Mais do que isso, todo o meu departamento de trabalho me ajuda quando formulo os livros que escrevo. Isso me contenta e me estimula a ter novos pensamentos e novas ideias enquanto reviso o que era, para poder descobrir o que é e o que será. As quatro palavras definitivas sobre escrever livros são: *escrever leva à riqueza.*

Meu pai, Max – no céu – me ensinou a escrever. Ele me ensinou mil outras coisas com seus bons e maus exemplos, mas a maneira como ele escrevia sempre despertou minha admiração. Nada de palavras desperdiçadas. Clareza absoluta na mensagem.

Max era um empreendedor perfeito. Quando criança, eu costumava descer a escada na ponta dos pés para ouvir, na quinta-feira à noite, as reuniões de meu pai com os amigos. Argumentos de vendas e risadas sobre a vida. Foi a inspiração para as minhas buscas. Meu colega, Duke Daulton, comentava: "Você sabe o que eu odeio em seu velho? Ele nunca está errado".

Sou grato ao meu pai por sua sabedoria – e ele, durante mais de 30 anos, me acusou de nunca o ouvir. Obrigado, pai, amo você. Sinto saudade de minha mãe. De meu pai.

Meu irmão, Josh, ensinou-me a editar. Ele tem sensibilidade para encaixar as palavras e o dom de ensinar essa arte. Josh me mostrou que palavras desnecessárias complicam tudo – e ao remover essas palavras, aumentou em 100% a clareza da minha mensagem.

Minhas filhas, Erika, Stacey e Rebecca, me ensinaram a ter paciência. Elas também me deram inspiração diante do fracasso. Meninas, adoro vocês.

Minhas netas, Morgan, Julia, Claudia e Isabel, reacenderam meu entendimento de amor incondicional e orçamentos ilimitados.

O primeiro escrito de *A Bíblia de Vendas* aconteceu em uma época em que minha vida estava em renascimento. Sem entrar em muitos detalhes, deixe-me apenas dizer que eu estava quebrado – física, mental e financeiramente. Quando acontecem períodos difíceis como esse, resistência e capacidade de recuperação podem apenas vir da atitude.

Minha atitude positiva estava lá comigo quando ninguém estava. E minha gata Lito também.

Desde quando escrevi *A Bíblia de Vendas* pela primeira vez, 15 anos já se passaram. E eu aprendi as diferenças sutis entre crescer e envelhecer.

Tenho tido a sorte de atrair pessoas em minha vida que tiveram muito mais do que um impacto, e que fizeram diferença. Quando me reúno com meu irmão, Josh, que hoje é parte integral da minha empresa, finalmente encontro um amigo e parceiro com quem posso falar, ser verdadeiro, viajar e editar, sinto uma notável diferença em meus pensamentos e em minha vida. Jessica McDougal é uma jovem brilhante com alma antiga e sou grato pela sua amizade e ajuda.

Meu objetivo é ajudar os outros, fazer o que amo, estabelecer relacionamentos duradouros e me divertir todos os dias.

# Seu passado e presente são a chave para seu futuro.

Aonde você vai?

Não, não estou perguntando sobre sua próxima visita. Ou onde você vai jantar. Ou aonde vai quando você chega no shopping.

## Estou perguntando:
## Aonde você vai na vida?
## Esta é uma pergunta excelente
## porque *é o seu futuro*.

Você não conseguiu cumprir a cota do mês passado? Ano passado? Por quê? Culpando a economia novamente? Culpando a concorrência novamente? Afinal de contas, o que é uma cota? Uma cota é uma meta que *outra pessoa* estabelece para você. Pergunto: O que você estabeleceu para você mesmo? Quando alguém lhe apresenta uma cota, por que não dobrá-la? Assim você alcançará os números facilmente. Tudo depende de como você vê as coisas.

**QUER SABER?** Você cria as barreiras ou as pula.

Uma vez por ano tento prever o futuro. Sempre faço isso no aniversário do começo de minha carreira como escritor. Este ano completarei meu décimo sétimo aniversário. É sempre motivo para profundas reflexões, isto porque escrever e ser publicado é o ponto de suporte de meu sucesso.

# Não é simplesmente sobre como consegui ser famoso,
# é também sobre o legado que deixarei para os vendedores no mundo todo – e, é claro, para minhas filhas e minhas netas.

Escrever é mais do que simplesmente criar novas informações de vendas a cada semana. Informações que os vendedores gostarão e das quais se beneficiarão. É sobre ter autodisciplina para poder esclarecer minhas próprias ideias, as quais formam a base para as palestras que dou e os livros que escrevo.

Se você realmente quer saber onde está indo, é preciso entender onde você esteve e reconhecer onde você está. Onde você esteve, ou o passado, lhe proporciona conhecimento e experiências, sucessos e fracassos, assim como oportunidades e obstáculos. Onde você está, ou o presente, é o que aconteceu nos últimos 30 dias, o que está acontecendo hoje, assim como o que acontecerá nos próximos 30 dias. Onde você estará, ou o futuro, é uma combinação da sua experiência, da sua abertura às oportunidades, das suas metas e sonhos, da sua tolerância ao risco, assim como da sua determinação e foco.

*Vou resumir o que foi dito acima em 3,5 categorias fáceis de digerir:*

1. **Como foi uma vez.**
2. **Como é hoje.**
3. **Poderá ser.**

3,5. **Se tornará**

*Como foi uma vez* é a história de nossa vida. É a soma de todo seu conhecimento, sua sabedoria, sua experiência, suas vitórias e suas derrotas. Se observar atentamente a história de sua vida, verá algumas coisas que queria muito, mas não conseguiu. Na época você ficou arrasado, mas olhando para trás parece tolice ter querido tais coisas. Verá que também há coisas que lhe foram dadas ou que você ganhou, mas uma vez que as tinha, rapidamente perdeu o interesse. Mais importante, você vê as coisas que amava e como elas te afetaram. Vê os riscos que assumiu e pensa que se tivesse a oportunidade de assumi-los novamente, talvez não o fizesse. E tudo isso te traz até *como é hoje.*

*Como é hoje* é onde você está. Você está onde queria estar? Você está feliz com muitas coisas na sua vida? Você culpa a falta de sucesso em outras pessoas? Você já descobriu o que procura? Você sabe o que você procura?

Alguns de nós ainda não encontraram o que estão procurando, mas isso não significa que vão parar de procurar. Não comecei a escrever até chegar aos 45 anos de idade. Se você é mais jovem do que isso, e começar a escrever amanhã, em 13 anos estará na minha frente.

Estou ensinando minha neta a escrever. Ela estará 50 anos na minha frente.

*Como é hoje* lhe proporciona a maior e única oportunidade. É sobre como você decide investir seu tempo e dinheiro. A hora para agir é agora. A hora para se arriscar é agora. A hora de buscar o que você quer é agora. A hora de se educar é agora. Se fizer isso, talvez, mais tarde, consiga alcançar o sucesso que procura.

Muitas pessoas acham que, quando acabam o colegial ou a faculdade, eles essencialmente não precisam mais estudar. Tudo bem se sua pergunta final for: Gostaria do seu sorvete no copo de papel ou de plástico?

<br>

## O sucesso não apenas se mostra no agora. Ele vem como resultado de um trabalho árduo e foco no agora. Mas aquele anel de bronze que você almeja está dentro. É o *poderá ser*.

<br>

O *poderá ser* está repleto de sonhos, de metas e de sorte. Algumas coisas não são metas. Algumas coisas simplesmente evoluem. E nessa evolução, você consegue encontrar o que realmente ama. Se você ama algo, ele não precisa ser uma meta. Em vez disso, apenas trabalhe duro e ele se tornará realidade.

O que você poderá ser será o resultado do seu trabalho duro, da sua atitude positiva, sua paixão, seu foco na realização e seu desejo de não deixar que pequenas coisas fiquem no seu caminho – mesmo que isso signifique arriscar o que você tem.

Muitas pessoas, em seus esforços, chegam até mim e dizem: "Jeffrey, você não entende". E aí começam a dizer algo sobre sua situação pessoal, seu dinheiro, sua esposa ou seus filhos.

Eu entendo, sim. As pessoas têm medo de arriscar o que elas têm e ir em busca do que elas realmente querem. A pior parte de não se arriscar é se lamentar. Lamentar-se que você não tentou, que você não foi em frente ou que você deveria ter feito aquilo.

Talvez seja hora de ler ou assistir o *Mágico de Oz* mais uma vez e ver como ele se relaciona à sua vida. Lembra-se do que os amigos da Dorothy buscavam? Coragem, cérebro e coração. Você sempre soube a fórmula – apenas não a usou. E, com algumas exceções, você não está mais em Kansas.

## E quando você combina a maneira como foi uma vez, como é hoje e como poderá ser, a soma destes é o que você se tornará.

Uma das lições mais valiosas que aprendi foi de um amigo, Dr. Paul Homoly, que me disse: "Tome todas as decisões baseadas na pessoa que você gostaria de se tornar". Esta sabedoria é tão potente que penso nela todos os dias. Ela é uma parte grande do meu sucesso. Talvez você queira usá-la na sua busca para ser seu melhor eu.

Deixe-me dizer mais algumas palavras. Eduque-se, dê o melhor de si, arrisque fracassar, aproveite a oportunidade, desenvolva autodisciplina, dedique-se a ser um vencedor e assuma o compromisso. Você vem em primeiro lugar e os outros, em segundo.

Esta não é uma fórmula – é uma filosofia. E filosofia é o segredo para levá-lo de onde você está até onde você quer estar.

Desejo-lhe uma jornada segura, divertida e bem-sucedida. Mantenha-me a par dos acontecimentos.

# Você ou sua equipe precisa de MAIS VENDAS AGORA?

Estou disponível para palestras e programas de treinamento. Para mais informações, e para me contratar, ligue para meu escritório amigável no 704-333-1112 ou visite minha página na Internet: www.gitomer.com.

Concebo e ofereço um programa individualizado que fará sua força de vendas rir, aprender e... Vender.

Faço apresentações diretamente aplicáveis à sua situação de vendas. O programa é desenvolvido para sua empresa, seu produto, seus clientes e as objeções que você enfrenta no seu ambiente de vendas.

## Sua equipe pode levar meu material para os clientes potenciais e usá-lo para fazer vendas no mesmo dia.

**TREINE-SE:** Você tem direito também a um programa de vendas TrainOne grátis. Visite www.trainone.com para uma demonstração ou para se tornar assinante. Você precisa de acesso em alta velocidade. Se não tiver, seu concorrente está pronto para passá-lo para trás.

Não é só vantajoso em termos de custo, mas efetivo em termos de vendas. E é divertido.

Uma pessoa gentil de meu escritório está lá para atendê-lo no 704-333-1112.

**QUATRO MILHÕES DE LEITORES DO "SALES MOVES":** Se minha coluna não é publicada no seu jornal local, ligue para eles e diga: "Ei, traga o Gitomer. Publique sua coluna, *Sales Moves*, semanalmente. Ela ajuda pessoas no país todo. Contrate-o imediatamente!". Você é minha força de vendas no campo. Preciso da sua ajuda para atingir minha meta de 10 milhões de leitores por semana até o final desta década.

**Jeffrey Gitomer**
*Diretor de Vendas*

**AUTOR** – Jeffrey Gitomer é autor dos *best-sellers* do The New York Times, *A Bíblia de Vendas, O Livro Vermelho de Vendas, O Livro Negro do Networking* e *O Livro de Ouro da Atitude YES!*. Todos os seus livros foram best-sellers no Amazon.com, incluindo *Customer Satisfaction Is Worthless – Customer Loyalty Is Priceless, The Patterson Principles of Selling, O Livro Azul de Respostas de Vendas* e seu último best-seller, *O Livro Verde da Persuasão*. Os livros de Jeffrey já venderam milhões de cópias no mundo todo.

**MAIS DE 100 APRESENTAÇÕES POR ANO** – Jeffrey dá seminários públicos e corporativos, dirige reuniões de vendas anuais e conduz programas de treinamento sobre vendas, lealdade do cliente e desenvolvimento pessoal ao vivo e pela Internet.

**GRANDES CLIENTES CORPORATIVOS** – Os clientes de Jeffrey incluem Coca-Cola, D.H.Horton, Caterpillar, BMW, Cingular Wireless, MacGregor Golf, Ferguson Enterprises, Kimpton Hotels, Hilton, Enterprise Rent-a-Car, AmeriPride, NCR, Stewart Title, ComcastCable, Time Warner Cable, Liberty Mutual Insurance, Principal Financial Group, Wells Fargo Bank, Baptist Health Care, BlueCross BlueShield, Carlsberg, Wausau Insurance, Northwestern Mutual, MetLife, Sports Authority, GlaxoSmithKline, A. C. Nielsen, IBM, The New York Post e centenas de outras empresas.

**MILHÕES DE LEITORES TODA SEMANA** – A coluna de Jeffrey, "Sales Moves", aparece em várias gazetas de negócios e jornais nos Estados Unidos e na Europa, e é lida por mais de 4 milhões de pessoas todas as semanas.

**SELLING POWER LIVE:** Jeffrey é anfitrião e comentarista do *Selling Power Live*, um recurso mensal de vendas baseado em assinaturas, que reúne os *insights* das maiores autoridades do mundo em vendas e desenvolvimento pessoal.

**NA INTERNET** – Seus sites UAU! na Internet – *www.gitomer.com* e *www.trainone.com* recebem mais de 100 mil visitantes por dia. São leitores e participantes de seminários. Sua presença de ponta na Internet e sua capacidade de fazer e-commerce estabeleceram padrões entre os colegas, e tem recebido grandes elogios e a aceitação dos clientes.

**TREINAMENTO EM VENDAS ON-LINE "TRAINONE":** As lições de treinamento em vendas on-line estão disponíveis no www.trainone.com. O conteúdo é puramente Jeffrey – divertido, pragmático, pé no chão – e pode ser implementado imediatamente. A inovação do TrainOne está liderando o caminho no campo de aprendizado eletrônico personalizado.

**SALES CAFFEINE:** Uma "e-zine" semanal, um apelo em vendas, é entregue toda terça-feira de manhã, gratuitamente, a mais de 250 mil assinantes. Permite comunicar informações de vendas, estratégias valiosas e respostas a profissionais de vendas, gerando oportunidades. Para mais informações, acesse www.salescaffeine.com.

**AVALIAÇÃO DE VENDAS ON-LINE:** É a primeira avaliação individualizada de vendas. Atualizada e renomeada, Successment, uma surpreendente ferramenta de vendas não só julgará seu nível de habilidades em 12 áreas críticas de vendas, mas lhe dará um diagnóstico que inclui 50 mini lições de vendas, de acordo com sua classificação. Mostra suas oportunidades para crescer e adquirir conhecimentos em vendas. Adequadamente chamada KnowSuccess, a missão da empresa é: Você não conhece o sucesso até se conhecer.

**PRÊMIO POR EXCELÊNCIA EM APRESENTAÇÃO:** Em 1997, Jeffrey recebeu a designação Certifed Speaking Professional (CSP) pela National Speakers Association. O CSP foi concedido menos de 500 vezes nos últimos 25 anos e é o maior prêmio da associação.

BuyGitomer, Inc., 310 Arlington Avenue, Loft 329, Charlotte, N.C. 28203
www.gitomer.com * 704-333-1112 * salesman@gitomer.com